경찰학연구 I

정우일 지음

UUP

경찰학연구 I

2012년 09월 24일 초판 인쇄
2012년 09월 28일 초판 발행

■

- 지은이 | 정우일
- 펴낸이 | 이철
- 펴낸곳 | UUP.(울산대학교출판부) 680-749 울산광역시 남구 대학로 93(무거동) 울산대학교 출판부
- 전화 | (052)259-2488
- 팩스 | (052)277-3011
- 홈페이지 | http://uup.ulsan.ac.kr
- 출판등록 | 제370-1996-000001호(1996.3.13)

₩ 11,000

■

이 도서의 국립중앙도서관 출판시도서목록(CIP)은 e-CIP홈페이지(http://www.nl.go.kr/ecip)와 국가자료공동목록시스템(http://www.nl.go.kr/kolisnet)에서 이용하실 수 있습니다.(CIP제어번호 : CIP2012004421)

ISBN 978-89-7868-286-2 (93350)

머리말

늘 찾아오는 방학을 보냈지만 언제나 여유는 없는 것 같다. 올 해 여름도 책 한 권을 쓰기 위해 노력했다. 이 책은 그 동안 저자가 연구했던 논문들을 한 데 모아 놓은 것이다. 책을 저술하기 위해 지난 논문들을 살펴보았을 때, 연구의 잘되고 못되고를 떠나 지난 삶의 궤적을 바라보는 기회가 되어 무척 흐뭇했다.

무더위가 한 풀 꺾였다. 뉴스를 들어보니 내일부터 태풍 '볼라벤'이 한반도에 비를 뿌릴 것이라고 한다. 이제는 폭염이 아닌 폭우를 걱정하는 듯하다. 올해 여름은 정말 무더웠다. 숨이 턱턱 막혔던 더위는 과거 1994년 여름, 아련한 군대시절의 추억으로 이끈다. 그 해도 유난히 무더웠다. 5월경부터 찾아온 때 이른 더위는 정말 끝도 없이 이어졌다. 7, 8월 폭염 속의 일상은 병장 시절 제대 날짜만을 무던히 바랐던 나에게 무척 지루하고 힘든 시간이었다.

그해 여름을 잊지 못 하는 또 다른 이유는 당시 내가 생각하기에 정말 죽을 것 같이 않았던 북한의 김일성이 사망하는 일이 있어났기 때문이다. 전군에 비상경계령이 떨어졌고 내가 속한 부대 또한 예외는 아니었다. 급박한 남북의 대치상황으로 인해 군 장병들 사이에는 전역이 금지될 것이라는 소문이 떠돌았다. 물론 얼마 지나지 않아서 헛소문임이 밝혀졌지만, 유래 없는 폭염과 김일성 사망이라는 역사적 사건의 한 가운데서 하루하루를 힘들게 버텼던 기억의 몇 장면이 머릿속을 스친다. 그런데 시간이 또 흘러 올해 초에는 김일성의 아들 김정일도 죽었다. 세월의 흐름을 누가 막을 수 있을 것인가?

스쳐지나가는 시간 앞에서, 다시 못 올 시간 속에서 욕심을 버리고 겸손해져야 함을 그리고 사랑하는 사람들과 함께 하는 것에 대한 감사함을 느낀다. 또한 이 책의 출판에 도움을 준 울산대 경찰학과 석사과정 신연정, 이희정 조교에게 고마움을 전한다.

2012년 8월말

무더운 한 여름을 보낸 후 연구실에서

저자 씀

목 차

제 1 편 인사관리

제 2 편 위기협상

제 3 편 사회안전

제 1 편

인 사 관 리

1장

경찰의 개방형 직위제도에 관한 연구*

1. 들어가며

경찰인사관리의 목적은 자질이 있는 인적 자원을 찾아내고 경찰기관의 이용 가능한 자원 속에서 모든 적절한 기법을 적용하여 최대한의 효과성을 획득하는 것이다. 따라서 경찰인사관리(police personnel management) 또는 경찰인사행정(police personnel adminstration)은 경찰조직의 목적 달성에 필요한 인적자원을 효율적으로 활용하는 기술 또는 체제이다(이황우, 2005: 301-302). 경찰공무원은 국가공무원법의 특별법이 우선적으로 적용되는 특정직 공무원에 속하며, 실적과 자격에 의하여 임용되고 그 신분이 보장되며 평생토록 공무원으로 근무할 것이 예정되는 경력직 공무원이다(최순영, 2006: 210). 전통적으로 경찰공무원은 다른 조직에 비해 특수성을 지니고 있는 것으로 인식되어 왔으며,[1] 이러한 특수성으로 인해 경찰은 주로 폐쇄형 임용방식을 채택하여 조직구성원을 충원해 왔다.

공무원의 채용제도는 크게 폐쇄형 임용제와 개방형 임용제로 나누어 볼 수 있다. 폐쇄형 임용제도(closed career system)는 공직에의 신규채용이 최하위 계층에서만 허용되

* 이 장은 2010년 5월 한국경찰학회보에 게재된 논문내용을 일부 수정한 것임

1) 스콜니크(J, H, Sklonick)는 경찰의 특수성으로 위험성과 권력성을, 서재근은 돌발성, 시급성, 직접성, 위험성, 조직성을, 그리고 이황우는 위험성, 돌발성, 기동성, 권력성, 조직성, 정치성, 고립성, 보수성 등을 제시하고 있다(이황우, 2005: 22).

며 내부승진을 통해 그들이 상위 계층까지 올라갈 수 있는 임용체제이다. 폐쇄형은 개방형에 비해 내부승진의 기회가 많고 공무원의 지위 향상이나 경력 발전을 위한 정책적 관심을 기울인다. 대개 폐쇄형은 계급제에 바탕을 두고 있고, 전문행정가보다는 일반행정가 중심의 인사체제를 이룬다. 이러한 폐쇄형은 젊은 사람에게 공직을 보람 있는 생업으로 삼게 하는 제도이므로 공무원의 사기를 높이고 공무원의 장기 근무를 장려하므로 행정의 일체성과 일관성 및 안정성을 가져오는데 유리하다(윤영진 · 이종수 외, 2005: 435).

반면에 개방형 임용제도(open career system)는 공직의 모든 계급이나 직위를 불문하고 신규채용이 허용되는 임용체제이다. 공직의 내부에 있건 외부에 있건 모두 신규채용이 허용된다. 일반적으로 공직의 개방에 따라 전문가나 경력직에게 공직의 문호를 개방하여 새로운 지식과 기술, 그리고 참신한 아이디어를 받아들임으로써 공직의 침체를 막고 공직을 새로운 기풍으로 진작시켜 행정의 효율성을 높이려는 의도에서 이러한 개방형 인사체제가 요구된다(윤영진 · 이종수 외, 2005: 434). 개방형 임용제도의 효용은 보다 혹 넓은 시장에서 인적 자원을 선택할 수 있다는 것, 공직의 침체를 방지한다는 것, 공직의 전문성 향상과 업무수행의 질을 높이는 데 기여한다는 것, 성과주의적 관리의 발전을 촉진한다는 것, 신분보장에 안주하여 복지부동하거나 무사안일주의에 빠지는 관료행태를 시정하는 데 기여한다는 것 등이다(오석홍, 2004: 48).

행정환경이 급속히 변화하고 그 대상의 다양성 및 전문성이 높아지고 있는 현대의 시대적 흐름에 발맞추어 공공조직의 개방도 점진적으로 추진되고 있다. 그 일환으로 정부에서는 1999년 5월 국가공무원법을 개정하여 1~3급 고위직 공무원을 개방형으로 임용할 수 있도록 하는 개방형 직위제도를 도입하였다.

개방형 직위제도는 공개경쟁을 통해 해당직위에 대하여 최적격자를 선발하고, 일정기간 임기를 보장함으로써 순환보직의 문제점을 해소하는 동시에 행정의 전문성과 책임성을 고취하고자 하는 것이다(박천오 외, 2002: 126). 그러나 경찰조직은 계급제의 뿌리가 강하게 자리 잡고 있어 다른 행정 부문에 비해 개방형 직위제도가 아직까지 소극적으로 도입되고 있다. 현재 경찰조직에서 운영하고 있는 개방형 직위로는 경찰병원장, 운전면허시험관리단장, 치안정책연구소장 그리고 최근에는 치안정책연구소 연구부장이 지정되어 있다. 그러나 전체 경찰인력의 규모로 볼 때 개방형 직위 지정 현황은 아직 저조하다고 볼 수 있다. 따라서 이 연구에서는 경찰행정 환경의 복잡화 · 전문화 경향에 맞추어 경찰에서의 개방형 직위제도의 운영 실태를 분석하고 효율적인 운영을 위한 개선방안을 제시하고자 한다. 연구방법으로는 단행본, 논문, 정부발간자료, 인터넷 자료 등을 탐색적으로 비교 분석하는 문헌조사 방법을 활용하였다.

2. 이론적 논의

1) 개방형 직위제도의 의의

개방형 직위제도는 직업공무원이 아닌 외부전문가들이 공직에서 근무할 수 있는 기회를 제도화함으로써 공직의 경쟁력을 강화하려는 제도이다. 즉 전문성이 필요하거나 효율적 정책수립에 필요하다고 판단되는 공직의 일부를 민간에게도 개방하여 자격을 갖춘 모든 사람들을 대상으로 가장 적합한 인재를 고르겠다는 것이다(중앙인사위원회, 2007: 31).

이 제도는 기존의 임용방식과는 달리 개방형 직위로 지정된 특정 직위에 결원이 생길 경우 종전처럼 내부승진이나 전보를 통해 공직내부의 공무원만을 해당 직위에 임용하는 것이 아니라 공직 내외에 걸친 공개모집과 공개경쟁시험을 통해 해당직위에 가장 적합한 인물을 임용하는 것을 의미한다. 즉 특정직위의 직무 내용을 가장 훌륭히 수행할 수 있는 사람이라고 판단될 경우 그 사람이 타 부처 공무원이든 외부 민간 전문가든 상관없이 당해 직무를 수행할 수 있도록 하는 데 역점을 두는 것이다(Condrey, 1998: 306-307; 최석충, 2006: 9-10).

이러한 개방형 직위제도는 다음과 같은 몇 가지 특성을 지니고 있다. 첫째, 대상 직위의 한정성으로, 1급 내지 3급 공무원 또는 이에 상당하는 공무원을 계약직으로 보할 수 있는 직위 중 각 행정기관별로 전문성과 효율적인 정책수립을 위해 특히 필요하다고 판단되어 선정된 20% 이내의 직위로 한정된다. 둘째, 모집의 공개성으로, 해당직위에 충원을 할 때 내부공무원 뿐만 아니라 민간의 전문가들을 대상으로 공개적인 모집절차를 거쳐 적격자를 임용한다. 셋째, 신분보장의 예외로, 개방형 직위에 임용되는 자는 계약직 공무원의 신분을 갖기 때문에 5년의 범위 내에서 근무할 수 있다. 다만 개방형 직위에 경력직 공무원이 임용되는 경우에는 경력직 공무원의 신분을 유지할 수 있다.

넷째, 임용상의 특수성으로, 개방형 직위에 충원하기 위해 응시자 중 적격자를 선발하는 것은 각 부처별로 설치되어 있는 선발시험위원회가 담당하게 된다. 그리고 기존의 공무원 채용시험이 '선 채용 후 보직' 방식인데 비해 개방형 직위제도의 경우 특정직위의 최적임자를 직접 선발함으로써 보직과 충원이 동시에 이루어진다는 특징이 있다. 또한 개방형 직위에 임용되었던 경력직 공무원은 임용기간이 만료되고 나면 개방형 임용 당시의 소속장관은 당해 공무원을 임용 당시의 직급으로 임용해야 하며, 개방형 직위에 승진 임용되었던 사람에 대해서는 승진된 계급으로 임용해야 한다. 다섯째, 전보 · 전직 제한의 예외로, 개방형 직위에 임용되는 공무원과 개방형 직위 지정당시 당해 개방형 직위에 임용되어 있는 공무원에 대해서는 전보 · 전직의 제한기간을 적용하지 않는다. 여섯째, 보수책정의 탄력성으로, 개방형 임용제도에서는 해당직위의 업무수행의 곤란도와 책임도에 따라 보수책정이 차별적이다. 이 제도에서는 해당직위에 민간의 우수한 전문가를 유치할 수 있도록 하기 위해 보수의 하한선은 해당직위가 포함되고 있는 직급과 동일하나 상한선은 제한을 두지 않고 있다(최석충, 2006: 10-13).

우리나라의 경우 중앙정부에서 1999년부터, 지방정부 수준에서 2001년부터 고위공직자를 대상으로 개방형 임용제를 도입하여(윤영진 · 이종수 외, 2005: 636), 공직의 활성화를 도모하기 위하여 전문성이 요구되거나 효율적인 정책수립을 위하여 필요한 경우에 일정한 직무수행 요건을 설정하여 공직내부 또는 외부에서 적격자를 임용하는 개방형 직위를 지정함으로써 계약직 공무원으로 임용할 수 있도록 하였다(김판석 · 이선우 · 전진석, 1999: 59).

개방형 임용이라는 새로운 인사제도가 등장한 것은 기본적으로 그 동안 운영된 직업공무원제의 폐쇄적 성격이 가져오는 폐해 때문이라고 할 수 있다. 우리나라 공무원제도는 직위분류제적 요소를 가미하기는 했지만 계급제를 근간으로 하여 운영되어 왔고 채용에 있어서도 특정한 계급 이외에는 외부채용을 허용하지 않고 신규임용 공무원은 일정계급군의 최하위 계급으로 임용되는 폐쇄적 인사제도를 유지하여 왔다. 이 결과 공직은 민간부문에 비해 경쟁력이 떨어지고 생산성이 낮다는 지적을 받게 되었다. 이러한 상황에서, 외부전문가 유치를 통해 행정의 전문성을 강화하고, 경쟁에 따른 공무원의 자질향상을 통해 정부의 생산성을 제고하기 위한 목적으로 개방형 직위제도를 도입하게 된 것이다(정준금, 2003: 73).

2) 개방형 직위제도의 이론적 배경

개방형 직위제도는 공공부문이 기존의 보장된 신분과 연공서열에 의한 인사운영 등으로 인해 민간부문에 비해 경쟁력이 떨어지고 생산성이 낮다는 지적을 받게 되어 도입된 제도이다. 이러한 제도가 탄생하게 된 배경에는 신공공관리론(New Public Management: NPM)과 지식정부론(Knowledge Government)이 이론적으로 뒷받침되고 있었기 때문이다.

(1) 신공공관리론(New Public Management: NPM)

1980년대 이후 영미 국가들을 중심으로 등장한 신공공관리론은 '시장주의'와 '신관리주의'를 결합하여 전통적인 관료제 패러다임의 한계를 극복하고 작은 정부를 구현하기 위해 개발된 정부 운영 및 개혁에 관한 이론이다. 시장체제 속에서 치열한 경쟁을 하고 있는 기업경영의 논리와 방식을 공공행정부문에 도입하여 적용하려는 노력을 신공공관리라고 한다(정정길, 2005: 110). 즉 신공공관리란 정부기능의 축소와 민간화의 촉진을 통해 고객 중심적이고 성과지향적인 문화가 주를 이루는 보다 수평적인 행정조직 체계를 실현하기 위한 일련의 개혁적 접근방법이라고 할 수 있다(Reed & Anthony, 2003: 189).

신공공관리론에서 강조하는 정부혁신 실천 수단은 다음과 같이 정리된다(이재원, 2008: 86-87). 첫째, 시장메커니즘을 지향하는 정부개혁을 요구하였다. 이는 공공부문을 축소하고 민간 영역을 확대하라는 요구로서 공공부문 내 분권이 확대 연장성에서 이해할 수 있다. 정부영역의 축소는 공공서비스에 대한 책임을 생산과 공급으로 구분하면서 가능해졌다. 다시 말하면 공공서비스에 대한 공급은 정부가 책임지지만 반드시 직접 생산까지 담당할 필요성은 없다는 것이다. 이에 따라 상당한 범위에서 공공서비스 생산기능들은 민간부문이 담당하게 되었다. 둘째, 공공부문 내 경쟁 및 가격메커니즘(비용 개념), 성과 계약 방식이 도입되었다. 공공문제에 대해 보다 신축적이고 적극적인 대응을 위해 공공부문 내부에서의 경쟁구조를 강화하였고 내부운영과정에서 재무적인 비용(가격) 개념도 도입하였다. 그리고 예산운영에 시장원리를 적용하기 위해 수익자부담원칙을 부처 간 업무관계에서도 적용시키는 일종의 '성과계약' 방식을 도입하였다. 활동조직들을 경쟁이 가능한 분권단위로 분화하고 예산재원은 성과계약을 통해 배분되도록 만들었다. 개별부처가 창출하는 공공활동의 시장가치가 계산되면 부처의 생산성을 정확히 측정할 수 있으며, 나아가 발생주의 회계를 정착시킬 수 있는 토대를 구축할 수 있다. 셋째, 객관적으로 측정이 가능한 결과(성과)중심이 개혁이 요구되고 시장의 이윤가치에 대응하는 성과가치가 강조되었다. 추상적인 정부의 성과를 엄격히 구분하여 전략적인 성과에 초점을 맞추는 정부운영을 강조하였다. 이에 따라 성과의 유형을 투입, 업무량, 산출, 결과, 그리고 영향 등과 같이 다섯 단계로 구분하고 이 가운데 앞의 두 가지 성과가 "전통적인" 정부 성과라고 하면 최근이 성과주의 개혁에서는 "산출과 결과 중심"의 성과에 초점을 맞출 것을 강조하였으며 가능하면 계량적 지표로서 평가할 수 있는 구체적인 성과를 요구하였다. 이와 같은 계량화된 구체적 성과는 일회적 정보 제공에 그치지 않고 정기적으로 정보를 누적하여 전략 계획과 성과목표를 설정하는 기준으로 활용하게 된다. 이에 따라 성과지표, 성과 측정방법, 성과정보의 공개와 평가 등과 같은 미시적 작업들이 강화되었다. 신공공관리는 과정보다는 결과를 지향하고 궁극적으로 고객 만족과 효율성 증대가 목표라고 볼 수 있다(Peters, 1998: 229).

이와 같이 신공공관리적 행정개혁은 구조조정과 과정개혁을 통해서 경쟁성, 성과지향성, 개방성 등 시장경쟁조건을 충족시키는 방향으로 정부조직과 운영원리를 개선하려는 전략이다. 시장지향적인 행정개혁의 핵심은 시장 경쟁적인 원리를 정부운영에 활용하여 효율성과 생산성을 증대하는 데에 있다(안병철 · 한종희, 2006: 20). 즉 정부경비를 감소시키고 정부의 경제에 대한 개입을 축소하여 민간경제를 활성화시키는 경제정책과 더불어 정부측면에서 이러한 경제정책을 뒷받침하기 위하여 등장한 개혁의 하나라고 할 수 있다(정정길, 2005: 436). 따라서 개방형 직위제도는 공무원 충원의 다양화를 통해 공직사회에도 신공공관리의 핵심인 경쟁의 원리 도입을 통해 공직의 변화를 유도한다(배귀희, 2006: 123).

그러나 신공공관리론에 대해서는 민간부분과 구별되는 행정부분에 시장주의의 메커니즘을 도입하는 것은 행정의 특수성을 간과하는 것일 수 있다. 또한 민간부분에 비해 공공부분의 성과를 측정하는 것은 어려운 일임에도 불구하고 성과지향성을 강조하는 것은 피상적이고 형식적인 결과물만을 양산할 수 있다는 비판이 있을 수 있다.

(2) 지식정부론(Knowledge Government)

지식은 개인 혹은 조직에 의해서 타당성이 입증된 정보이지만, 정보보다 한 차원 높으며, 그러한 지식은 데이터, 정보와 구별되며 문제해결과 판단과 같은 효과적인 행동을 위해 사용될 수 있는 무형 · 유형이 결정체 또는 총화이다(김구, 2003: 189). 지식경제 · 지식사회에서 지식을 관리할 능력은 정부 및 민간조직의 생존과 경쟁력 유지에 가장 중요한 자산이다(김관보, 2008: 42). 현대사회에서 조직 개혁의 원동력이 되는 요인으로 조직간 높아진 상호의존성, 성과의 명확화, 사업 실행 속도의 가속화, 그리고 지식에 기반을 둔 권력이 주로 제시되고 있는 만큼, 조직관리에 있어 지식의 중요성은 날로 높아져가고 있다(Morris & Farrell, 2007: 1576).

국가기관에 이루어지는 지식행정이란 행정조직 시스템의 생산성을 극대화시키고 고객을 만족시키는 공공서비스를 보다 효율적으로 제공하기 위해 새로운 방식의 지식이 창출 · 확산 · 응용될 수 있는 행정시스템을 의미한다(김휘동 외, 1999; 김구, 2003: 205). 이러한 지식행정의 외연적 모습은 지식정부로 나타나며(한세억, 1999: 3), 지식정부는 지식을 활용하여 혁신을 주도하고 조장하는 정부로써 국가경쟁력 창출을 지원하고 각 주체들이 지식활동을 원활하게 전개할 수 있도록 가치창출과 혁신을 주도하는 것이다(이주희, 2004: 52).

Riley는 영국정부의 지식관리의 구성요소와 전략을 구성요소로 공동정보자원, 개인의 지능자본, 외재적 자본 및 고객과 시민들의 투입 네 가지로 제시하였다. 먼저 공동정보자원을 효율적으로 활용하기 위해 지식저장소(knowledge repository)를 구축함과 아울러 지식을 별개로 구분 저장하는 것이 아니라 조직 내부의 모든 지식자원을 통합하고 이에 접근성을 확보해야 한다는 것이다. 둘째, 개인의 지능자본을 증진시키기 위해서는 전문적 지식 및 기술을 인정하고 지식공식화를 통한 지식이 이전 · 공유될 수 있도록 지원을 해야 하며 지식이 조직발전의 중심이라는 견해를 가지고 공개적 직무문화를 조장해야 한다는 것이다. 셋째, 외재적 자원을 활용하기 위해서는 인터넷과 같은 정보통신 기술로 지식자료에 접근하도록 허용해야 하며 외재적 자원을 내부시스템으로 연계시키는 방안이 제시되어야 한다는 것이다. 마지막으로 고객과 시민들의 지식투입을 위해서는 고객들로부터 피드백 할 수 있는 장치를 개발하고 고객들의 질문에 올바른 해답을 안내해야 한다는 것이다(Riley, 2001; 김구, 2003: 207).

이러한 지식관리가 주요 모토가 되는 지식정부론은 정부의 문제해결 능력이란 기본적으로 얼마나 우수한 정책을 기획하고 추진해 낼 수 있느냐에 달려있고, 정책의 우수성은 기본적으로 그 정책을 입안하고 추진하는 데 필요한 지식들이 정부 내외에서 얼마나 잘 만들어내고 유통 · 공유되며 활용되고 축적되느냐에 달려 있다고 보는 것이다. 그런데 이러한 지식은 사람에 의하여 생산되고 유통되기 때문에 지식의 중요성을 강조하는 곳에는 반드시 인적 자원(human capital)의 중요성이 강조된다. 이렇게 개방형 직위제도의 도입은 종래의 폐쇄형 임용제도와 달리 사회 전 분야에서 다양한 사람들이 공직에 유입됨으로써 정책 및 업무와 관련된 지식들이 정부 내에서 다양하게 생성되고, 유통되며, 활용되고, 축적될 수 있도록 하는 데 기여할 가능성이 매우 큰 제도이다. 지식은 서로 공유되어 활용될 때 시너지 효과와 함께 큰 부가가치를 창출할 수 있다. 따라서 조직발전을 도모하기 위하여 지식을 공유하는 방법으로 기관 간 또는 부서 간의 벽을 허무는 조직설계가 제시되고 있다(최석충, 2006: 28-29). 그러나 지식정부론과 관련하여, 과연 행정부분에서 유능한 인재를 끌어들이기 위해 민간부분에서와 같이 적정한 보수와 처우를 제시할 있느냐에 대한 의문이 있을 수 있다. 또한 인위적으로 기관 간 또는 부서 간의 벽을 허무는 과정에서 오히려 더 큰 저항에 부딪힐 위험성이 크다는 비판이 있을 수 있다.

3. 경찰의 개방형 직위제도 운영 실태

1) 개방형 직위제도의 도입 과정

개방형 직위제도에 대하여 학계에서 지속적으로 개방형 직위제도 도입의 필요성이 제기되어 왔으며, 김대중 정권부터 공직사회에 경쟁체제 도입과 함께 외부 전문가 채용확대를 실시하게 되었다. 기획예산위원회(구 기획재정부)는 1998년 11월부터 1999년 3월까지 실시한 정부경영진단 결과를 바탕으로 161개의 개방가능직위를 선정하여 발표한 바 있고, 1999년 5월 24일 국가공무원법과 정부조직법의 개정으로 개방형 직위제도의 근거가 마련되어 개방형 직위제도를 관장하게 되었다.

당시 정부는 기획예산위원회 경영진단결과를 토대로 관계기관 협의와 학계 · 언론계 · 시민단체 · 계공무원 등 전문가가 참여한 패널회의와 관계기관의 의견수렴 등을 거쳐 1999년 11월 15일 38개 기관 129개 직위를 개방형 직위로 지정하였다. 그 후 기획예산위원회, 경영진단조정위원회의 심의와 공청회 등을 통해서 정리한 의견, 각 기관의 의견 및 시민단체의 의견 등을 참고하여 개방형 직위의 시행에 필요한 「개방형 직위의운영등에관한규정」(대통령령)을 마련하였다. 동 규정은 학계 및 민간의 인사전문가들로 구성되어 있는 구 중앙인사위원회 인사정책자문회의의 심의, 입법예고, 구 중앙인사위원회의 심의, 국무회의 의결 등의 절차를 거쳐 2000년 2월 28일 제정 시행되었다. 개방형 직위제도의 상세한 추진 경과는 다음의 <표 1-1>에서와 같다.

〈표 1-1〉 개방형 직위제도 추진경과

시기	추진내용
1995. 08	세계화추진위원회에서 범정부적인 직무분석 건의
1996. 01	직무분석기획단을 구성하고 직무분석 작업 실시
1996. 12. 20	201개 전문직위 선정
1998. 02	정부조직개편으로 개방형전문직위 수가 183개로 감소
1998. 08	30개 직위 추가 지정(213개 직위)
1998. 10. 26	고위직의 개방방침에 대한 대통령 보고 (실 · 국장급 직위의 30% 수준을 개방)
1998. 11 ~ 1999. 03	기획예산위원회에서 정부업무 경영진단 실시
1999. 05. 24	'정부조직법' 및 '국가공무원법' 개정으로 개방형 직위제도 도입근거 마련
1999. 07. 28	161개 개방가능 직위 발표
1999. 08. 31 ~ 11. 30	'개방형임용제도의 발전방안' 연구용역 실시(정부개혁연구소)
1999. 11. 15	38개 기관 129개 개방형 직위 확정발표
1999. 11. 23	'개방형 직위의운영등에관한규정안' 관계부처 협의
1999. 12. 23	'개방형 직위의운영등에관한규정안' 입법예고
1999. 12. 27	국방부 정보화기획관 개방형 직위 추가지정 (38개부처 130개 직위)
2000. 01. 19	'개방형 직위의운영등에관한규정안' 의결
2000. 02. 28	'개방형 직위의운영등에관한규정' 공포 · 시행
2000. 03. 16	'개방형 직위 운영지침' 제정 · 시행
2001. 01. 17	여성부 대외협력국장 개방형 직위 신규지정 (39개부처 131개 직위)
2001. 07. 21 ~ 11. 20	'개방형 직위제도 운영실태 조사 · 평가' 연구용역 실시
2002. 01. 30	국가인권위원회 인권정책국장 개방형 직위 신규지정 - 40개부처 132개 직위
2002. 04. 15	'개방형 직위의운영등에관한규정' 개정
2003. 07. 21	외부임용률 활성화를 위한 '개방형 직위조정지침' 시행
2005. 03. 24	국방부 인사국장, 법무관리관 개방형 직위신규지정 - 43개부처 152개 직위
2005. 04	- 43개부처 151개 직위(문화관광부 청소년업무→청소년위원회로 이관)
2005. 06	- 43개부처 152개 직위(경찰청 치안정책연구소장 신규 추가)

시 기	추 진 내 용
2005. 11	- 44개부처 153개 직위(행정복합도시건설청 도시계획본부장 신규추가)
2005. 12	- 45개부처 156개 직위(방위사업청 3개직위 신규추가) : 획득기획국장, 방산진흥국장, 계약관리본부장
2005. 12	- 44개부처 157개 직위(구 행정자치부 자치인력개발원 혁신연구개발센터장 신규)
2006. 01	- 45개부처 158개 직위(국가청렴위원회 심사본부장 직위 신규추가)
2006. 06	- 46개 기관 204개 직위(고위공무원단 162개 직위, 과장급 42개 직위)
2006. 07	- 46개 기관 220개 직위(고위공무원단 178개 직위, 과장급 42개 직위)
2007. 05. 11	- 외무공무원법에 고위외무공무원도 고위공무원단에 포함하도록 규정
2007. 12	- 49개 기관 220개 직위(고위공무원단 178개 직위, 과장급 42개 직위)
2008. 02. 29	- 정부조직개편 시행
2008. 12	- 38개 기관 187개 직위(고위공무원단 161개 직위, 과장급 26개 직위)

- 자료 : http://www.mopas.go.kr/gpms/view/korea/korea_index_vm.jsp?cat=bonbu/pers&menu=pers_07_02/2009.10.2.

2) 개방형 직위 선발 절차

개방형 직위의 선발은 우선 개방형 직위의 지정비율과 지정기준에 따라 「개방형·공모직위 운영심의위원회」의 심의를 거쳐 직위를 선정해 그 이유를 명시하여 행정안전부장관에게 협의를 요청하고, 협의결과에 따라 개방형 직위를 지정하도록 한다.

「고위공무원단 인사규칙」(행정안전부예규)에서는 개방형 직위의 지정 기준으로 다음과 같이 다섯 가지를 제시하고 있다. 첫째, 전문성으로 이것은 직무수행에 요구되는 경험적 또는 학문적 전문지식이나 기술의 수준 정도를 말한다. 즉 고도의 전문성이 요구되는 직위 중 최신 지식·기술을 도입할 필요가 있거나 업무환경의 변화속도가 빠른 직위는 우선적으로 지정하고 당해직무의 오랜 경험에 의한 전문성이 높게 요구되는 직위는 후순위로 처리하도록 하고 있다. 둘째, 중요성이다. 이것은 직무내용이나 성격상 당해직위의 업무가 당해 기관의 전체 업무 중에서 차지하는 비중 및 당해직위 업무수행 결과의 대국민 영향과 파급효과의 정도를 말한다. 부처 내에서 중요성이 높은 직위 중 일부 직위를 개방형 직위에 포함시키도록 하고 있다. 셋째, 민주성이다. 이것은 정책결정 또는 집행에 객관성·공정성이 요구되어 다양한 국민시각의 반영이나 국민의 참여가 요구되는 정도를 말한다. 민주성이 높게 요구되는 직위는 우선하여 지정하도록 하고 있다. 넷째, 혁신성이다. 이것은 행정환경의 변화 등으로 인하여 제도나 행태의 신속한 개선 또는 개혁이 요구되는 정도를 말한다. 혁신성이 높게 요구되는 직위는 우선하여 지정하도록 하고 있다. 마지막은 조정성이다. 공직사회 내부의 이해를 바탕으로 한 부처 간 또는 부서 간의 이해관계 조정의 필요성 정도를 말한다. 그리고 전문성, 민주성, 혁신성 또는 중요성이 높게 요구되는 직위라 하더라도 조정성이 높게 요구되는 직위는 개방형 직위로 지정하지 않을 수 있다고 하고 있다.

이러한 다섯 가지 요건을 고려하여 지정된 직위 선발을 위해서는 공고를 하게 되는데, 최초 공고는 임기만료예정일 3개월 전까지 응시원서 접수시작 전일까지 10일 이상 공고하여야 하며, 공고매체는 1개 매체 이상의 일간신문, 홈페이지(필수적 공고)와 그 밖에 필요하면 관보 또는 방송 등(선택적 공고) 효과적인 방법을 통하여 정기적으로 공고하도록 되어 있다(「개방형 직위 및 공모직위의 운영 등에 관한 규정」 제21조 제1항 내지 제3항).

접수 절차를 거쳐 지원한 지원자에 대해서는 선발시험위원회가 구성되는데, 선발시험위원은 위원장을 포함하여 5인 이상으로 구성되며 위원장은 민간위원 중에서 위촉하도록 되어 있다. 선발시험위원에는 민간위원(국 · 공립대학 교원 포함)을 1/2 이상 포함하도록 되어 있으며, 선발의 공정성을 위하여 산하기관 소속 임 · 직원, 자문 · 평가위원 등 특정 이해관계를 가진 인사를 배제하는 것을 원칙으로 하며, 특정기관 · 출신학교 · 출신지역 · 전문분야 등에 편중되지 않도록 하고 있다(개방형 직위 및 공모직위의 운영 등에 관한 규정 제5조).

선발시험위원회는 임용예정 직위별로 2인 또는 3인의 임용후보자를 선발하여 소속장관에게 추천하고, 소속장관은 선발시험위원회가 추천한 임용후보자 중에서 임용하여야 한다. 소속장관은 임용후보자 중 「국가공무원법」 제28조의6에 따른 심사대상자가 있는 경우에는 선발시험위원회에서 추천한 자에 대한 우선순위를 정하여 고위공무원임용심사위원회의 심사를 거쳐 임용한다(「개방형 직위 및 공모직위의 운영 등에 관한 규정」 제7조).

3) 경찰의 개방형 직위 현황 및 요건

(1) 일반현황

「개방형 직위 및 공모직위의 운영 등에 관한 규정」에 의하면, 현재 개방형 직위는 고위공무원단 개방형 직위와 과장급 개방형 직위로 나누어 지정할 수 있다. 고위공무원단 개방형 직위는 소속장관별로 고위공무원단 직위 총수의 20% 범위 안에서 지정하고, 과장급 개방형 직위는 소속장관별로 중앙행정기관의 실장 · 국장 밑에 두는 보조기관 또는 이에 상당하는 직위 총수의 20% 범위 안에서 지정할 수 있도록 되어 있다(개방형 직위 및 공모직위의 운영 등에 관한 규정 제3조).

경찰에서는 다음 <표 1-2>에서와 같이 4개의 개방형 직위를 지정하여 운영하고 있다. 경찰병원장과 운전면허시험관리단장은 책임운영기관장이며 경찰대학 치안정책연구소장과 치안정책연구소 연구부장은 연구 관련 전문 분야라고 볼 수 있다. 이들에 대한 처우 자료는 2006년 자료가 가장 최근에 공개되어 있는 자료여서 부득이하게 2006년 자료를 제시하였고, 치안정책연구소 연구부장의 경우 2009년에 지정 · 선발과정 중에 있으므로 아직 상세한 처우 자료가 존재하지 않았다.

〈표 1-2〉 경찰 개방형 직위 공무원 현황

분류	소속 및 직위	연봉('06. 08. 31 현재)	비 고
계약직 고위공무원	경찰병원장	67,797,000 원	2006년 1월부터 책임운영기관으로 지정 · 운영
	경찰대학 치안정책연구소장	83,006,000 원	
	경찰대학 치안정책연구소 연구부장	-	
	운전면허시험관리단장	76,629,000 원	2000년 1월부터 책임운영기관으로 지정 · 운영

- 자료: 경찰청자료 재정리.

「공무원보수규정」(대통령령)에 따르면 연봉제를 고정급적 연봉제, 성과급적 연봉제 그리고 직무성과급적 연봉제로 나누고 있다. 통상적으로 고정급적 연봉제는 정무직 공무원에, 성과급적 연봉제는 1-4급 상당 공무원과 계약직 공무원 그리고 직무성과급적 연봉제는 고위공무원단에 속하는 공무원에 적용된다. 따라서 개방형 직위에 지정된 자는 직무성과급적 연봉제에 의해 보수를 받으며 구체적인 금액은 채용예정자의 능력 · 자격 · 경력 등을 고려하여 협의 · 결정하므로 개인마다 보수가 차이 날 수 있다.

(2) 주요 업무내용

〈표 1-3〉 경찰 개방형 직위별 주요 업무내용

직위	주요 업무내용
경찰병원장	- 병원사무지휘 및 관리감독 - 환자진료 및 간호업무 관한 사항 - 진료와 운영에 관한 사항 - 병원조직관리 및 기본운영계획에 관한 사항 - 예산편성 및 집행에 관한 사항 - 의약품, 행정물품 및 의료장비 관리에 관한 사항 - 병원 원무행정에 관한 사항 - 직원임용, 교육, 훈련, 복무에 관한 사항 - 병원시설 및 공사 관리에 관한 사항
치안정책 연구소장	- 연구소 사무지휘 및 소속 직원에 대한 관리 · 감독 - 연구소 중 · 장기 발전계획 수립 및 국 · 내외 연구기관과의 교류 협력 - 연구문헌의 관리 · 보존 및 정보화 - 연구관별 연구과제 부여 · 성과 평가 및 전문성 향상 방안 마련 - 치안정책 주요 정책 및 제도개선 관련 연구 · 자문 - 범죄에 대한 예방 · 분석 및 대책 수립 - 중장기 치안수요 예측 및 대응방안에 관한 연구 - 국가안보와 관련된 이론의 연구 및 개발 - 통일에 대비한 치안정책 연구
치안정책연구소 연구부장	- 치안에 관한 이론 및 정책의 연구 - 치안에 관련되는 국내외 연구기관과의 협조 및 교류 - 치안에 관한 국내외 자료의 조사 · 정리 및 출판물의 간행 - 중 · 장기 생활안전 및 교통대책에 관한 연구 - 수사구조 및 형사사법제도 개혁에 관한 연구
운전면허시험 관리단장	- 운전면허시험관리단의 사무 통할 및 소속 공무원의 지휘 · 감독 - 운전면허시험, 운전면허증의 제작 · 교부, 적성검사, 면허전산실 운영 등 운전면허관련 사무 - 운전면허시험장의 유지 · 관리에 관한 사무 - 경찰청장이 부여하는 사업목표 달성을 위한 사업운영계획 수립 및 사업추진 - 사업운영계획에 따른 연도별 사업계획 수립 및 추진 - 운전면허시험관리단 재정의 건전성 제고 및 서비스의 질적 개선

- 자료 : 경찰청 공지자료 재정리

현재 경찰에서 운영 중인 개방형 직위별 주요 업무 내용을 보면 <표 1-3>과 같다. 경찰병원장의 경우 병원 운영에 관련된 전반적인 관리 · 감독에 관한 사항을 담당하고 있고, 환자진료 및 의약품이나 의료장비에 관련된 사항까지 관할하게 되므로 전문적인 의료지식이 필수적으로 요구되는 직위라고 볼 수 있다. 따라서 경찰공무원 신분으로는 적절한 임무수행이 어려우므로 이 직위는 필히 의료분야 종사자가 담당하는 것이 바람직하고, 현재 의료분야 경력자가 임용되어 있다.

치안정책연구소장의 경우 연구소 전반에 대한 사무지휘 및 소속 직원에 대한 관리 · 감독, 연구소 발전계획 수립뿐만 아니라 연구관들이 능력을 최대한 발휘할 수 있도록 연구과제를 적절히 부여하고 평가하는 역할, 그리고 치안과 관련된 실질적인 연구를 수행하는 역할도 하도록 업무가 부여되어 있다. 치안정책연구소는 본질이 연구 기능을 수행하는 만큼 실무경력보다는 연구에 대한 식견과 전문성을 가진 자가 업무를 수행하는 것이 바람직한 직위이다.

치안정책연구소 연구부장의 경우 역시 치안과 관련된 다양한 이론과 정책을 연구하는 직위이고, 국내외 연구기관과의 교류, 관련 자료의 조사 · 정리 및 간행 업무를 주요 업무로 하므로 필히 치안 분야와 관련된 연구 경력이 중시되는 직위라 할 것이다.

마지막으로 운전면허시험관리단장의 경우 운전면허 관련 사업계획의 수립, 운전면화 관련 다양한 사무, 운전면허시험관리단 재정의 건전성 및 서비스의 개선 등이 주요 업무로 지정되어 있다. 운전면허시험관리단이 경우 시장성과 수익성을 어느 정도 갖춘 민원서비스 성격을 가진 기관이라 볼 수 있으므로, 교통경찰 관련 경험이 풍부한 경찰공무원과 교통행정관련 업무가 풍부한 타 부처 출신 공무원, 교통관련 업무 경험이 축적되고 경영자로서의 전문식견을 지닌 민간인 중 유능한 적격자를 단장으로 선발하여 운영하게 할 수 있을 것이다.

(3) 임용자격 요건

경찰의 개방형 직위별 임용 자격 요건은 '필수요건'과 '경력 또는 실적요건'으로 구분되어 있다. 필수요건은 관계법령에 규정된 임용자격요건과 소속장관이 당해직위의 직무를 수행하기 위하여 반드시 필요하다고 인정하는 학력, 자격증 기타 요건을 설정하는 것인데, 반드시 설정해야 하는 것은 아니다.

경력 요건은 직무를 수행하는데 필요한 최소의 경력을 정하고 실적요건은 경력요건에 상당하는 것으로 간주할 수 있는 특정실적을 정하며 경력요건에 미달되어도 실적요건을 갖추면 된다고 보고 있다. 그러나 실적요건 없이 경력요건만 제시한 경우 경력요건 중 하나 이상의 요건이 충족되어야 한다. 현재 고위공무원단 직위는 최소경력요건(학력, 자격증, 공무원 · 민간경력)을 전체직위에 단일요건으로 공통적용하고 있다. 경찰의 개방형 직위별 경력요건은 <표 1-4>에서 정리하였다.

〈표 1-4〉 경찰의 개방형 직위별 경력요건

구 분		경찰병원장	치안정책연구소장	치안정책연구소 연구부장	운전면허시험 관리단장
학력기준	석사학위이하	공무원 또는 민간근무·연구경력 10년 이상인 자로서 관련분야 근무·연구경력 4년 이상인 자	공무원 또는 민간근무·연구경력 10년 이상인 자로서 관련분야 근무·연구경력 4년 이상인 자	• 관련분야 석사학위 취득 후 10년 이상 관련분야 실무경력자 • 관련분야 학사학위 취득 후 12년 이상 관련분야 실무경력자 • 학사학위 취득 후 14년 이상 관련분야 실무경력자	교통행정분야 석사학위 소지자로서 동일분야 9년 이상 경력자
	박사학위	공무원 또는 민간근무·연구경력 7년 이상인 자로서 관련분야 근무·연구경력 4년 이상인 자	공무원 또는 민간근무·연구경력 7년 이상인 자로서 관련분야 근무연구경력 4년 이상인 자	• 관련분야 박사학위 취득 후 7년 이상 관련분야 실무경력자	교통행정분야 박사학위 소지자로서 동일분야 3년 이상 경력자
자격증 기준		공무원 또는 민간근무·연구경력 7년 이상인 자로서 의사면허 소지 후 관련분야 근무·연구경력 4년 이상인 자	공무원 또는 민간근무·연구경력 7년 이상인자로서 5급 특별채용자격증 소지 후 관련 분야 근무·연구경력 4년 이상인 자		
공무원 경력기준		• 관련분야에서 2년 이상 근무한 고위공무원단에 속하는 공무원 또는 고위공무원단 직위로의 승진임용자격요건을 갖춘 공무원 • 관련분야에서 4년 이상 근무한 자로서 4급 또는 이에 상당하는 공무원으로 근무한 경력이 있는 자	• 관련분야에서 2년 이상 근무한 자로서 고위공무원단에 속하는 공무원 또는 고위공무원단 직위로의 승진임용자격요건을 갖춘 공무원 • 관련분야에서 4년 이상 근무한 자로서 4급 또는 이에 상당하는 공무원으로 근무한 경력이 있는 자	• 4급 또는 4급상당 이상의 공무원으로 2년 이상 관련분야 실무경력자 • 공무원임용시험령 일반직 3급 채용요건에 해당하는 자	총경이상의 경찰공무원으로 근무한자로서 교통분야5년 이상 경력자

구 분	경찰병원장	치안정책연구소장	치안정책연구소 연구부장	운전면허시험 관리단장
민간 경력 기준	관련분야에서 3년 이상 근무·연구한 자로서 법인 또는 「비영리민간단체지원법」의 지원을 받는 단체에서 임용예정직위에 상당하는 부서단위 책임자 이상으로 3년 이상 근무한 경력이 있는 자	관련분야에서 3년 이상 근무·연구한 자로서 법인 또는 「비영리민간단체지원법」의 지원을 받는 단체에서 임용예정직위에 상당하는 부서단위 책임자 이상으로 3년 이상 근무한 경력이 있는 자	17년 이상 관련분야 실무경력자	정부투자기관 또는 상장기업 임원으로 2년 이상 근무자
기타	관련분야 : 보건, 의료서비스 분야	관련분야 : 경찰행정·수사·생활안전·교통·보안 등 경찰과 관련된 분야	※ 학위 없이 관련분야 실무경력요건으로 채용하는 경우 법인 또는 비영리민간단체지원법상 단체의 장과 부서단위 책임자로 근무한 경력이 있는 자에 한함 ※ 관련분야 : 경찰학·행정학·정책학·형사법·범죄학·범죄수사·생활안전·교통 등 경찰분야 전반 ※ 외국어(영어)능력 우수자 우대	교통행정 분야 : 교통학, 교통계획·정책학 등 교통관련 분야

- 자료 : 경찰청 공지자료 재정리.

실적요건은 관련분야에서 탁월한 실적이 있어 경력요건을 갈음하고자 하는 경우 그 실적의 내용과 범위를 정하는 것으로 현재 치안정책연구소장에만 부여되어 있다.

〈표 1-5〉 경찰 개방형 직위별 실적요건

구 분	경찰병원장	치안정책연구소장	치안정책연구소 연구부장	운전면허시험 관리단장
실적요건	-	치안관련 분야에서 탁월한 업무실적이나 연구성과가 있는 자	-	-

- 자료 : 경찰청 공지자료 재정리.

이렇게 경력요건과 실적요건 중 하나를 충족한 지원자에 대해서는 능력요건과 특별요건 면에서 심사를 실시하게 된다. 능력요건은 당해 직위의 업무를 수행하는데 기본적으로 요구되는 능력으로 모든 직위에 반드시 설정하여야 한다. '개방형 직위 및 공모직위 운영지침'에 따르면, 전문가적 능력, 전략적 리더십, 변화관리능력, 조직관리능력, 의사전달 및 협상능력 등 5가지 요건으로 구분하여 능력요건을 설정하는 것을 원칙으로 하되, 직위의 특성을 고려하여 필요한 경우 달리 정할 수 있도록 되어 있다.

〈표 6〉 경찰의 개방형 직위별 능력요건과 특별요건

구 분	경찰병원장	치안정책연구소장	치안정책연구소 연구부장	운전면허시험 관리단장
능력요건	기관 발전방안, 경영혁신에 대한 소견 등 직무수행계획 발표	전문가적 능력, 전략적 리더십, 변화관리 능력, 조직관리 능력, 의사전달 및 협상 능력	전문가적 능력, 전략적 리더십, 변화관리 능력, 조직관리 능력, 의사전달 및 협상 능력	전문가적 능력, 전략적 리더십, 변화관리 능력, 조직관리 능력, 의사전달 및 협상 능력
특별요건	• 외국어(영어) 구사능력 • 임용자격요건 상의 관련분야 근무 및 연구경력이 해당기준의 2배 이상이거나 선진국의 종합병원에서 해외연수훈련 1년 이상인 자	외국어(영어)능력 및 컴퓨터 활용능력	외국어(영어)능력 및 컴퓨터 활용능력	-

- 자료 : 경찰청 공지자료 재정리.

특별요건은 당해직위의 직무를 수행하는 데 직접적인 도움 되는 자격증이나 외국어, 정보화능력, 특수분야 전문지식 및 탁월한 연구실적 등 기타 특별한 요건으로 설정하며, 외국어와 정보화능력은 가급적 모든 개방형 직위에 설정하여 가 · 감점으로 활용한다. 경찰에서 각 개방형 직위에서 심사하고 있는 능력요건과 특별요건은 다음 <표 1-6>에서와 같다.

4. 경찰 개방형 직위제도의 효율화 방안

개방형 직위제도는 우리나라 공무원제도가 직업공무원제와 계급제를 근간으로 하여 폐쇄적 인사제도로 운영되어 오는 과정에서 나타난 경쟁력 약화와 낮은 생산성 문제를 해결하기 위해 도입되었다. 경찰은 다른 공무원 직군에 비해 더욱 폐쇄적인 인사관리시스템을 유지해왔기 때문에 개방형 직위제도의 활용을 통해 전문성을 강화하고 경쟁에 따른 공무원의 자질향상이 시급하다고 볼 수 있다. 이러한 상황에서 개방형 직위를 더욱 효율적으로 운영하고, 소기 목적에 맞는 결과를 달성하기 위해서는 다음과 같은 몇 가지 고려사항이 충족되어야 한다.

1) 개방형 직위 지정의 확대

현재 경찰에서는 경찰병원장, 운전면허시험관리단장, 치안정책연구소장, 그리고 치안정책연구소 연구부장의 4가지 직위에 개방형 직위를 지정하여 운영하고 있다. 그러나 경찰병원과 운전면허시험관리단은 책임운영기관이고, 치안정책연구소는 연구기관이라는 점에서 경찰의 본질적 직무수행과는 다소 거리가 있는 분야라고 볼 수 있다. 즉 경찰의 핵심적인 직무에는 아직 개방형 직위가 지정되어 있지 않기 때문에 경찰 인사관리에서 적극적으로 활용된다고 볼 수 없다.

개방형 직위가 행정의 전문성과 생산성 제고, 그리고 지식의 총체적 관리를 목적으로 도입이 되었다면, 분명 이러한 목적을 달성하기에 적합한 직위를 적극적으로 지정할 수 있을 것이다. 국방부의 경우 정보화기획관, 인사국장, 법무관리관을 개방형 직위로 지정하여 운영하고 있다. 정보화관련 업무나 법무관련 업무는 전문 지식과 식견 없이 수행하기 어려운 업무이고, 마찬가지로 인사업무 역시 인사관리에 대한 이론적 기초와 전문적 지식이 동반되지 않고서는 보다 효과적인 인사행정을 기대할 수 없다. 따라서 경찰에서도 인사나 법무관련 직위, 예산 · 회계 관련 직위 또는 홍보기능을 담당하는 직위를 개방형 직위를 지정하는 방안을 검토할 필요가 있다.

2) 개방형 직위 지정의 합리성 제고

경찰의 개방형 직위 지정의 합리성을 제고시키기 위해서는 내부승진임용자보다는 외부임용자가 해당 직무를 더 잘 수행할 것으로 기대되고 유능한 외부 인재를 유인할 만한 매력을 지닌 직위들이 더 발굴되어져야 한다. 이러한 직위들이 개방형 직위로 지정될 때, 개방형 직위제도의 긍정적 효과도 크게 기대할 수 있을 것이다. 이를 위해서는 법집행 기능보다는 상대적으로 참모기능 중심의 직위 지정이 더 바람직하다고 여겨진다.

경찰조직과 관련된 연구는 아니지만 2007년 중앙인사위원회의 자료에 나타난 서울특별시에서 수행한 개방형 직위관련 연구에 따르면, 개방형 직위 임용자가 갖추어야 할 다섯 가지 능력요건, 즉 ① 전문가적 능력, ② 전략적 리더십, ③ 문제해결능력, ④ 조직관리 능력, ⑤ 의사전달위임 협상능력이 제시되고 있다. 이들 중에서 개방형 직위 임용자가 내부승진임용자에 비해 우월한 것으로 평가된 것은 '① 전문가적 능력'이 유일한 것으로 나타났다. 나머지 네 가지 능력요건 면에서는 개방형 직위 임용자가 내부 승진임용자에 비해 미흡하며, 특히 조직관리 능력과 의사전달위임 협상능력은 크게 미흡하다는 평가결과가 나타났다. 이러한 결과는 개방형 직위 임용자는 전문가적 식견과 자료해석 능력은 좋지만 이를 집행으로 연결시키기 위해 자원과 인력을 동원하는 리더십은 부족하다는 것으로, 다시 말하면 개방형 직위는 집행부서의 책임자 자리보다는 분석과 기획능력이 요구되는 참모 자리에 더 적합하다는 것을 의미이다(윤경준 · 장현주, 2008: 154-155). 따라서 이러한 분석과 기획능력이 필요한 경찰의 직위로는 기획 · 인사 · 법무 · 정보통신 · 홍보를 담당하는 직위가 적절할 것으로 생각된다.

3) 개방형 직위에 대한 적극적 홍보 및 적절한 처우의 필요성

개방형 직위제도가 성공적으로 정착하기 위해서는 개방형 직위제도의 도입취지 및 충원계획에 대한 보다 적극적인 홍보작업이 필요하다. 박천오 외(2002)의 실태분석조사에 따르면, 타 부처의 경우 개방형 직위제도 실시 초기임에도 불구하고 홈페이지와 일간지에 공고할 뿐 아니라 학교, 관련 기관이나 단체 등에 공문 보내 홍보한 경우도 있었다. 모집의 적극성은 민간인력에 대해서만이 아니라 정부 내에서도 이루어져야 한다. 경찰기관 내부에서도 유능한 인력이 적재적소에서 활용되도록 하기 위해서 경찰관들도 적극적으로 응시할 수 있게끔 분위기를 유도할 필요가 있다.

경찰에서도 일정기간 동안 임기보장을 통해 행정의 전문성과 경쟁력을 제고시키기 위해서는 개방형 직위가 경찰공무원과 민간인 모두에게 매력적인 직위로 인식될 수 있도록 개선한 필요가 있다. 특히 우선적으로 보수 수준의 상향이 전제될 필요가 있다. 계약직이라는 특성이나 노동시장에서의 직장이동의 제약성 등을 감안한다면 보수수준을 결정함에 있어서 단순히 경력만을 고려할 것이 아니라 비슷한 직위의 민간기업의 보수 수준을 감안해야 한다. 그 밖에 다른 일반 행정부처에 임용되었던 개방형 직위 임용자에 대한 인사관리에서 상대적으로 부정적 의견이 많았던 문제는 이들이 애로를 느낄 때 상담할 수 있는 기회가 적다는 것인데(박천오 외, 2002: 126), 이러한 문제를 해결하기 위해 경찰에서도 고충을 상담할 수 있는 제도적인 장치를 마련하는 것도 필요할 것이다.

4) 외부임용의 확대

경찰에서는 개방형 직위를 도입한지 10여 년이 가까워지고 있으나 경찰병원을 제외하고는 아직 외부임용이 저조한 실정이다. 이는 경찰뿐 아니라 다른 행정부처에서도 공통적으로 나타나고 있는 현상이다. 개방형 직위에 대한 외부임용이 저조한 이유는 제도 도입에도 불구하고 계급제가 여전히 존재하고 있다는 점이다. 계급제를 근간으로 하는 조직체계 하에서 관료조직은 기업조직과 달리 별다른 인센티브가 없으므로 승진이 가장 관심거리이다. 따라서 고위직 진출에 관료 개인 간 치열한 경쟁이 지배하는 상황에서 개방형 직위에 민간인 임용은 제약될 수밖에 없는 형편이다(안병철 · 한종희, 2006: 22-23).

민간부문의 노하우가 경찰에 적용되어 경찰행정의 생산성을 높일 수 있다는 인식, 그리고 경찰행정의 경험이 민간부문의 생산성 제고에 기여할 수 있다는 인식이 형성되어야 개방형 직위제도가 성공적으로 정착될 수 있다. 이를 위해서는 외부임용의 기회를 확대할 필요가 있다. 또한 보다 많은 우수한 인력들이 응시하도록 하여야 하며, 공정한 선발절차를 통해 모두가 수긍할 수 있는 최적격자를 임용하는 것이 무엇보다 중요하다.

지금까지 외부임용이 내부임용에 비해 저조한 이유에 대해 살펴보면, 특별한 경우가 아닌 한 공무원과 민간인간의 경쟁에서 개방직위 지원자에게 공무처리를 위한 인터뷰나 업무수행계획서를 제출하도록 요구하고 있다. 이것은 민간인의 업무 수행계획서 작성이 정보의 불충분으로 쉽지 않은 일이기 때문에 상대적으로 임용 심사에서 불리하게 작용한다고 보는 견해도 있다(이주희, 2007: 34). 따라서 외부임용의 확대를 위해서 경찰에서는 외부임용자와 내부임용자의 경쟁의 공정성을 담보할 수 있는 장치를 마련해야 한다. 이를 위해 선발 절차가 적정한 평가수단에 의해 공정하게 이루어지도록 하는 것이 필요하다. 특히 임용과정에 있어서 외부 인력이 조직 내부 인력에 비해 상대적으로 불이익을 받지 않도록 하는 방안을 심도 있게 고려할 필요가 있다(박천오 외, 2002: 101).

5) 외부 임용자에 대한 조직적응 프로그램 제공

민간인 출신 개방형 임용자와 기존 조직구성원 간에 유기적 연대가 매우 취약할 수 있다는 점이다. 직업적 배경이 다르기 때문에 사고방식과 문제를 바라보는 시각이나 해법이 다를 수는 있다. 그러나 이처럼 취약한 연대감은 개방형 임용제도의 효과를 반감시키는 요인이라는 점에서 개방형 직위 임용자의 조직 적응능력을 제고시키는 것은 매우 주요한 과제라고 할 수 있다. 이와 관련 경찰에서도 개방형 직위 임용자들에 대해 적절한 형태의 교육훈련 기회를 제공하고 상호 유대감을 증진시킬 수 있는 프로그램을 마련하는 것을 고려해야 한다.

서울시에서 운영하고 있는 개방형 직위 제도에 대한 실증 분석 결과, 개방형 직위 임용자는 대체로 비우호적인 조직분위기 속에 놓여 있는 것으로 나타났다. 기존 공무원 조직과 개방형 직위 임용자 간 커뮤니케이션도 원활하지 않은 것으로 나타났고 개방형 임용자가 조직의 정서를 잘 이해하지 못한다는 평가가 지배적이었다(윤경준 · 장현주, 2008: 156). 지방자치단체에서도 개방형 임용자들에 대한 신뢰가 낮은 수준에 머물러 있는 가운데 경찰에서 개방형 직위제도를 적극 시행했을 경우 예상되는 갈등은 더욱 심할 가능성이 다분하다고 여겨진다. 아무리 유능한 전문가라 하더라도 조직의 관점에서 보면, 개방형 직위 임용자는 고위직 신입직원과 크게 다를 바가 없다는 점에서 이들에 대한 교육훈련은 필수적이다. 따라서 경찰에서는 내부임용이 아닌 외부임용으로 충원된 개방형 직위 임용자의 경우 조직의 업무처리방식과 정서를 이해하는 데 도움이 되는 공식 교육프로그램을 제공할 필요가 있다.

5. 맺으며

행정환경이 급속히 변화하고 그 대상의 다양성 및 전문성이 높아지고 있는 현대에 와서 공공조직의 개방은 점진적으로 나타나고 있다. 그 일환으로 일반공무원 부문에서는 1999년 5월부터 「국가공무원법」을 개정하여 1~3급 고위직 공무원을 개방형으로 임용할 수 있도록 하는 개방형 직위제도를 도입 · 운영하고 있으며, 현재 경찰에서도 이에 맞추어 개방형 직위제도를 운영하고 있다.

개방형 직위가 행정의 전문성, 책임성, 생산성을 높이기 위해 도입된 방안이지만 아직 내부에서는 승진기회의 축소, 경력발전 기회의 축소, 조직 내부의 사기 저하, 유능한 젊은 인재의 공직진출 의지 약화, 행정의 안정성 저해, 정실주의 인사 가능성의 문제 등이 제기되고 있다. 이러한 문제의 소지를 종식시키고 개방형 직위제도가 성공적으로 정착하기 위해서는 개방형 직위 지정의 적정성, 적극성, 선발절차의 공정성이 담보되어야 할 것이다. 또한 경쟁을 통한 유능한 적임자를 끌어들이기 위해서는 처우수준이 향상되는 등의 강력한 유인책이 있어야 하고 개방형 직위 도입의 주요 목적 중 하나인 생산성 제고를 위해서는 개방형 직위 임용자의 성과에 대한 평가 시스템이 개발할 필요가 있다. 그리고 성과에 대한 평가 없이 단순히 임기만 채우고 나가는 것이 아니라 다면평가제를 활용한 중간평가 실시 등과 같은 성과 평가 시스템을 제도적으로 정착시켜야 할 필요가 있다. 이와 더불어 개방형 직위 임용자의 노력이 결실을 맺도록 하기 위해서는 소신 있게 일할 수 있는 조직분위기 형성과 합당한 권한 부여, 조직구성원과의 원활한 커뮤니케이션 조성 그리고 개방형 직위 임용자에 대한 조직구성원의 신뢰가 선행되어야 하는 것은 물론이다.

끝으로 이 연구에서는 경찰의 개방형 직위제도의 실태를 살펴보고 효율적 운영방안을 강구해보고자 하였다. 그러나 더욱 경험적이고 과학적인 개선방안을 제시하기 위해서는 향후 경찰에서 개방형 직위제도 시행이 어느 정도 정착된 시점에서 개방형 직위제도 시행 전과 후의 업무 성과를 비교분석하고 공무원들에 대한 개방형 직위제도에 인식을 조사하는 등의 실증적인 연구가 계속될 필요가 있어 보인다.

참고문헌

‖ 국내문헌 ‖

김 구. (2003). 지식정부 구축을 위한 지식행정에 관한 개념적 연구: 경험적 접근을 위한 준비. 「새 정부 국정과제와 추진 방향: 2003년 한국행정학회 춘계학술대회 발표논문집」. 185-220.

김관보. (2008). 정부조직의 지식관리에 대한 인식론적 담론과 지식관리성과에 미치는 영향요인 실증 분석: 공정거래위원회 THINKFAIR를 중심으로. 「한국사회와 행정연구」. 19(1): 41-86.

김판석 · 이선우 · 전진석. (1999). 개방형 임용제도의 실태 및 발전에 관한 연구. 「한국행정학보」. 33(4): 57-75.

김휘동 외. (1999). 「지식경영 도입을 통한 지식행정의 전략적 실천방안에 관한 연구」. 경상북도연구단.

박천오 · 남궁근 · 박희봉 · 오성호 · 김상묵. (2002). 개방형 직위제도의 운영 실태에 관한 실증적 조사 · 평가. 「한국행정학보」. 36(3): 99-128.

배귀희. (2006). 개방형 직위제도에 대한 소고: 가치갈등론적 관점에서. 「한국인사행정학회보」. 5(1): 107-127.

안병철 · 한종희. (2006). 신공공관리(NPM)적 행정개혁과 제도적 정합성. 「한국행정논집」. 18(3): 765-791.

오석홍. (2004). 「인사행정론」. 서울: 박영사.

윤경준 · 장현주. (2008). 지방자치단체의 개방형 직위 제도 운영에 대한 평가와 개선방안: 서울특별시를 중심으로.「한국조직학회보」. 5(3): 127-162.

윤영진 · 이종수 외 공저. (2005).「새행정학」. 서울: 대영문화사.

이재원. (2008). 신공공관리주의에 기반한 분권적인 지방재정관리제도를 위한 대안 모색.「한국거버넌스학회보」. 15(1): 81-109.

이주희. (2004).「디지털시대의 지식행정의 전략」. 경기도: 한국자치개발연구원.

_____. (2007). 개방형 직위제도와 계약직 공무원제도의 발전방안.「지방행정」, 2월호: 26-37.

이황우. (2005).「경찰행정학」. 경기도 파주: 법문사.

정정길. (2005).「행정학의 새로운 이해」. 서울: 대명출판사.

정준금. (2003). 시차이론과 제도변화: 개방형 직위 임용제도를 중심으로.「한국사회와 행정연구」. 14(2): 65-92.

중앙인사위원회. (2007).「공무원인사개혁백서」. 서울: 중앙인사위원회.

최석충. (2006). 우리나라 개방형 직위제도의 효과성에 관한 실증적 연구. 중앙대학교 박사학위논문.

최순영. (2006). 경찰공무원 인사제도 개혁방안에 관한 실증연구.「한국사회와 행정연구」. 17(2): 209-237.

한세억. (1999). 지식행정에 대한 탐색적 연구.「한국행정학회보」. 33(3): 1-19.

‖ 외국문헌 ‖

Condrey, S. E. (1998). *Handbook of Human Resource Management in Government*. San Francisco: Jossey-Bass.

Peters, B. Guy. (1998). Governance without government? Rethinking public administration. *Journal of Public Adminstration Research and Theory*, 8(2): 223-243.

Reed, M. and Anthony, P. (2003). Between and Ideological Rock and an Organizational Hard Place. In Clarke, T. and Pitlis, C. (eds) *The Political Economy of Privatization*. London: Routledge, 185-204.

Riley, T. B. (2001). Chief Executive of the Commonwealth Centre for Electronic Governance. *Paper to the Sixth National Civil Service Conference. June.*

Morris, J. and Farrell, C. (2007). The 'post-bureaucratic' public sector organization. New organizational forms and HRM in ten UK public sector organizations. *International Journal of Human Resource Management*, 18(9): 1575-1588.

‖ 기타자료 ‖

http://www.mopas.go.kr/gpms/view/korea/korea_index_vm.jsp?cat=bonbu/pers&menu=pers_07_02/2009.10.1

2장

심리적 피로에 대한 경찰공무원 집단 간의 인식 차이*

1. 서 론

우리나라 국민들 사이에서 경찰공무원은 피곤한 직업으로 인식되고 있다. 경찰공무원의 피로를 유발하는 주된 원인을 과로(overwork)라고 보는 것이 일반적인데(Hale, 2004: 137), 경찰청에서 배포한 보도자료를 살펴보면 실제로도 상당수의 경찰공무원들이 과로와 수면장애에 시달리고 있는 것으로 나타났다.[1)]

피로는 사람들이 경험하는 아주 일상적이면서도 자연스러운 느낌들 중 하나이면서도 그 정도와 상태는 각 개인에 따라 차이를 보인다. 또한 피로는 수면이나 휴식 부족, 심리적인 집중 그 밖에 체력을 소모한 경우에 보통 나타나기 때문에 대다수의 사람들이 일상생활의 한 부분으로 받아들일 정도로 흔히 나타나는 현상이라고 할 수 있다(Brake & Bates, 2001: 456; 정우일, 2007: 227-228).

사전적인 의미에서 피로는 과로로 정신이나 몸이 지친 상태[2)] 또는 사람이 느끼는 극심한 신체적, 심리적 피곤함[3)]으로 정의된다. 피로는 심리적 피로(mental fatigue)와 육체

---

* 이 장은 2007년 제출한 박사학위 논문을 요약 · 보안하여 2009년 8월 한국경찰학회보에 게재한 것임

1) 쿠키뉴스, 2007년 6월 22일자.

2) 국립국어원 표준국어대사전(1999).

3) 콜린스 코빌드 영영사전(2006).

적 피로(physical fatigue)로 구분할 수 있다. 심리적 피로는 보통 단조로움(monotony)이나 지루함(boredom)을 느끼는 상태로 이해할 수 있는데, 이것은 심리적인 과부하(overload)나 저부하(underload)에 기인하는 것으로 알려져 있다. 육체적 피로는 온도 상승으로 인한 소진(heat exhaustion), 고열, 순환기 장애나 기능 저하, 땀선의 피로, 근육의 글리코겐 축적 및 근육통 등 생리적 장애 요인에 기인하는 피로로 이해할 수 있다(Piper, Lindsey, and Dodd, 1987: 18).

피로는 일상생활에서 이루어지는 활동과 밀접한 관계를 가지며(Holmes & Mesuda, 1972; 조윤경 · 현명호, 2006: 478), 일생동안 누구나 한 번 이상 경험하는 증상이라고 할 수 있다(Potempa, Lopez, Reid & Lawson; 조윤경 · 현명호, 2006: 478). 일반적으로 피로는 경찰공무원만 느끼는 것은 아니다. 그렇기 때문에 피로는 어쩌면 사람에게는 아주 자연스러운 현상일 수 있다(Schmalleger, 2003: 236).

피로는 스트레스(stress) 및 탈진(burnout)과도 개념적으로 구분된다. 먼저 스트레스란 학자들에 따라 외부의 위협에 대한 인체의 반응, 자아위협에 대한 반응, 환경적 요구와 유기체의 반응능력 사이의 불균형, 자원의 위협이나 손실 등을 야기하는 위험인자 등으로 정의된다. 즉 스트레스는 심리적 또는 상황적 맥락에서 외부로부터의 위협이 반응능력 수준을 넘어서거나 혹은 일정하게 유지하고 있는 각 개인들의 자원에 위협을 가함으로써 발생하게 되는 인간의 갈등상태를 표현해 주는 개념으로 이해할 수 있다(장세진, 2000a: 93-94). 스트레스는 항상 부정적인 측면만 있는 것은 아니라 일반적으로 스트레스는 긍정적인 스트레스를 의미하는 유스트레스(eustress)와 부정적인 스트레스를 의미하는 디스트레스(distress)로 구분된다(이황우 · 최응렬 · 정우일, 2007: 406).

탈진이란 스트레스의 한 유형으로서 스트레스보다는 훨씬 역기능적인 반응 양식을 지칭하는 것으로 정서적 소진(emotional exhaustion), 무감각하고 시니컬한 반응을 보이는 비인격화 현상, 개인적인 성취감의 부족 등의 결과를 야기한다. 일반적으로 스트레스는 일시적이기 때문에 시간이 지나면 대부분의 사람들은 이전의 적응수준으로 돌아가지만, 탈진을 경험하면 다시 이전의 적응상태로 돌아가기 힘들다고 한다(윤옥경, 2006: 97). 스트레스와 탈진은 때때로 상호 교환적으로 사용되거나 혼동된다. 그러나 탈진은 스트레스 이상의 상태를 말한다. 탈진은 개인이 직무를 수행하는 것을 지속할 수 없다고 믿을 때 발생한다(Carrell, Elbert & Hatfield, 1995: 592; 이강훈, 2008: 8).

경찰 업무의 특성상 상당수의 경찰공무원은 "상시근무" 체제를 유지하고 있다. 상시

근무란 일상적으로 24시간 계속하여 대응·처리해야 하는 업무를 수행하거나 긴급하고 중대한 치안상황에 대비하기 위하여 야간, 토요일 및 공휴일에 관계없이 상시적으로 업무를 수행하는 근무형태를 말한다.[4] 이런 상시근무 체제를 유지하기 위한 경찰공무원의 가장 기본적인 근무형태가 바로 교대근무라고 할 수 있다. 교대근무와 관련된 최근 캐나다 토론토대학 연구팀의 연구결과는 흥미롭다. 이 연구팀에 의하면, 인체는 24시간 수면 주기에 따라 작동해 이 같은 24시간 주기 리듬(Circadian rhythm)에 따라 체온이 조절되고 수면 · 각성 시간이 조절되며 더불어 장기와 체내 시스템이 함께 작동하는 방법 역시 조절된다. 개인의 수면주기 파괴가 체내 장기의 병변 발병을 초래하기 때문에 밤낮이 바뀌는 교대근무는 심장이나 콩팥 등 체내 주요 장기를 손상시킬 수 있다고 한다. 뿐만 아니라 교대근무로 인해 24시간 주기 리듬이 장기간 파괴되면 결국 심장이나 신장 등 체내 주요 장기에 병이 생기게 돼 이로 인해 수명이 단축된다고 밝혔다.[5]

이 연구는 사회과학적인 실증조사를 통해 사회인구학적인 측면과 근무환경적 측면에서 경찰공무원 집단 간의 심리적 피로수준에 대한 인식 차이를 분석함으로써 우리나라 경찰공무원 집단의 피로 특성을 파악하는데 연구의 목적을 두었다. 한편, 이 연구는 다음과 같은 한계를 지닌다. 첫째, 현실적인 제약으로 경찰공무원의 계급과 지역별 피로수준의 차이를 충분이 반영할 수 있을 정도의 표집이 이루어지지 않아 보다 심도 있는 분석을 할 수 없었다. 둘째, 일반적 피로와 상황적 피로의 개념이 명확하게 구분되지 않았다. 이것은 Schwartz et al.(1993: 761-762)이 개발한 피로측정도구(The Fatigue Assessment Instrument: FAI)를 장세진(2000b: 172)이 번역하는 과정에서 생긴 한계라고 할 수 있다. 셋째, 피로와 관련된 국내외 선행연구가 많지 않은 관계로 경찰공무원 집단 간의 피로수준에 대한 인식 차이 여부를 제시하는데 그치고 그 차이가 나타나는 원인이나 차이가 나타나지 않는 원인에 대한 심도 있는 해석이 부족하였다. 그 원인들을 밝히는 부분은 후속연구로 남겨두고자 한다.

---

4) 「경찰기관상시근무공무원의근무시간등에관한 규칙」 제2조.
5) 뉴시스, 2008년 4월 13일자.

2. 연구의 범위 및 방법

사회과학 분야에서의 피로 연구는 주로 심리측정도구에 의해 측정할 수 있는 정신적 피로로 한정된다. 이 연구에서는 Schwartz 등(1993)이 심리적 피로 측정도구로 개발한 29문항의 피로측정도구(\FAI)를 장세진(2000b)이 우리나라의 실정에 맞게 번역하여 신뢰도와 타당도를 검정한 19문항의 다차원 피로척도(Multidimensional Fatigue Scale: MFS)를 사용하여 경찰공무원의 집단 간 정신적 피로수준의 인식 차이를 분석한 기술적(descriptive) 연구를 진행하였다.

MFS를 이용한 두 개의 선행연구들을 살펴보면 다음과 같다. 장세진 외(2005)는 전국공단 밀집지역에 위치한 종업원 50인 이상의 315개 사업장에 근무하는 직장인 10, 176명(남자 7,984명, 여자 2,192명)을 대상으로 피로 연구를 진행하였다. 연구 결과, 여자 집단의 피로수준이 남자 집단의 피로수준보다 높았으며, 연령별로는 남녀 모두 연령이 증가할수록 피로수준이 낮은 것으로 나타났다($p<0.01$). 교육수준별로는 남녀 모두 교육수준이 높을수록 피로가 증가하였으며, 혼인관계 상태에 따라서는 남녀 모두 미혼이 기혼이나 이혼 · 별거 · 사별보다 피로수준이 높았다($p<0.01$). 사업장 규모에 따라서는 "1,000명 이상"의 대기업에 근무하는 근로자가 "1,000명 미만"의 사업체에 근무하는 근로자보다 피로수준이 낮았다($p<0.01$). 근무기간에 따른 피로수준은 남자는 "5~10년" 근무자가, 여자는 "3~5년" 근무자가 가장 높았으며, 남녀 모두 "10년 이상" 근무자가 가장 낮았다($p<0.05$). 직위별로는 남녀 모두 "평사원"이 상위 직급에 비해 낮았으며, 남녀 모두 직급이 높을수록 증가하는 경향을 보였으나, 남자의 경우만 통계적으로 유의미한 결과를 보였다($p<0.01$). 주당 근무시간은 남녀 모두 주당 근무시간이 많을수록 피로수준이 높았다($p<0.01$). 교대근무 여부는 남자와 여자가 상반된 결과를 보였다. 남자는 비교대 근무자가 교대 근무자보다 피로수준이 더 높았다($p<0.01$). 반면에 여자는 교대 근무자가 비교대 근무자보다 피로수준이 더 높았다($p<0.05$).

신혜연(2003)은 일개 시 소재 경찰서에 근무하는 경찰공무원들 중에서 본서 및 파출소 근무자 총 105명의 남자 경찰공무원들을 대상으로 직무스트레스 수준과 피로도 및 관련요인을 조사하였다. 연구 결과, A형 행동유형을 보이는 경찰공무원 집단의 피로수준은 B형 행동유형을 보이는 경찰공무원 집단보다 높게 나타났다($p<0.05$). 그러나 비흡연자보다는 흡연자가, 교대 근무자보다는 비교대근무자 집단이 피로수준이 높게 나타

났으나 통계적으로 유의미하지는 않았다. 또한 규칙적인 운동을 할수록, 커피를 적게 마실수록, 건강식품을 복용할수록 피로수준은 높게 나타나는 경향을 보였으나 통계적으로 유의미하지는 않았다.

MFS에서 피로는 세 가지 차원, 즉 일반적 피로, 상황적 피로 및 피로 결과의 차원에서 다음과 같이 정의되어진다. 일반적 피로(fatigue severity)는 경찰공무원이 지난 2주 동안 느꼈던 전반적인 피로 상태의 정도를 의미한다. 상황적 피로(situation-specificity)는 경찰공무원이 지난 2주 동안 경찰공무원이 운동, 온도, 활동 부족(inactivity), 스트레스 등과 같은 특정한 환경적 요인들로 인해 느끼는 피로의 정도를 의미한다. 피로 결과(psychological consequences)는 지난 2주 동안 피로로 인해 경찰공무원에게 발생하는 심리적 결과, 즉 나른해짐이나 졸림, 그 밖에 인내력(patience), 동기(motivation), 집중력(ability to concentrate), 근무의욕, 근무능률 등의 저하를 의미한다(Schwartz, Jandorf and Krupp, 1993: 755).

MFS는 7점 척도 구성되어져 있으며, 19개의 질문 문항으로 구성된 자기보고식 조사도구로 피조사자가 자신이 지난 2주 동안 느꼈던 피로수준에 대해 응답하도록 리커트식 7점 척도를 사용하여 설계되었다.

MFS는 일반적 피로, 상황적 피로 및 피로 결과를 측정하기 위한 세 개의 하위척도로 구성되어 있다. 일반적 피로를 측정하기 위한 8개 문항, 상황적 피로를 측정하기 위한 5개 문항, 피로 결과를 측정하기 위한 6개 문항으로 각각 구성되어 있다. MFS의 하위척도 및 질문내용은 <표 2-1>에서 정리하였다.

이 연구에서는 사회인구학적인 측면과 근무환경적 측면에서 경찰공무원 집단 간 심리적 피로 수준의 차이를 분석하였다. 사회인구학적인 측면에서는 성별, 연령, 학력, 혼인관계, 종교활동 및 동호회 활동을 기준으로 경찰공무원의 집단을 구분하였다.

근무환경적 측면에서는 근무기관, 근무부서(기능), 근무형태, 근무방식, 계급 및 근무지역을 기준으로 집단을 구분하였다. 미국의 피로 연구 결과를 살펴보면, 근무시간(work hour), 교대근무 주기(shift length), 교대근무 정책(shift assignment policy), 근무시간의 규칙성(work hour regularity) 등은 경찰공무원의 피로에 영향을 미치거나 상관관계가 있는 것으로 나타났다(Vila & Kenney, 2002: 17-19). 또한 비행 중 일어나는 조종사의 피로는 교대근무 주기와 상관관계가 있다고 한다(Jackson & Earl, 2006: 203).

경찰공무원의 근무기관은 "경찰청", "지방경찰청" 및 "경찰서"로 구분하였다. 근무부서(기능)는 각급 경찰기관별로 상이하나 업무의 기능을 기준으로 크게 "경무(총무)", "수사(형사)", "경비", "교통", "정보", "보안", "외사", "감사(감찰)", "생활안전", "지구대" 및 "파출소"로 구분하였다. 그리고 추가적으로 심도 있는 분석을 위해 근무부서는 "사복부서"(수사, 정보, 보안, 외사, 감사)와 "정복부서"(경무, 경비, 교통, 생활안전, 지구대, 파출소) 그리고 "지역경찰"(지구대와 파출소)과 "비지역경찰"(경무, 수사, 경비, 교통, 정보, 보안, 외사, 감사, 생활안전)로 다시 구분하였다.

근무형태는 "외근"과 "내근" 근무로 구분하였다. 외근과 내근의 구분은 교대근무 여부와 상관없이 각종 외근 수당을 수령하느냐의 여부가 구분 기준이 되었다. 근무방식은 "교대"와 "비교대" 근무로 구분하였다. 교대와 비교대의 구분은 근무형태나 근무부서와 상관없이 경찰공무원 자신이 실제 근무 교대 방식을 통해 업무를 수행하는가 여부를 기준으로 하였다.

경찰공무원의 계급은 순경에서부터 치안총감에 이르기까지 11단계로 구성되어 있다. 그러나 연구의 편의를 고려하여 실제 조사가 어려운 경무관 이상의 경찰공무원을 제외하고 총경 이하의 경찰공무원을 표집 대상으로 하였다. 그리고 분석과정에서 계급 차이에 따른 경찰공무원 집단 간의 세부적인 정보를 얻기 위하여 사법경찰리에 해당하는 "경사 이하" 집단(순경, 경장, 경사)과 사법경찰관에 해당하는 "경위 이상" 집단(경위, 경감, 경정, 총경)으로 구분하였다.

근무지역은 먼저 제주특별자치도를 포함하는 전국을 1개 특별시("서울"), 6개 광역시("인천", "대전", "광주", "대구", "울산", "부산") 및 9개 도("경기", "강원", "충북", "충남", "경북", "경남", "전북", "전남", "제주") 단위로 구분하였다. 그리고 보다 자세한 정보를 얻기 위하여 연구의 지역적 범위를 "수도권"(서울, 경기, 인천 지역)과 "지방"(수도권을 제외한 나머지 지역)으로 다시 구분하여 분석하였다.

설문조사는 2007년 2월 26일부터 3월 23일까지 제주특별자치도를 포함한 전국 단위에서 실시되었다. 무선표집(random sampling)을 통해 선정된 경찰공무원들을 대상으로 피설문자인 경찰공무원이 설문지의 내용을 읽고 직접 응답을 기록하는 자기보고식 조사가 이루어졌다. 설문지는 총 740부를 배부하여 604부를 회수하였으나, 회수된 설문지 중 분석 자료로 사용하기에 부적합한 35부를 제외한 나머지 569부를 회수하여 실제 연구에 사용하였다.

설문을 통해 수집된 자료는 먼저 SPSS 12.0 프로그램을 이용하여 MFS의 신뢰성과 타당성을 검정하기 위해 요인분석(factor analysis)과 크롬바흐 알파(Cronbach's α) 계수를 이용한 신뢰도 분석을 실시하였다. 경찰공무원의 인구사회학적 특성 및 근무환경적 특성에 따른 집단 간의 피로수준 차이를 파악하기 위하여 하부 집단이 둘인 경우는 독립표본 t-검정을 실시하였으며, 셋 이상인 경우에는 일원배치 분산분석(analysis of variance)을 실시하였다. 마지막으로 일원배치분산분석에서 유의미한 차이가 나타나는 경우, 집단 간의 구성을 좀 더 세밀하게 살펴보기 위해 던컨(Duncan) 방식에 의한 사후검정을 실시하였다.

〈표 2-1〉 MFS의 하위척도 및 질문내용

측정도구	하위 척도	번호	질 문 내 용
MFS	일반적 피로 (8개 문항)	12	피로 때문에 문제가 자주 발생한다.
		13	피로를 느낄 때 시간이 많이 걸리는 작업을 하면 능률이 떨어진다.
		14	피곤하면 임무를 수행하는 데에 어려움을 느낀다.
		15	몸에 어떤 증상이 생기기 전에 먼저 피로를 느낀다.
		16	피로는 나를 가장 무기력하게 만드는 증상이다.
		17	피로는 가장 심각한 증상 3가지 중의 하나이다.
		18	피로는 일, 가족, 정상적인 사회생활을 방해한다.
		19	나는 피곤하면 다른 증상들이 더욱 악화된다.
	상황적 피로 (5개 문항)	5	나는 운동을 하고 나면 피로해진다.
		6	나는 더우면 피로를 느낀다.
		7	나는 스트레스를 받으면 피로를 느낀다.
		8	나는 우울해지면 피로를 느낀다.
		9	온도가 시원해지면 피로가 감소된다.
	피로 결과 (6개 문항)	1	나는 피로하면 나른해지고 졸림을 느낀다.
		2	나는 피로할 때 인내심이 떨어진다.
		3	나는 피로하면 일할 의욕이 나질 않는다.
		4	나는 피로하면 집중력이 떨어진다.
		10	나는 쉽게 피로를 느낀다.
		11	피로로 인하여 업무 능률이 떨어진다.

- 자료 : 장세진. "피로". 대한예방의학회(편저). 「건강통계자료 수집 및 측정의 표준화」. 서울 : 계축문화사. 2000b: 172.

3. 경찰공무원 집단 간의 피로수준에 대한 인식 차이

1) 측정도구의 신뢰도 및 타당도 분석

측정도구의 신뢰성 수준, 즉 신뢰도를 측정하기 위해 내적 일치도 방법(the internal consistency method)을 사용하여 피로 측정도구인 MFS의 신뢰도를 분석하였다. 내적 일치도 방법에서는 문항 내의 분산이 커서 신뢰도를 떨어뜨리는 문항은 제외시킴으로써 신뢰도가 높은 측정 문항만을 선별하는데, 일반적으로 alpha 계수가 0.6 이상이면 비교적 신뢰도가 높다고 보고 있다(채서일, 2003: 182).

〈표 2-2〉 MFS의 신뢰도 분석 결과

측정도구	하위 척도	유효 케이스 수	항 목	항목 삭제시 Cronbach' s Alpha	Cronbach's Alpha
MFS (19 문항)	일반적 피로 (8 문항)	569	문항12	.918	.915
			문항13	.908	
			문항14	.901	
			문항15	.907	
			문항16	.901	
			문항17	.897	
			문항18	.901	
			문항19	.903	
	상황적 피로 (6 문항)	569	문항1	.875	.891
			문항2	.859	
			문항3	.860	
			문항4	.862	
			문항10	.892	
			문항11	.880	
	피로 결과 (5 문항)	569	문항5	.734	.735
			문항6	.646	
			문항7	.632	
			문항8	.642	
			문항9	.763	

MFS의 신뢰도 분석 결과는 <표 2-2>에서 정리하였다. 분석 결과, 일반적 피로 척도의

Cronbach's Alpha 계수는 0.915, 상황적 피로 척도는 0.891, 피로 결과 척도는 0.735로 각각 나타나, 계수 값이 모두 0.6 이상이므로 측정도구의 신뢰도가 높은 것으로 분석되었다.

다음에서는 요인분석을 통해서 피로 측정도구인 MFS의 타당성(validity)의 정도, 즉 타당도를 분석하였다. 요인추출은 일반적으로 측정된 요인의 선형결합인 주성분분석(Principal Component Analysis; PCA)을 이용하였으며, 초기에 구한 요인의 명확한 해석을 위해 요인회전은 직각회전인 배리맥스(varimax) 방식을 이용하였다. 변수와 요인간의 상관관계정도를 나타내는 요인적재량(factor loading)은 일반적으로 0.4 이상이면 유의한 변수로 간주하며, 0.5가 넘으면 아주 중요한 변수로 본다(채서일, 2003: 384).

〈표 2-3〉 MFS의 타당도 분석 결과

문 항	일반적 피로 (요인1)	피로 결과 (요인2)	상황적 피로 (요인3)
문항17	0.815	0.237	0.183
문항16	0.777	0.250	0.153
문항18	0.777	0.286	0.084
문항14	0.752	0.366	0.056
문항19	0.736	0.218	0.258
문항15	0.692	0.238	0.218
문항13	0.669	0.396	0.011
문항12	0.587	0.061	0.322
문항2	0.253	0.840	0.171
문항4	0.284	0.826	0.167
문항3	0.312	0.812	0.165
문항1	0.228	0.704	0.246
문항11	0.222	0.574	0.297
문항10	0.366	0.544	0.229
문항5	0.074	0.160	0.793
문항6	0.152	0.267	0.724
문항7	0.200	0.329	0.561
문항8	0.382	0.383	0.475
Eigen-value	5.424	4.027	2.298
설명력	30.133	22.374	12.765
누적설명력	30.133	52.507	65.272
Cronbach's α	0.915	0.891	0.763

1차 요인분석 결과, 총 3개의 요인으로 도출되었으며 전체 요인에 의해 MFS의 변량 중 65.3% 가량을 설명하고 있었다. 그러나 요인3의 하위 문항들 중 문항9의 경우, 두 개의 요인에 동시에 0.4 이상의 높은 요인적재치(factor loading)를 보이고 있어 판별 타당성을 저해하여 제거하였다. 그 후 다시 2차 요인분석을 실시한 결과, 모든 문항은 각 요인에 0.4 이상의 높은 상관성을 보인 반면에, 2개 이상의 요인에 동시에 높은 상관성을 보이는 문항은 없는 것으로 나타나 집중 타당성과 판별 타당성이 모두 적합한 것으로 파악되었다. 2차 요인분석 결과는 <표 2-3>에서 정리하였다.

첫째, 요인1의 경우 "일반적 피로"와 관련된 문항들로서 5.424의 아이겐값(Eigen-value)과 30.1% 정도의 설명력을 보였으며, 신뢰도 계수는 0.915로 매우 높게 나타나 문항 간 내적 일관성이 확보되었다. 둘째, 요인2는 "피로 결과"와 관련된 6개 문항으로 구성되었으며, 4.027의 아이겐값과 22.4% 정도의 설명력을 보였으며, 0.891의 높은 신뢰도 수준을 보였다. 마지막으로 요인3은 문항9를 제외한 4개의 "상황적 피로"와 관련된 척도들로 구성되었고, 2.298의 아이겐값과 12.8%의 설명력을 나타냈다. 또한 문항9를 제외한 신뢰도 계수는 0.763으로서 높은 수준을 보였다.

따라서 위에서 제시된 MFS의 요인분석과 신뢰도 분석 결과를 살펴보면, 각 요인들과 구성된 문항은 요인적재량이 0.4 이상이고 신뢰도 계수가 0.6 이상이므로 전반적으로 타당도와 신뢰도 수준은 높은 것으로 볼 수 있다.

2) 인구사회학적 특성에 따른 피로수준의 인식 차이

인구사회학적 특성을 기준으로 경찰공무원 집단 간의 일반적 피로, 상황적 피로 및 피로 결과에 대한 인식 차이가 있는지 여부를 살펴보기 위해 독립표본 t-검정과 일원배치 분산분석을 실시하였다. 그 결과는 <표 2-4>에서 정리하였다.

분석 결과를 살펴보면, 첫째, 일반적 피로는 경찰공무원의 성별, 연령, 학력, 혼인관계, 종교활동, 동호회활동 등 모든 인구사회학적 특성에 따른 집단 사이에 있어서 통계적으로 유의미한 차이를 보이지 않았다($p>0.05$). 이러한 결과는 경찰공무원의 일반적 피로수준은 인구사회학적 특성에 따른 집단 간의 차이와 관계없이 유사한 수준이라는 것을 시사해주고 있다. 따라서 경찰공무원의 성별 여부, 연령의 고저, 학력의 높고 낮음, 배우자의 유무, 종교활동 여부 및 동호회활동 여부와 관계없이 전반적인 피로 상태는 비슷한 수준이라고 해석할 수 있다.

둘째, 상황적 피로는 인구사회학적 특성 중 경찰공무원의 성별 변수에 따라서만 통계적으로 유의미한 차이를 보였다($p<0.01$). 즉 성별의 경우, 여자 집단의 상황적 피로는 4.76(±1.01)인 반면에, 남자 집단의 상황적 피로는 4.37(±1.11)로 나타났다. 이것은 여자 경찰공무원은 남자 경찰공무원에 비해 실제 상황적 피로를 더 높게 느끼고 있다는 사실을 보여준다. 이러한 결과는 여자 경찰공무원이 남자 경찰공무원에 비해 운동, 온도, 활동 부족(inactivity), 스트레스 등과 같은 특정한 환경적 요인들로 인해 피로를 더 느끼는 것으로 해석할 수 있다.

반면에 경찰공무원의 연령, 학력, 혼인관계, 종교 및 동호회활동과 관련된 집단 변수는 상황적 피로와 유의미한 관계를 보이지 않는 것으로 나타나($p>0.05$), 나머지 집단들에서는 상황적 피로수준이 유사하다고 볼 수 있다.

셋째, 피로 결과를 살펴보면, 인구사회학적 특성 중 경찰공무원의 성별과 연령에 따라서 통계적으로 유의미한 차이를 보였다($p<0.05$). 먼저 성별의 경우, 여자의 피로 결과는 4.87(±0.97)인 반면, 남자는 4.60(±1.09)으로 나타나 여자 경찰공무원은 남자 경찰공무원에 비해 실제 피로 결과가 더 높은 것으로 파악되었다. 또한 연령의 경우, Duncan의 사후검정 결과, 20대 경찰공무원의 집난(a)의 피로 결과가 다른 연령대의 집단(b)에 비해서 통계적으로 유의미하게 높게 나타나고 있다. 이러한 결과는 나이가 젊은 20대 경찰공무원 집단보다 나이가 많은 30대, 40대 및 50대 경찰공무원 집단이 피로 결과 수준이 더 높다는 사실을 보여주고 있다. 그러나 학력, 혼인관계, 종교활동 및 동호회활동과 관련된 집단 변수들은 피로 결과와 유의미한 연관성을 보이지 않았다($p>0.05$). 따라서 이들 집단 간에는 경찰공무원의 피로 결과의 수준은 유사하다는 사실을 알 수 있다.

피로 결과는 일반적 · 상황적 피로에 의해서 나타나는 심리적 결과로 나른해지고 졸림, 인내력, 집중력, 근무 의욕, 근무 능률 등의 저하를 의미한다. 분석 결과, 피로 결과는 인구사회학적 특성 중 성별 및 연령에 따라서만 통계적으로 유의미한 차이를 보였다. 성별의 경우, 여자의 피로 결과 수준이 남자의 그것보다 높은 것으로 나타났고, 연령의 경우, 20대 집단이 다른 집단보다 피로 결과의 수준이 높은 것으로 나타났다. 특히, Duncan 사후검정 결과, 경찰공무원의 연령 집단은 크게 두 개의 집단으로 묶였는데, 20대 집단과 나머지 30대, 40대, 50대를 포함하는 집단으로 구분할 수 있다. 이러한 결과는 30대에서 50대에 이르는 경찰공무원 집단의 피로는 유사한 수준이고 20대 경찰공무원 집단의 피로수준과도 통계적으로 명확히 구분되는 것이라고 볼 수 있다.

따라서 남자 경찰공무원보다는 여자 경찰공무원이, 그리고 나이가 많은 경찰공무원 집단보다는 나이가 젊은 20대 경찰공무원 집단이 각종 피로 요인에 의해 몸이 나른해지거나 졸림을 느끼기 쉬우며, 업무와 관련해서는 인내력 또는 집중력이 저하되거나 근무 의욕이나 능률이 떨어지기 쉽다고 해석할 수 있다.

〈표 2-4〉 인구사회학적 특성에 따른 피로수준의 인식 차이

변 수	구분	명수	일반적 피로		상황적 피로		피로 결과	
			M	SD	M	SD	M	SD
성별	남자	481	4.45	1.13	4.37	1.11	4.60	1.09
	여자	88	4.62	0.98	4.76	1.01	4.87	0.97
	t-value		-1.284		-3.112**		-2.160*	
연령	20대	68	4.66	0.85	4.63	0.94	4.97a	0.83
	30대	253	4.42	1.15	4.44	1.09	4.63b	1.07
	40대	175	4.49	1.11	4.35	1.17	4.59b	1.15
	50대	73	4.45	1.16	4.37	1.11	4.55b	1.09
	F-value		0.869		1.149		2.504*	
학력	고졸	191	4.44	1.18	4.35	1.23	4.58	1.13
	전문대졸	107	4.42	1.18	4.36	1.16	4.52	1.21
	대졸이상	271	4.52	1.02	4.51	0.98	4.74	0.97
	F-value		0.452		1.371		2.121	
혼인관계	기혼	468	4.45	1.12	4.40	1.13	4.60	1.10
	미혼	101	4.59	1.02	4.57	0.97	4.84	0.95
	t-value		-1.082		-1.404		-2.021	
종교활동	활동	240	4.56	1.07	4.51	1.01	4.72	1.04
	비활동	329	4.42	1.13	4.37	1.16	4.59	1.10
	t-value		1.464		1.520		1.344	
동호회 활동	활동	257	4.53	1.05	4.43	1.05	4.63	1.01
	비활동	312	4.43	1.15	4.42	1.15	4.66	1.13
	t-value		1.109		0.152		-0.348	

* p〈0.05, ** p〈0.01

3) 근무환경적 특성에 따른 피로수준의 인식 차이

근무환경적 특성을 기준으로 경찰공무원 집단 간의 일반적 피로, 상황적 피로 및 피로 결과에 대한 인식 차이가 있는지를 여부를 살펴보기 위해 독립표본 t-검정과 일원배

치 분산분석을 실시하였다. 그 결과는 <표 2-5>에서 정리하였다.

〈표 2-5〉 근무환경적 특성에 따른 피로수준의 인식 차이

변 수	구 분	명수	일반적 피로		상황적 피로		피로 결과	
			M	SD	M	SD	M	SD
근무기관	경찰청	15	4.36	0.97	4.30	1.03	4.54	1.11
	지방경찰청	50	4.60	1.00	4.49	0.93	4.77	1.06
	경찰서	504	4.47	1.12	4.43	1.12	4.64	1.08
	F-value		0.408		0.168		0.406	
근무부서1	사복부서	181	4.40	1.03	4.37	1.08	4.54	1.05
	정복부서	388	4.52	1.14	4.45	1.12	4.69	1.08
	t-value		-1.193		-0.798		-1.521	
근무부서2	지역경찰	227	4.52	1.22	4.43	1.25	4.70	1.16
	비지역경찰	342	4.45	1.03	4.42	1.00	4.60	1.02
	t-value		0.664		0.060		1.093	
근무형태	외근	322	4.45	1.20	4.34	1.23	4.59	1.17
	내근	247	4.52	0.97	4.54	0.90	4.72	0.93
	t-value		-0.761		-2.095*		-1.418	
근무방식	교대	253	4.48	1.23	4.41	1.22	4.65	1.17
	비교대	316	4.47	1.00	4.44	1.00	4.64	1.00
	t-value		0.119		-0.265		0.036	
근무기간	5년이하	123	4.51	1.00	4.53	1.06	4.77a	1.03
	6-10년이하	145	4.45	1.18	4.46	1.08	4.66ab	1.05
	11-15년이하	99	4.29	1.19	4.17	1.27	4.39b	1.20
	16-20년이하	108	4.59	1.01	4.52	0.98	4.81a	0.93
	21-25년이하	48	4.73	1.16	4.49	1.08	4.51ab	1.20
	26년이상	46	4.36	1.05	4.32	1.16	4.56ab	1.08
	F-value		1.476		1.650		2.178*	
계 급	사법경찰리	454	4.47	1.13	4.42	1.13	4.67	1.08
	사법경찰관	115	4.51	1.01	4.44	1.02	4.55	1.06
	t-value		-0.375		-0.107		1.095	
근무지역	수도권	180	4.62	1.14	4.54	1.13	4.81	1.08
	지방	389	4.41	1.09	4.37	1.09	4.57	1.06
	t-value		2.069*		1.707		2.585**	

* $p < 0.05$, ** $p < 0.01$

분석 결과를 살펴보면, 첫째, 일반적 피로는 근무환경적 특성 중 경찰공무원의 근무

지역에 따라서 통계적으로 유의미한 차이를 보였다($p<0.05$). 근무지역의 경우, 수도권, 즉 서울, 인천, 경기 지역에 근무하는 경찰공무원의 일반적 피로는 4.62(±1,14)인 반면에, 수도권 이외의 지역에 근무하는 지방 경찰공무원의 일반적 피로는 4.41(±1.09)로 나타났다. 이것은 실제 수도권에 근무하는 경찰공무원의 일반적 피로수준이 지방에 근무하는 경찰공무원보다 높다는 사실을 보여준다. 따라서 수도권에 근무하는 경찰공무원이 지방에 근무하는 경찰공무원에 비해 전반적인 피로수준이 높은 상태임을 보여주는 분석 결과는 지방에 비해 수도권에 각종 치안수요가 집중되고 있는 실정을 감안한다면 어느 정도 설득력이 있어 보인다.

근무지역을 제외한 근무기관, 근무부서1(사복부서/정복부서), 근무부서2(지역경찰/비지역경찰), 근무형태, 근무방식, 근무기간 및 계급과 관련된 집단 변수는 일반적 피로와 유의미한 연관성을 보이지 않았다($p>0.05$). 따라서 근무지역을 제외한 나머지 집단들 사이에서 경찰공무원의 일반적 피로는 서로 유사한 수준이라고 볼 수 있다.

둘째, 상황적 피로는 경찰공무원의 근무형태에 따라서 통계적으로 유의한 차이를 보였다($p<0.05$). 근무형태의 경우, 내근직에 근무하는 경찰공무원의 상황적 피로수준은 4.54(±0.90)인 반면에, 외근직에 근무하는 경찰공무원의 상황적 피로수준은 4.34(±1.23)로 나타났다. 이것은 내근 경찰공무원이 외근 경찰공무원보다 실제 상황적 피로를 더 높게 느끼고 있음을 보여준다.

따라서 내근직에 종사하는 경찰공무원은 외근직 경찰공무원에 비해 운동, 온도, 활동 부족(inactivity), 스트레스 등과 같은 특정한 환경적 요인들로 인해 피로를 더 느끼는 것으로 해석할 수 있다. 특히 이 연구에서 측정한 피로는 육체적 피로가 아닌 심리적 피로를 의미하기 때문에 이러한 연구 결과는 외근직 경찰공무원이 느끼는 육체적 피로도나 대민관계에서 발생하는 스트레스가 내근직에 비해 높다는 기존의 일반적인 연구결과를 보완하는 측면이 있다고 여겨진다.

근무형태를 제외한 근무기관, 근무부서1(사복부서/정복부서), 근무부서2(지역경찰/비지역경찰), 근무방식, 근무기간, 계급 및 근무지역과 관련된 변수는 상황적 피로와 유의미한 관련성을 보이지 않았다($p>0.05$). 따라서 근무형태를 제외한 나머지 집단들 사이에서 경찰공무원의 상황적 피로수준은 서로 유사하다고 볼 수 있다.

셋째, 피로 결과는 근무환경적 특성 중 근무기간과 근무지역에 따라서 통계적으로 차이를 보였다. 먼저 근무기간을 살펴보면, Duncan 사후검정 결과, 피로 결과 수준에 따라 크게 세 개의 집단으로 묶였다. 첫 번째 집단(a)은 근무기간이 16~20년 이하인 집단과 5년 이하인 집단을 포함하는 집단으로 피로 결과 수준이 가장 높았고, 두 번째 집단(ab)은 6~10년 이하 집단, 21~25년 이하 집단 및 26년 이상인 집단을 포함하는 집단으로 중간적인 수준이었으며, 마지막 세 번째 집단(b)은 11~15년 이하인 집단으로 피로 결과 수준이 가장 낮았다($p<0.05$). 좀 더 자세히 살펴보면, 근무기간이 16~20년 이하인 경찰공무원의 피로 결과 수준은 4.81(±0.93)로 나타났으며 근무기간이 5년 이하인 경찰공무원의 피로 결과 수준은 4.77(±1.03)로 나타나 가장 높은 집단군(a)을 형성하였다. 반면에 근무기간이 11~15년 이하인 집단(b)은 피로 결과 수준이 4.39(±1.20)로서 다른 집단들보다 낮게 나타났다.

이러한 결과는 경찰 근무경력 기간이 16~20년 이하인 집단과 5년 이하인 집단에서 나른해짐이나 졸림 현상이 가장 높게 나타나고 인내력, 동기, 집중력, 근무의욕 및 근무능률의 저하 정도가 가장 높게 나타나는 것으로 해석할 수 있다. 반면에 근무기간이 11~15년 이하인 경찰공무원의 집단에서는 상대적으로 나른해짐이나 졸림 현상이 가장 낮게 나타나고 인내력, 동기, 집중력, 근무의욕 및 근무능률이 가장 높게 나타나는 것으로 해석할 수 있다.

근무지역의 경우, 일반적 피로와 마찬가지로 수도권에 근무하는 경찰공무원의 피로 결과는 지방에 근무하는 경찰공무원보다 통계적으로 유의미하게 높은 결과를 보였다. 수도권 경찰공무원의 피로 결과는 4.81(±1.08)인데 반해서 지방 경찰공무원의 피로 결과는 4.57 (±1.06)로 나타나 실제 수도권에 근무하는 경찰공무원이 지방에 근무하는 경찰공무원에 비해 피로 결과가 높은 수준임을 보여주고 있다($p<0.01$). 이러한 결과는 수도권에 근무하는 경찰공무원이 지방에 근무하는 경찰공무원에 비해 나른해짐이나 졸림 현상이 가장 높게 나타나고 인내력, 동기, 집중력, 근무의욕 및 근무능률의 저하 정도가 가장 높게 나타나는 것으로 해석할 수 있다.

근무기간과 근무지역을 제외한 근무기관, 근무부서1(사복부서/정복부서), 근무부서2(지역경찰/비지역경찰), 근무방식, 및 계급과 관련된 변수는 피로 결과와 유의미한 관련성을 보이지 않았다($p>0.05$). 따라서 근무기간과 근무지역을 제외한 나머지 집단들 사이에서 경찰공무원의 피로 결과 수준은 어느 정도 일정한 것으로 볼 수 있다.

1991년 미국의 경찰공무원 스트레스를 조사한 한 연구 결과를 살펴보면, 규모가 큰 경찰국에서 근무하는 경찰공무원이 보다 작은 규모의 경찰국에 근무하는 경찰공무원

보다 스트레스를 훨씬 더 많이 받는 것으로 나타났다(Peak, Gaines, and Glensor, 2004: 208). 그러나 이 연구에서는 근무기관에 따른 피로수준의 차이는 통계적으로 유의미하지 않는 것으로 나타나 경찰 조직의 규모에 상관없이 경찰공무원의 피로수준은 유사하다는 결과를 보였다.

여기서 경찰공무원의 피로와 스트레스를 단순히 비교할 수는 없지만 이러한 차이를 보이는 이유는 우리나라의 경우 국가경찰제를 취하고 있어 조직 규모가 다르다고 하더라도 업무의 특성이나 조직 문화가 유사하지만, 미국의 경우 자치경찰제를 취하고 있어 경찰조직 규모에 따라 업무의 특성, 조직 문화, 경찰공무원 개인 간의 인간관계 등이 커다란 차이를 보이기 때문인 것으로 여겨진다.

신혜연(2003: 10-14)의 연구 결과, 교대 근무자보다는 비교대근무자가, 상대적으로 근무시간이 긴 경우 피로수준이 높게 나타났으나 통계적으로는 유의미하지 않았다. 이 연구에서도 근무환경적 특성 중 하나인 근무방식에 따른 경찰공무원의 피로수준의 차이는 통계적으로 유의미하지 않게 나타나 경찰공무원의 피로수준은 교대근무 여부와 관계없이 서로 유사한 것으로 나타났다.

4. 요약 및 제언

경찰공무원의 피로는 경찰공무원 개인의 문제인 동시에 그의 가족, 나아가 지역사회 및 국가 전체에 부정적인 영향을 미칠 수 있다는 사실을 먼저 인식할 필요가 있다. 피로는 눈에 보이는 외상과는 달리 표면적으로 잘 드러나지 않는 내재적인 특성이 강하기 때문에 경찰공무원 개인뿐만 아니라 경찰 조직 차원에서도 피로 문제의 심각성을 간과하는 경향이 있는 것이 사실이다. 경찰공무원의 피로 문제는 개인적 수준에서뿐만 아니라 조직적인 차원에서 적극적인 접근이 이루어질 때 가장 효과적으로 해결될 수 있을 것이라고 여겨진다(정우일, 2007: 245).

이 연구에서 제시된 결과들을 요약하면 다음과 같다. 인구사회학적 특성에 따른 경찰공무원의 집단 간의 피로수준 인식 차이를 살펴보면, 첫째, 상황적 피로수준은 성별에 따라서만 통계적으로 유의미한 차이를 보였는데, 여자의 상황적 피로수준이 남자의 그것보다 높게 나타났다. 둘째, 피로 결과 수준은 성별 및 연령에 따라서 통계적으로 유의미한 차이를 보였다. 성별의 경우, 여자의 피로 결과 수준이 남자의 그것보다 높은 것으로 나타났고, 연령의 경우, 20대 집단이 다른 집단보다 피로 결과 수준이 높은 것으로 나타났다.

근무환경적 특성에 따른 경찰공무원의 집단 간의 피로수준 인식 차이를 살펴보면, 첫째, 일반적 피로수준은 근무지역에 따라서 통계적으로 유의미한 차이를 보였다. 수도권에 근무하는 경찰공무원의 일반적 피로수준이 지방에 근무하는 경찰공무원의 그것보다 높게 나타났다. 둘째, 상황적 피로수준은 근무형태에 따라서 유의미한 차이를 보였는데, 내근직에 근무하는 경찰공무원의 상황적 피로수준은 외근직에 근무하는 경찰공무원의 그것보다 높게 나타났다. 셋째, 피로 결과 수준은 근무기간과 근무지역에 따라서 유의미한 차이를 보였다. 근무기간이 16~20년 이하인 집단의 피로 결과 수준이 가장 높았으며, 근무기간이 11년~15년 이하인 집단이 가장 낮게 나타났다. 근무지역의 경우, 수도권 경찰공무원의 피로 결과 수준이 지방 경찰공무원의 그것보다 높은 수준을 보였다.

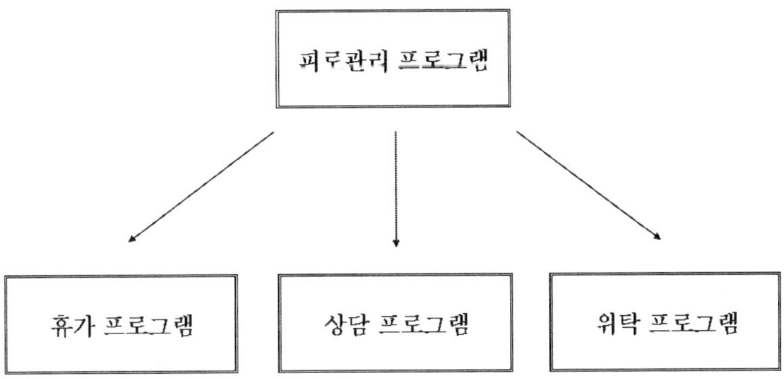

〈그림 2-1〉 경찰공무원 피로관리 프로그램의 구성

결론적으로 지금까지의 분석 결과를 살펴보면, 인구사회학적 특성 요인과 근무특성 요인 모두 경찰공무원의 피로 수준에 일정 부분 영향을 미치는 것으로 나타났다. 이러한 결과는 경찰공무원의 피로 수준을 감소시키거나 억제하기 위해서는 정책적인 측면에서의 접근이 필요하다는 것을 함의하고 있다. 따라서 다음에서는 분석 결과를 토대로 '피로관리 프로그램' 개발을 통한 경찰공무원 피로관리 방안을 제시하고자 한다. 경찰공무원 피로관리 프로그램은 <그림 2-1>에서와 같이 휴가 프로그램, 상담 프로그램 및 위탁 프로그램 세 가지로 구성하였다.

첫째, 휴가 프로그램은 피로 수준이 높은 경찰공무원을 대상으로 심신의 피로를 회복하고 재충전할 수 있는 기회를 제공하고, 업무수행 과정에서 나태해진 마음가짐을 가다듬게 하고 긍정적인 동기를 부여함으로써 업무 능률을 향상시키는 것을 목적으로 한다. 휴가 프로그램은 프로그램 참여자에게 기본 2개월간의 휴가를 부여하는 것을 주된 내용으로 한다. 이 경우 유급휴가를 인정할 것인가 아니면 무급휴가를 인정할 것인가의 여부는 매우 민감한 문제가 될 수 있다. 따라서 불필요한 예산 소요를 막고 유급휴가를 인정할 경우 예상되는 국민들의 반대여론을 감안한다면, 무급휴가로 하는 것이 적당하리라고 본다.

둘째, 상담 프로그램은 피로 수준이 높은 경찰공무원이 의사나 관련 전문가에게 자신의 피로 상태를 이야기하고 전문적인 도움을 받도록 하는 것을 목적으로 한다. 특히, 정신적 피로의 경우 상담을 통해 어느 정도 쉽게 회복될 수 있을 것이라고 본다. 다만, 피로의 증상이 장기간 계속되거나 시간이 경과함에도 회복되지 않고 오히려 악화되는 경우에는 상담 프로그램을 중단하고 병원 진료를 통해 피로의 원인 및 정도를 파악하고 이에 대한 적절한 처방을 받을 수 있도록 해야 할 것이다.

상담 프로그램에 성패는 실제 상담 업무를 수행할 수 있는 전문 인력의 확보 여부가 가장 중요하다고 할 수 있다. 실제 프로그램의 운영에 있어서는 각급 경찰기관별로 지역에서 명망 있는 전문의를 위촉하거나 관련 전문가를 계약직으로 채용하는 것을 검토해 볼 수 있다. 또한 상담의 효과를 극대화하기 위해서는 별도의 상담실을 필요하리라고 본다. 특히, 각 지방경찰청과 각종 사건 및 사고가 빈발하고, 치안수요가 집중되는 현상을 보이는 수도권 지역과 그 밖의 대도시 지역에 소재하는 1급 지 경찰서에는 별도의 '피로 상담실'을 만들고, 그 밖의 경찰서에는 권역별로 한 개 경찰서를 지정하여 그곳에 피로 상담실을 설치하여 위촉된 전문의 또는 계약직 전문가가 순회하면서 관련 상담업무를 수행토록 하는 것이 바람직하다고 여겨진다.

셋째, 위탁 프로그램은 경찰공무원의 피로 수준을 완화시키거나 해소시키기 위해 프로그램 참여자를 지역단체 또는 관련 프로그램에 적극적으로 위탁하는 것을 목적으로 한다. 프로그램 참여자는 피로 회복을 위해 자신의 희망에 따라 명상, 요가, 단전호흡, 운동, 레크리에이션, 레저 활동 등의 프로그램을 시행하는 지역사회의 기관이나 단체에 참여할 수 있다. 이 경우 비용 지급 여부 또한 중요한 문제가 될 수 있다. 전술한 휴가 프로그램과 마찬가지로 위탁 프로그램에서도 프로그램 참여자가 자비를 부담하는 것을 원칙으로 해야 할 것으로 여겨진다.

위탁 프로그램은 특히, 비용 부담 문제를 경찰공무원 자비 부담을 원칙으로 하는 경우, 프로그램 운영을 위해 별도의 인력과 예산이 소요되지 않고 외부의 인력과 자원을 이용할 수 있으며, 프로그램의 참여로 경찰공무원과 지역사회와의 관계가 보다 긴밀해질 수 있다는 장점이 있다. 그러나 경찰공무원의 위탁 프로그램 참여는 주로 근무시간과 경합되는 결과를 가져오기 때문에, 이 경우 실제 근무하지 못한 시간만큼의 보충근무나 결략한 근무시간에 대한 보수 지급의 문제가 발생하게 된다. 이러한 문제들에 대해서는 추후 더욱 심도 있게 해결 방안에 대해서 논의할 필요가 있을 것으로 여겨진다.

참고문헌

‖ 국내문헌 ‖

신혜연. (2003). "경찰직 공무원의 직무스트레스 수준과 피로도 및 관련요인". 경북대학교 대학원. 박사학위논문.

윤옥경. (2006). "교정공무원의 스트레스: 유발요인과 해소방안". 「한국공안행정학회보」, 15(4): 79-107.

이강훈. (2008). "경찰공무원의 탈진이 직무태도에 미치는 영향에 관한 연구". 동국대학교 대학원. 박사학위논문.

이황우 · 최응렬 · 정우일. (2007). "경찰공무원의 스트레스 관리에 관한 연구: 의료 및 조직보건 모델을 중심으로". 「한국경호경비학회지」. 13: 403-422.

장세진. (2000a). "스트레스". 대한예방의학회(편저). 「건강통계자료 수집 및 측정의 표준화」. 서울: 계축문화사. 144-181.

______. (2000b). "피로". 대한예방의학회(편저). 「건강통계자료 수집 및 측정의 표준화」. 서울: 계축문화사. 144-181.

장세진 외. (2005). "우리나라 직장인 피로의 역학적 특성". 「예방의학회지」. 38(1): 71-81.

정우일. (2007). "경찰공무원 피로관리 프로그램 개발에 관한 연구". 「한국경찰학회보」. 14: 225-250.

조윤경 · 현명호. (2006). "피로조절 척도의 개발과 그 타당도". 「한국심리학회지: 건강」, 11(3): 477-493.

채서일. (2003), 「사회과학조사방법론」. 서울: 학현사.

‖ 외국문헌 ‖

Brake, D. J. and Bates, G. P.(2001), "Fatigue in industrial workers under thermal stress on extended shift lengths", *Occupational Mevdicine,* 51(7): 456-463.

Carrell, R. Michael, Elbert, N. F., and Hatfield, R. D.(1995), *Human Resource Management: Global Strategies For Management A Diverse Workforce*, Englewood Cliffs, New Jersey: Prentice Hall.

Hale, C. D.(2004), *Police Patrol: Operations and Management*, 3rd ed., Upper Saddle River, New Jersey: Pearson Education, Inc.

Holmes, G. P. & Mesuda, M.(1972), *Stressful Life Events: Their Nature and Effects*, John Wiely & Son.

Jackson, C. A. and Earl, L.(2006), "Prevalence of fatigue among commercial pilots", *Occupational Medicine*, Vol. 56: 263-268.

Peak, K. J., Gaines, L. K, and Glensor, R. W.(2004), *Police Supervision and Management: In an Era of Community Policing*, 2nd ed., Upper Saddle River, New Jersey: Pearson Education, Inc.

Piper, B. F., Lindsey, A. M., and Dodd, M. J.(1987), "Fatigue Mechanisms in Cancer Patients: Developing Nursing Theory", *Oncology Nursing Forum*, 14(6): 17-23.

Potempa, K., Lopez, M., Reid, C., & Lawson, L.(1986), "Chronic Fatigue", *Image*, 18(4): 164-169.

Schmalleger, F.(2003), *Criminal Justice Today: an introductory text for the twenty-first century*, Upper Saddle River, New Jersey: Pearson Education, Inc.

Schwartz, J. E., Jandorf, L., and Krupp, L. B.(1993), "The measurement of fatigue: a new instrument", *Journal of Psychosomatic Research*, 37(7): 753-762.

Vila, B. J. and Kenney, D. J.(2002), "Tired Cops: The Prevalence and Potential Consequences of Police Fatigue", *National Institute of Justice Journal*, No. 248: 16-21.

‖ 기타자료 ‖

국립국어원 표준국어대사전(1999)

뉴시스(2008년 4월 13일자)

쿠키뉴스(2007년 6월 22일자)

콜린스 코빌드 영영사전(2006)

3장

청원경찰 징계의 법적 근거와 위헌성*

1. 문제의 제기

일반적으로 민간경비(private security)[1]란 인간의 과실, 비상사태, 재난 및 범죄 등에 의해 야기된 손실을 예방하기 위하여 인적, 물적 그리고 절차적으로 일정한 서비스를 제공하는 영리적인 기업활동을 의미한다(Hess & Wrobleski, 1996: 318; 최선우, 2008: 23). 사회가 여러 분야에서 급속한 발전을 이루는 과정에서 국민의 생명, 신체 및 재산을 보호하기 위한 경찰 등 공공기관의 공적인 안전활동은 상당 부분 한계를 노출하게 되었다. 이러한 상황은 공공기관이 아닌 민간부문이 안전활동에 참여하는 계기를 마련하였고 오늘날 사적인 안전활동을 담당하는 민간경비산업의 성장과 발전이라는 새로운 조류를 만들고 있다.

우리나라의 민간경비산업은 「청원경찰법」에 의한 청원경찰의 활동과 「경비업법」에 규정된 경비활동으로 구분된다.[2] 이 중 청원경찰은 중요산업시설 또는 중요사업장

---

* 이 장은 2010년 6월 한국공안행정학회보에 게재된 논문내용을 일부 수정한 것임

1) 민간경비는 공공부문에서 담당하는 공경비에 대응하는 개념으로 학자에 따라 사경비, 용역경비 등으로 번역하고 있다.

2) 「청원경찰법」(이하 '법'이라 한다)의 하위 법령으로는 대통령령인「청원경찰법시행령」(이하 '시행령'이라 한다)과 행정안전부령인 「청원경찰법시행규칙」(이하 "규칙"이라 한다)이 있으며,「경비업법」의 위임사항을 규정한 법규명령으로는 대통령령인 「경비업법시행령」과 행정안전부령인 「경비업법시행규칙」이 있다.

의 경영자와 국내 주재 외국기관의 장이 소요경비를 부담할 것을 조건으로 경찰관의 배치를 신청하는 경우에 이에 대응하여 청원경찰관을 배치함으로써 경찰 인력의 부족을 보완하고 건물 등의 경비 및 공안업무에 만전을 기하려는 목적으로 1962년 4월 3일 법이 제정되면서 등장하게 되었다. 청원경찰은 일제 강점기 전쟁 준비를 위한 산업시설의 경비 문제를 해결하기 위해 소요경비를 기업이 부담하고 경찰력의 상주파견을 구하는 '청원순사제도'에서 기인한 우리나라의 독특한 민간경비산업의 한 분야라고 할 수 있다(박봉진, 2004: 173).

「헌법」 제7조 제2항은 "공무원의 신분과 정치적 중립성은 법률이 정하는 바에 의해 보장된다."라고 규정하고 있으며, 「국가공무원법」 제68조는 "공무원은 형의 선고, 징계처분 또는 이 법에 정하는 사유에 의하지 아니하고는 그 의사에 반하여 휴직, 강임 또는 면직을 당하지 아니한다."라고 규정하고 있다. 이처럼 경찰공무원은 헌법과 법률에 의해 신분 보장을 받고 있다. 그러나 청원경찰은 상당 부분 경찰공무원과 같은 업무를 수행하면서도 경찰공무원에 비해 훨씬 못 미치는 대우를 받고 있다. 그 중 대표적인 것이 징계와 관련된 부분이라고 할 수 있다.

현행법상 청원경찰의 신분변동 및 근무관계에 밀접하게 관련된 징계의 사유와 종류 등은 경찰공무원의 그것들과는 달리 법률에 직접적으로 규정되어 있지 않고 대통령령에 위임되어 있다(법 제5조 제3항; 시행령 제17조 제1항 및 제2항). 이렇다 보니 법률유보의 원칙, 포괄위임입법금지의 원칙 및 평등권 침해의 여부와 관련하여 위헌성 여부가 문제되고 있다. 실제로 법 제5조 제3항은 법률유보의 원칙, 포괄위임입법금지의 원칙 등에 위반한다며 헌법소원이 제기된 사례가 있었고 이에 대해 헌법재판소 전원재판부는 재판관 7대2의 의견으로 합헌결정을 내렸다.[3]

비록 헌법재판소에서는 합헌결정을 했지만, 경찰공무원과 유사한 직무를 수행하는 청원경찰의 신분 및 근무관계에 중대한 영향을 주는 징계의 사유 및 종류 등에 대해 기본적 사항을 법에 규정하지 않고 전부 하위법령에 위임하는 것은 포괄적 위임입법금지의 원칙[4]을 명시한 우리나라 헌법의 태도에 비추어 볼 때, 위헌 여부의 논문제를 잠

3) 법률신문, 2010년 3월 8일.

4) 헌법재판소는 포괄적 위임입법금지의 원칙을 국민주권주의, 권력분립주의 및 법치주의를 기본원리로 하고 있는 우리나라 헌법에서 원칙적으로 주권자인 국민에 의하여 선출된 대표자들로 구성되는 입법부가 국민의 헌법상 기본권 및 기본의무와 관련된 중요한 사항이나 본질적인 내용에 대한 정책형성 기능을 법률의 형식으로 수행해야 하고 행정부나 사법부에 그 기능을 넘겨서는 안 된다는 의미로 판시하고 있다(허영, 2005: 959).

재우지 못하고 여전히 논란의 불씨를 남기고 있다.

따라서 이 연구에서는 청원경찰의 신분유지 및 근무관계에 중대한 영향을 주는 청원경찰 징계의 법적 근거와 그 위헌성 여부에 대해 살펴보는데 논의의 초점을 맞추었다. 이를 위해 헌법재판소의 관련 판례 및 기존 연구자료들을 참고하고 인용하는 문헌연구를 중심으로 연구를 진행하고자 한다. 또한 경찰공무원의 징계와 비교를 통해 청원경찰 징계의 법적 근거를 명확히 하고 위헌성 논란을 제거할 수 있는 입법론적 해결방안에 대해서 논의하고자 한다.

2. 청원경찰의 신분 및 근무관계

1) 청원경찰의 신분

청원경찰의 신분에 대해서는 형식적으로 '공무원이 아니면서 공무원처럼' 또는 실질적으로 '공무원이면서 공무원이 아닌 것처럼'의 이중적인 잣대가 적용되고 있는 것이 현실이다(공배완, 2008: 448).

청원경찰의 신분과 관련하여 법 제19조는 "형법 기타 법령에 의한 법칙의 적용과 법 및 이 영에서 특히 규정한 경우를 제외하고는 이를 공무원으로 보지 아니한다."고 규정하고 있다. 이와 관련하여 헌법재판소는 청원경찰은 원칙적으로 사용자와의 고용계약에 의한 근로자 신분으로서 공무원은 아니라고 보고 있으며, 국가 또는 지방자치단체에 소속되어 근무하는 청원경찰의 경우[5]에도 본질적으로 다르지 않다고 보고 있다.[6] 즉 헌법재판소는 청원경찰의 신분을 공무원으로 보는 것을 일관되게 부정하고 있는 입장을 취하고 있다.

그러나 청원경찰은 관할 지방경찰청장의 사전승인을 받아 청원주가 임명하고(법 제4조 및 제5조; 시행령 제2조 및 제4조), 국가공무원법상의 임용결격자는 청원경찰로 임

5) 이 경우 행정주체와 청원경찰의 법률관계를 국고관계로 볼 수 있다. 행정주체가 일방당사자인 법관계를 행정상 법률관계라 부른다. 행정상 법률관계에서 사법이 지배하는 경우도 있고 공법이 지배하는 경우도 있다. 전자를 통상 국고관계라 부르고 후자를 행정법관계 또는 공법관계라 부른다(홍정선, 2006a: 103).

6) 헌재결 1999.5.7. 97헌마368; 헌재결 2008.7.31. 2004헌바9; 헌재결 2010.2.25. 2008헌바160

용될 수 없으며(법 제5조 제2항), 일정한 신체조건 등 별도의 자격이 요구된다(규칙 제2조). 또한 청원경찰은 형법 기타 법령에 의한 벌칙 적용 시 공무원으로 간주하고(법 제10조), 국가기관 · 지방자치단체에 근무하는 청원경찰[7]의 직무상 불법행위에 따른 배상책임에 있어 공무원으로 간주하며(법 제10조의2), 그 복무는 공무원에 관한 규정을 준용하고 있다(법 제5조 제4항). 이처럼 청원경찰은 신분이 공무원이 아닌 근로자임에도 불구하고 관련 법령에서 정한 일정한 한도 내에서 경찰공무원과 유사한 직무를 수행하는 공공적 성격 때문에 근로자와 공무원의 이중적인 지위를 가지는 특징을 지니고 있는 것은 부인할 수 없는 사실이다.

2) 청원경찰의 근무관계

청원경찰은 국가기관 또는 공공단체와 그 관리 하에 있는 중요시설 또는 사업장, 국내 주재 외국기관, 그 밖에 규칙에서 정하는 중요시설, 사업장 또는 장소[8]에 배치된다(법 제2조). 청원경찰은 청원경찰의 배치결정을 받은 중요산업시설 또는 중요사업장의 경영자와 국내 주재 외국기관의 장(이하 '청원주'라 한다)과 배치된 기관, 시설 또는 사업장 등의 구역을 관할하는 경찰서장의 감독을 받아 그 경비구역 안에서 경비 목적을 위하여 필요한 범위 내에서 「경찰관직무집행법」에 규정된 경찰관의 직무를 수행한다(법 제3조). 청원경찰의 직무 범위는 일반적으로 사법경찰 업무를 제외한 「경찰관직무집행법」 제2조에 규정된 직무 범위에 따라 주로 범죄의 예방 및 진압, 보호조치가 필요한 환자 등의 수송과 보호, 요인경호 및 시설경비, 위험발생의 방지 및 예방업무 등이 포함된다.[9]

---

7) 2004. 3. 기준으로 국내 원자력발전소 4개소를 비롯한 방송 · 통신시설, 발전시설과 같은 국가보안 목표시설 296개소에 5,800여 명, 국가기관 · 자치단체 · 국영기업체 등 2,355개소에 17,800여 명이 근무하고 있다. 이들 중 국가기관 및 자치단체 소속으로 전체의 61%인 10,800여 명의 청원경찰이 근무하고 있다(헌재결 2008.7.31. 2004헌바9).

8) ① 선박, 항공기 등 수송시설, ② 금융 또는 보험을 업으로 하는 시설 또는 사업장, ③ 언론 · 통신 · 방송 또는 인쇄를 업으로 하는 시설 또는 사업장, ④ 학교 등 육영시설, ⑤ 의료법에 의한 의료기관, ⑥ 기타 공공의 안녕질서 유지와 국민경제상 고도의 보호를 필요로 하는 중요시설, 사업체 또는 장소(규칙 제1조).

9) 청원경찰은 법 제3조의 규정에 의한 직무를 행할 때에는 경비 목적을 위하여 필요한 최소한도 내에 그쳐야 한다. 또한 청원경찰은 「경찰관직무집행법」에 의한 직무 이외의 수사활동 등 사법경찰관리의 직무를 행해서는 아니 된다(규칙 제17조).

청원경찰은 근무 중 제복을 착용하여야 하고, 필요할 경우 청원주의 신청에 의하여 관할 경찰서장으로부터 무기를 대여받아 휴대할 수 있다(법 제8조). 그러나 이와 관련해서는 관할 경찰서장과 청원주의 엄격한 관리와 규제를 받는다(시행령 제12조; 규칙 제8조). 전술했듯이 청원경찰은 원칙적으로 사용자와의 고용계약에 의한 근로자로서 공무원 신분은 아니지만, 업무의 공공성이나 업무수행의 특수성으로 인해 다음과 같이 사법상의 고용관계의 성격과 공법상 근무관계의 성격을 복합적으로 가지고 있음을 알 수 있다.

먼저 사법상 고용관계의 측면을 살펴보면, 청원경찰은 청원주가 임명하고 그 소요경비를 부담하며 청원경찰(국가기관 또는 지방자치단체에 근무하는 청원경찰을 제외)의 직무상 불법행위에 대한 배상책임에 관하여는 민법의 규정이 적용된다. 복무에 있어서도 집단행위금지의무, 경찰공무원법상 허위보고금지의무 등을 준수해야 하는 점을 제외하고는 당해 사업장의 취업규칙에 의한다. 또한 청원경찰의 신분은 형법 기타 법령에 의한 벌칙의 적용과 법 및 대통령령에서 특히 규정하는 경우를 제외하고는 공무원으로 보지 않는다. 다음으로 공법상 근무관계의 성격을 살펴보면, 청원경찰의 임용에 있어서 미리 지방경찰청장의 승인을 얻어야 하고 국가공무원법 제33조 각 호의 1에 해당하는 자는 청원경찰로 임용될 수 없다. 형법 기타 법령에 의한 벌칙의 적용에 있어서는 공무원으로 보고, 형의선고 · 징계처분 또는 신체 · 정신상의 이상으로 직무를 감당하지 못할 때를 제외하고는 그 의사에 반하여 면직되지 않는다. 노동운동이나 그 밖에 공무 외의 일을 위한 집단행위를 하여서는 안 된다. 이와 같이 청원경찰은 공무원과 유사하게 일정한 신분보장을 받고 있는 반면에, 의무의 부담에 있어서는 일반 근로자와는 달리 근로3권이 전부 인정되지 않는 것[10] 등은 일반적인 공무원과 큰 차이가 없다.[11]

10) 「국가공무원법」 제66조 제1항의 규정에 위반하여 노동운동 기타 공무 이외의 일을 위한 집단적 행위를 한 자를 형사처벌하도록 규정한 「청원경찰법」 제11조에 대한 위헌소원 사건에서 다수 의견은 업무의 공공성에도 불구하고 일반 근로자인 청원경찰에 대하여 공무원과 똑같이 일체의 근로3권을 갖지 못하도록 규정한 것 내지는 청원경찰의 업무에 지장을 주지 않는 경우에도 청원경찰의 노동운동 기타 집단적 행위를 금지하고 처벌하는 것은 헌법 제37조 제2항에 위반된다는 의견이었으나 위헌정족수에 미치지 못하여 합헌결정이 내려졌다(헌재결 2008.7.31. 2004헌바9).

11) 헌재결 2010.2.25. 2008헌바160

3. 현행 청원경찰 징계 조항의 위헌성 검토

1)청원경찰 징계의 성질 및 법적 근거

청원경찰의 징계에 대한 법적 성질을 어떻게 볼 것인가 하는 문제는 전술한 청원경찰의 신분과 밀접한 관련을 가지고 있다. 이 연구에서는 청원경찰의 신분을 공법상 근무관계가 적용되는 공무원이 아닌 사법상 고용관계가 적용되는 근로자로 보는 것이 판례의 입장과 법문 해석에 부합하는 만큼 여기서도 청원경찰이 근로자임을 전제로 논의를 전개하고자 한다.

일반적으로 어떤 집단이나 단체든지 질서유지를 위해 필요로 하는 규범으로서 징계권이 인정된다. 청원경찰의 징계는 징계권을 행사하는 청원주와 징계처분의 대상인 청원경찰의 두 가지 측면에서 이해할 수 있다. 여기서 징계권은 사용자인 청원주가 청원경찰에 대해 행사하는 징계권을 말한다. 이때의 징계권은 기업의 경영목적을 위하여 불가결하게 요청되는 기업질서를 확립하기 위해 근로자의 기업질서 위반행위에 대해 일정한 불이익 조치를 부과할 수 있는 권한 또는 권능의 의미로 이해할 수 있다(김형배, 2007: 637; 송호영, 2009: 2). 또한 징계처분은 사법상 고용관계에 의해 청원주가 청원경찰에게 부과하는 징계처분을 말한다. 여기서 징계처분은 사용자가 명령 · 복종관계를 근간으로 하여 일정한 집단적 질서 또는 규율을 위반한 근로자에 대해 행하는 불이익의 제재처분을 의미한다(이상국, 2007: 595).

근로자는 사용자와의 근로관계가 성립되면 고용계약의 내용에 따라 사용자의 지시와 명령을 받고 근로를 제공하는 의무를 지게 된다. 만약 근로자가 사용자의 명령이나 기업 목적에 위배되는 행위를 하게 되면, 사용자는 기업질서를 유지하기 위해 징계권을 행사하게 된다. 현실적으로 징계권의 행사는 취업규칙이나 징계규정을 작성하면서 사용자가 스스로 또는 노사합의에 의해 징계기준을 정하여 운영하는 것이 일반적인 관행이라고 볼 수 있다. 사용자의 징계권 행사의 정당성을 뒷받침하는 근거로는 대체로 징계권부정설, 고유권설, 집단적합의설(공동규범설), 계약설, 법규범설 등의 다섯 가지 학설들이 제시되고 있다.[12)]

청원경찰은 공무원이 아닌 일반 근로자 신분이기 때문에 청원경찰에게 적용되는 징

12) 자세한 내용은 이상국(2007) 참조.

계규정을 국가공무원이나 경찰공무원의 징계규정과 동일하게 법령에 직접 규정할 필요가 없다. 그럼에도 불구하고 현행법에서는 <표 1>에서와 같이 법적 근거를 마련해 놓고 있다. 법 제5조 제3항(청원경찰의 임용 등)에서는 "청원경찰의 ………(중간 생략)……… 징계에 관하여는 대통령령으로 정한다."라고 규정하고 있고, 시행령 제17조(징계)에서는 법의 위임을 받아 청원경찰 징계의 사유 및 종류 등을 규정하고 있다. 이와 같은 현행법의 태도는 청원경찰은 업무성격상 공익성이 강하고 공법상 근무관계이므로 일반 근로자의 경우 징계 등 제재에 관한 사항을 개별 사업장의 취업규칙으로 정하는 것과 달리 시행령에 징계의 종류 등을 규정하여 청원경찰의 기본권을 한층 더 보호하고자 하는 취지로 이해할 수 있다.

경찰공무원은 경력직공무원으로 특정직공무원에 속한다. 여기서 경력직공무원이란 실적과 자격에 따라 임용되고 그 신분이 보장되며 평생토록 공무원으로 근무할 것이 예정되는 공무원을 말한다. 현행법상 경찰공무원의 징계는「국가공무원법」,「경찰공무원법」,「경찰공무원징계령」 등에 법적 근거를 두고 있다.

경찰공무원도 공무원인 이상 당연히 공무원책임을 부담한다. 따라서 경찰공무원이 공무원책임 중 경찰공무원의 의무를 위한한 경우에 법적인 제재로서의 불이익을 받는 지위를 징계책임이라고 하고 그에 따라 받게 되는 제재로서의 처분(벌)을 징계처분(벌)이라고 한다(최선웅, 2007: 478). 기본적으로 자연인인 경찰공무원과 임용주체인 국가나 지방자치단체의 관계는 공무원법관계에 의해 규율된다. 공무원법관계는 법률 유보의 원칙, 즉 법정주의가 적용된다. 공무원법관계의 형성에 있어 법정주의란 오로지 입법자만이 공무원법의 입법권을 가진다는 것을 의미한다. 국가와 공무원 간의 자유로운 계약에 의해 공무원법질서를 형성하는 것은 원칙적으로 인정되지 않는다. 공무원의 법적 지위는 법률에서 정하는 바와 다르게 설정되거나 변경될 수 없다. 이러한 법정주의는 공무원 징계의 경우도 마찬가지로 적용된다. 즉 공무원관계의 종료나 법적 지위의 축소를 가져오는 행위는 다만 법률에서 명시적으로 규정한 경우에만 그리고 그에 관한 명시적인 특별절차에 따라서만 가능하다(홍정선, 2006b: 244-246).

4. 청원경찰 징계의 사유 및 종류

1) 징계의 사유

청원주는 청원경찰의 배치결정통지를 받은 때에는 그 날로부터 15일 이내에 청원경찰에 대한 징계규정을 제정하여 관할 지방경찰청장에게 신고를 해야 한다. 징계규정을 변경한 경우에도 또한 같다. 지방경찰청장은 징계 규정의 보완이 필요하다고 인정할 때에는 그 보완을 요구할 수 있다.

<표 3-1>에서와 같이 시행령에서는 청원경찰 징계의 사유를 규정하고 있다. 청원주는 청원경찰이 징계의 사유에 해당한 때 또는 관할경찰서장으로부터 징계요청을 받은 때에는 그 해당자에 대하여 징계처분을 해야만 하도록 하고 있다. 청원경찰의 징계 사유에 해당하는 것으로는 ① 법 및 시행령의 규정 또는 이에 의한 명령에 위반한 때, ② 직무상의 의무에 위반하거나 직무를 태만히 한 때, ③ 품위를 손상하는 행위를 한 때를 들 수 있다.

반면에 경찰공무원의 징계 사유로 「국가공무원법」 제78조는 ① 법 및 이 법에 따른 명령을 위반한 경우, ② 직무상의 의무(다른 법령에서 공무원의 신분으로 인하여 부과된 의무를 포함한다)를 위반하거나 직무를 태만히 한 때, ③ 직무의 내외를 불문하고 그 체면 또는 위신을 손상하는 행위를 한 때를 규정하고 있다.

2) 징계의 종류

<표 3-1>에서와 같이 시행령에서는 청원경찰 징계의 종류를 규정하고 있다. 청원경찰에 대한 징계의 종류는 파면, 감봉 및 견책의 세 가지 종류이다. 파면은 청원경찰의 신분을 박탈하여 그 직을 더 이상 유지하지 못하도록 하는 것이다. 감봉은 1월 이상 6월 이하로 하되, 봉급의 3분의 1을 감한다.

경찰공무원에 대한 징계의 종류로는 「국가공무원법」 제79조에서 파면, 해임, 강등, 정직, 감봉, 견책을 규정하고 있다. 마찬가지로 파면과 해임은 일정한 절차를 거쳐 공무원 신분을 박탈하여 그 직을 더 이상 유지하지 못하도록 하는 것이다. 강등은 1계급 아래로 직급을 내리고(고위공무원단에 속하는 공무원은 3급으로 임용하고, 연구관 및

지도관은 연구사 및 지도사로 한다) 공무원신분은 보유하나 3개월간 직무에 종사하지 못하며 그 기간 중 보수의 3분의 2를 감한다. 정직은 1개월 이상 3개월 이하의 기간으로 하고, 정직 처분을 받은 자는 그 기간 중 공무원의 신분은 보유하나 직무에 종사하지 못하며 보수의 3분의 2를 감한다. 감봉은 1개월 이상 3개월 이하의 기간 동안 보수의 3분의 1을 감한다. 견책은 전과(前過)에 대하여 훈계하고 회개하게 하는 것으로 한다(「국가공무원법」 제80조 제1항 및 제2항 내지 제5항).

〈표 3-1〉 청원경찰 징계의 법적 근거

「청원경찰법」	「청원경찰법시행령」
제5조 (청원경찰의 임용 등) ③ 청원경찰의 …… 징계에 관하여는 대통령령으로 정한다.	제17조 (징계) ① 청원주는 청원경찰이 다음 각 호의 1에 해당한 때 또는 관할경찰서장으로부터 징계요청을 받은 때에는 그 해당자에 대하여 징계처분을 하여야 한다. 1. 법 및 이 영의 규정 또는 이에 의한 명령에 위반한 때 2. 직무상의 의무에 위반하거나 직무를 태만히 한 때 3. 품위를 손상하는 행위를 한 때 ② 청원경찰에 대한 징계의 종류는 파면, 감봉, 견책으로 하며, 감봉은 1월 이상 6월 이하로 하되, 봉급의 3분의 1을 감한다. ③ 청원주는 청원경찰의 배치결정통지를 받은 때에는 그 날로부터 15일 이내에 청원경찰에 대한 징계규정을 제정하여 관할지방경찰청장에게 신고하여야 한다. 징계규정을 변경한 때에도 또한 같다. ④ 지방경찰청장은 제3항의 규정에 의한 징계규정이 보완을 요한다고 인정할 때에는 그 보완을 요구할 수 있다.

3) 헌법재판소 판례에 대한 해석과 평가

(1) 사건의 개요

법 제5조 제3항 헌법소원 사건(2008헌바160)에서 청구인 이○○은 청원경찰에 대한 징계사유와 종류를 직접 법률에 규정하지 아니한 것을 법률유보의 원칙, 포괄적 위임입법금지의 원칙 및 평등권 침해의 측면에서 위헌성을 주장하였다.

청구인은 2002년 9월 5일 국가보훈처 소속 청원경찰로 입사하여 부산지방보훈청 산하 국립 3 · 15민주묘지관리소에서 청원경찰로 근무하던 중, 사기죄 등으로 벌금형을 선고받았고 성실의무 등을 위반하였다는 이유로 2006년 10월 10일 부산지방보훈청장으로부터 파면처분을 받았다. 이에 청구인은 자신에 대한 파면처분의 취소를 구하는 소송을 제기(부산지방법원 2008구합281)하면서 위 파면처분의 근거가 된 청원경찰법 제5조 제3항이 포괄위임입법금지원칙 등에 위반된다고 주장하며 위헌법률심판제청을 신청(2008아377)하였다. 그러나 2008년 11월 27일 위헌법률심판제청의 신청이 기각되자, 다시 2008년 12월 16일 이 사건 헌법소원심판을 청구하였다.

(2) 청구인의 주장

이 사건 법률조항은 청원경찰관의 신분상 지위 변동에 중대한 영향을 가져 올 수 있는 징계에 관하여 모든 사항을 하위법령에 위임하고 있기 때문에 헌법 제37조 제2항에 따른 법률유보원칙에 위배되고, 징계의 사유와 종류 등에 대한 예측가능성이 전혀 없어 헌법 제75조에 따른 포괄위임입법금지원칙에 위배된다. 또한 징계의 종류와 절차 및 그 사유를 법률에 명백하게 규정한 경찰공무원의 경우와 비교하여 청원경찰에 대한 징계의 종류 등을 법률에 전혀 정하지 아니하여 청원경찰의 평등권을 침해하고 있다.

(3) 합헌결정의 이유

헌법재판소는 이러한 청구인의 위헌 주장을 인용하지 않고 합헌결정을 하였다. 합헌결정의 이유를 간략히 살펴보면 다음과 같다.

첫째, 법률유보의 원칙과 관련하여 우리나라 헌법은 제7조 제2항에서 공무원의 신분보장을 정함으로써 공무원의 신분관계에 대하여는 헌법적 규율을 받게 됨을 밝히고 있다. 그것은 국가 행정권의 주체가 공무원을 임면함으로써 기본권 규범과 관련되기 때문이다. 그러나 청원경찰의 임면주체는 국가 행정권이 아니고 청원경찰법상의 청원주이다. 따라서 그 신분관계에 대하여는 기본권 규범과 직접 관련되는 것이 아니므로 헌법적 규율을 받을 필요가 없다. 청원경찰의 근로관계의 기본적 성질이 일반 근로자의 경우와 다르지 않다고 하면, 청원경찰의 징계의 경우에도 취업규칙에 정할 수 있는 사항이기 때문에, 이 사건에서 보는 바와 같이 이를 대통령령에서 정하도록 하고 있는 것은 오히려 청원경찰의 근로관계의 안정을 위하여 그 규율의 수준을 높인 것으로 볼 것이다. 그렇다면 이와 같은 청원경찰의 징계로 인하여 사적 고용계약의 존속에 영향을 받을 수 있다 하더라도 이는 어디까지나 사적 고용계약상의 문제일 뿐, 국가 행정주체와 관련되고 기본권의 보호가 문제되는 것은 아니므로 여기에 법률유보의 원칙이 적용될 여지가 없다. 따라서 청원주가 임용하는 청원경찰의 징계에 관해서 반드시 법률에 정해야 할 것은 아니므로, 그 징계에 관한 사항을 법률에 정하지 않았다고 하여 법률유보의 원칙에 위반되는 것은 아니라는 입장이다.

둘째, 포괄적 위임입법금지의 원칙과 관련하여 다수의견은 청원경찰의 징계 사유나 종류, 효력, 절차 등은 청원경찰이 배치된 기관 · 시설 또는 사업장의 특성에 따라 달라질 수 있고, 경영자가 소요경비를 부담하고 임용 역시 청원주가 결정한다는 점, 즉 청원주의 의사를 일정 정도 고려해야 하는 경우가 있을 수 있다는 점을 감안하면 탄력적인 규율의 필요성이 인정된다. 또한 청원경찰이 본질적으로 공무원은 아니지만 주로 경찰업무를 수행하게 되고, 그에 따라 복무에 관하여도 국가공무원법 및 경찰공무원법상의 일정한 의무규정을 준용하는 점 등을 감안하면 적어도 이 사건 법률조항에 의해 대통령령에 규정될 청원경찰의 징계 사유, 종류, 효력 및 절차 등 내용의 대강이 일반 근로자를 기본으로 하되 국가공무원 내지는 경찰공무원의 성질이 가미되는 복합적 내용이 될 것이라는 점을 충분히 예측할 수 있다. 따라서 이 사건 법률조항은 그 규율영역의 특성상 위임의 필요성을 부정할 수 없고, 청원경찰의 신분, 업무의 특성 및 관련 조항의 유기적 · 체계적 해석을 통하여 하위법규에 규정될 내용의 대강 역시 예측할 수 있으므로 헌법 제75조의 포괄적 위임입법금지 원칙에 위반되지 않는다고 보고 있다.

그러나 소수의견은 이 사건 법률조항은 그 업무내용, 의무 및 신분에 있어서 공무원과 유사한 청원경찰의 신분에 변동을 주는 징계의 사유 및 종류 등에 대하여 기본적 사항도 정함이 없이 전부 하위법령에 위임함으로써 그 내용의 대강과 윤곽마저도 전혀 예측할 수 없게 하였고, 그와 같이 위임할 필요성도 인정되지 아니하므로, 포괄위임입법금지 원칙에 반하여 헌법에 위반된다는 입장이다.

셋째, 평등권과 관련하여 청구인은 청원경찰이 국가공무원에 준하는 지위를 가지고 있음에도 국가공무원이나 경찰공무원과 달리 법률이 아닌 시행령으로 징계에 관한 사항을 규정하고 있는 것은 평등원칙 내지는 청구인의 평등권을 침해한 것이라고 주장한다. 그러나 청원경찰은 기본적으로 공무원이 아니고 청원주가 임명하는 일반 근로자이므로 공무원과 청원경찰을 동일한 비교집단이라고 보기 어렵다. 비록 업무의 특성상 청원경찰과 일반공무원 내지는 경찰공무원을 동일한 비교집단이라고 보더라도 청원경찰의 징계 사유나 종류, 효력, 절차 등은 배치된 기관 · 시설 또는 사업장의 특성에 따라 달라질 수 있다. 또한 경영자가 소요경비를 부담하고 임용 역시 청원주가 결정한다는 점, 즉 청원주의 의사를 일정 정도 고려해야 하는 경우가 있을 수 있다는 점을 고려하면 징계에 관한 규정형식이 일반공무원과 다르다고 하여 합리적인 이유 없는 차별에 해당한다고 보기는 어렵다. 따라서 이 사건 법률조항이 청구인의 평등권을 침해한다고 볼 수 없다는 입장이다.

(3) 판례 평석

① 법률유보의 원칙

헌법이 보장하는 국민의 기본권을 제한하는 가장 원칙적인 방법은 공공의 이익을 보호하기 위해서 필요 불가피한 경우에 한해 입법권자가 제청하는 법률로써 기본권을 제한하는 것이다. 이처럼 국민의 대표기관인 국회에서 제정하는 법률에 의해서만 기본권을 제한할 수 있도록 기본권 제한의 방법으로 법률의 형식을 요구하는 것을 법률유보라고 한다. 다시 말하면 법률유보는 법률에 의한다면 기본권을 얼마든지 제한할 수 있다는 뜻은 아니고, 기본권을 제한하려면 적어도 입법권자가 적법절차에 따라 제정하는 법률에 의하거나 법률의 근거가 있어야 한다는 뜻이다(허영, 2005: 277).

이 사건에서 문제가 되는 것은 법 제5조 제3항이 법률유보의 대상이 되는지의 여부라고 할 수 있다. 청원경찰은 그 근로관계의 창설과 존속 등이 본질적으로 사법상 고용계약의 성질을 가지고 있다. 다만 그 근무의 공공성 때문에 일정금액 이상의 임금의 보장, 의사에 반한 면직 금지, 일정한 경우 휴직 및 명예퇴직 등 신분보장에 있어서 공무원과 유사한 대우를 받고 있다. 그러나 그 근무의 공공성을 실현하기 위한 조건으로 공무원과 어느 정도 유사한 신분보장 규정을 두었다고 해서 청원경찰의 사적인 고용계약으로서의 근로관계를 공법상의 공무원관계로 볼 수는 없는 것이다.

공무원관계는 특별한 행정법관계이다. 즉 공무원관계는 공법관계로 형성된다. 이것은 국가가 공무원에 대해 공법상 우월적인 지위에 있음을 의미한다. 즉 국가와 공무원 개개인의 법률관계는 계약관계가 아니라 원칙적으로 행정행위를 통해 규율되어야 한다고 보는 것이다(홍정선, 2006b: 244). 따라서 심판 대상인 법 제5조 제3항이 공무원이 아닌 청원경찰의 징계에 관한 사항을 정하지 않았다고 하여 법률유보의 원칙에 위반하였다고 볼 수는 없다. 그러나 청원경찰의 징계와 관련된 법률유보의 원칙에 보다 충실하기 위해서는 청원경찰의 신분 변동과 근무관계에 중대한 영향을 미치는 징계 규정을 법률에 규정하는 문제는 향후 입법론적인 측면에서 고려해 볼 필요가 있다는 것은 부인할 수 없는 사실이다.

② 포괄적 위임입법금지의 원칙

헌법 제75조는 "대통령은 법률에서 구체적으로 범위를 정하여 위임받은 사항 …… 에 관하여 대통령령을 발할 수 있다."고 규정하고 있다. 이것은 위임입법의 근거를 마련함과 동시에 위임은 "구체적으로 범위를 정하여" 이루어지도록 그 한계를 제시한 것이다. 이와 관련하여 헌법재판소는 위임입법의 필요성과 예측가능성이라는 두 가지 기준을 제시하고 있다. 즉 법률에 의한 위임은 그 필요성이 인정되고 법률에 의해 그 대강이 예측 가능한 경우에 허용된다는 것이다.

헌법재판소는 국민의 권리 · 의무에 관한 사항은 법률로써 규정함이 원칙이지만, 특히 긴급한 필요가 있거나 미리 법률로써 자세히 정할 수 없는 부득이한 사정이 있거나 규율대상이 지극히 다양하거나 수시로 변화하는 성질의 것이어서 일일이 법률로 규정할 경우 상황에 맞게 적절히 대처할 수 없다거나 전문적인 지식을 갖춘 행정부로 하여금 이를 정하도록 할 필요가 있는 경우에는 위임입법의 필요성이 인정된다고 본다.[13] 그리고 위임입법의 예측가능성과 관련하여, 헌법재판소는 법률은 규정할 내용의 일부를 대통령령에 위임할 수 있으나, 이 경우 대통령령으로 규정될 내용 및 범위의 기본사항이 이미 법률에 구체적으로 규정되어 있어서 누구라도 당해 법률로부터 대통령령에 규정될 내용의 대강 내지 기본적 윤곽을 예측할 수 있어야 하고,[14] 그 예측가능성의 유무는 당해 특정조항 하나만을 가지고 판단할 것은 아니고 관련 법조항 전체를 유기적 · 체계적으로 종합 판단하여야 하며, 각 대상 법률의 성질에 따라 구체적 · 개별적으로 검토하여야 한다는 견해를 제시하고 있다.[15]

법 제5조 제3항은 청원경찰의 징계에 관한 사항을 대통령령에서 정하도록 위임하고

13) 헌재결 2007.4.26. 2004헌가29
14) 헌재결 1996.8.29. 95헌바36
15) 헌재결 1996.8.29. 94헌마113

있다. 이에 따라 징계의 사유, 종류, 효력 및 절차 등이 하위 법령인 시행령 제17조에 규정되어 있다. 먼저 심판대상 조항의 위임입법의 필요성을 살펴보면, 다수의견은 청원경찰은 기본적으로 일반 근로자에 불과하므로 그 징계에 관한 사항을 반드시 법률로 규정해야 할 필요가 없을 뿐 아니라, 징계의 사유와 종류도 청원경찰이 배치된 기관·시설 또는 사업장의 특성에 따라 달라질 수 있고, 청원주의 의사를 일정 정도 고려하여야 하므로 탄력적 규율의 필요성에 따라 대통령령 등 하위법령에의 위임이 필요하다고 주장한다. 반면에 소수의견은 각 사업장의 특성과 취업규칙이 달라 그에 따른 청원경찰의 복무상 준수의무가 다소 다를 수 있다 하더라도 법률에 의하여 업무내용, 의무 및 신분 등이 정하여지는 청원경찰에 대한 징계의 사유나 종류가 지극히 다양하거나 가변적이어서 위임입법의 필요성이 있는 사항이라고 보이지 않는다. 따라서 청원경찰에 대한 징계의 사유 및 종류 등이 법률로써 규율할 필요가 없는 사항이라고 보기 어려울 뿐만 아니라, 이러한 내용이 미리 법률로써 정할 수 없을 정도로 긴급한 필요가 있거나 지극히 다양한 사실관계를 규율하는 내용이어서 수시로 변화하는 성질의 것이라고 할 수도 없으므로 위임입법의 필요성이 인정되지 않는다는 입장이다.

그리고 위임입법의 예측가능성과 관련하여, 다수의견은 청원경찰의 주된 직무 내용이 경찰공무원과 유사하여 그 복무에 관하여 「국가공무원법」 및 「경찰공무원법」상의 일정한 의무규정이 준용되는 점을 감안하면, 적어도 이 사건 법률조항에 의해 대통령령에 규정될 징계의 사유, 종류, 효력 및 절차 등이 '일반 근로자를 기본으로 하되 국가공무원 내지 경찰공무원의 성질이 가미되는 복합적 내용'이 되리라는 것을 충분히 예측할 수 있다고 주장한다. 반면에 소수의견은 징계에 관한 「국가공무원법」과 「경찰공무원법」의 내용이 서로 다를 뿐 아니라, 다수의견이 거론하는 '일반 근로자를 기본으로 하되 공무원의 성질이 가미되는 복합적 내용'이라는 개념 자체로도 하위법령에 규정될 것이 어떤 내용일지 예상하기 어렵다. 오히려 공무원과 일반 근로자의 복합적 성질을 겸유하고 있는 청원경찰의 특수한 신분 때문에 그 징계사유, 종류, 효력 및 절차 등에 관한 기본적 사항을 예측하기가 더욱 쉽지 않게 되었다. 따라서 「청원경찰법」을 비롯한 관련 법조항 전체를 아무리 유기적·체계적으로 종합하여 판단하더라도 이 사건 법률조항의 위임에 따라 대통령령에 규정될 청원경찰에 대한 징계의 사유 및 종류 등 기본적 사항의 대강 조차도 예측할 수 없다는 입장이다.

결국 다수의견의 입장에서 보면 이 심판대상 조항은 위임의 필요성이 있고 그 법 조항은 예측가능성이 있어 헌법에 합치된다는 것이고, 소수의견에서 보면 그 법 조항은 위임의 필요성을 인정할 수 없고 그 조항 자체만으로는 예측가능성도 없어 헌법에 위반한다는 것이다. 그러나 헌법재판소 다수의견에 의한 합헌결정에도 불구하고 소수의견에서 제시된 주장들의 논리적 타당성 또한 무시할 수 없다고 생각한다. 따라서 입법론적으로 현행 시행령에 규정된 청원경찰 징계의 사유, 종류, 효력 및 절차 등을 법에 규정하는 방안을 고려해 볼 필요가 있다.

③ 평등권

우리나라 헌법은 평등의 원칙을 규정하여 모든 생활영역에서 일체의 차별을 금지하고 있다(제11조 제1항). 평등의 원칙은 일체의 차별적 대우를 부정하는 절대적 평등을 뜻하는 것이 아니라, 입법과 법의 적용에 있어서 합리적 근거가 없는 차별을 하여서는 아니 된다는 상대적 평등을 뜻한다. 평등의 원칙은 입법자에게 본질적으로 같은 것을 자의적으로 다르게, 본질적으로 다른 것을 자의적으로 같게 취급하는 것을 금하고 있다. 본질적으로 동일한가의 판단은 일반적으로 당해 법률조항의 의미와 목적에 달려 있으므로, 당해 법률조항의 의미와 목적에 비추어 차별취급을 정당화할 수 있을 정도의 차이가 없음에도 불구하고 차별한다면 입법자는 이로써 평등권을 침해하게 되는 것이다.[16] 한편, 헌법재판소는 평등권 위반 여부를 심사함에 있어서, 헌법에서 특별히 평등을 요구하고 있는 경우와 차별적 취급으로 인하여 관련 기본권에 대한 중대한 제한을 초래하게 되는 경우에는 차별취급의 목적과 수단 간에 비례관계가 성립하는지를 검토하는 엄격한 심사척도를 적용하고, 그렇지 않은 경우에는 차별을 정당화하는 합리적인 이유가 있는지, 즉 자의적인 차별이 존재하는지를 검토하는 완화된 심사척도를 적용하고 있다.[17]

이 사건에서 헌법재판소는 청원경찰이 국가공무원에 준하는 지위를 가지고 있음에도 국가공무원이나 경찰공무원과 달리 법률이 아닌 시행령으로 징계에 관한 사항을 규정하고 있는 것은 평등원칙 내지는 청구인의 평등권을 침해한 것이 아니라고 보고 있다. 그 이유는 먼저 청원경찰은 기본적으로 공무원이 아니고 청원주가 임명하는 일반 근로자이므로 공무원과 청원경찰을 동일한 비교집단이라고 보는 것은 무리가 있다는 입장이다. 또한 업무의 특성상 청원경찰과 일반공무원 내지는 경찰공무원을 동일

16) 헌재결 2004.1.29. 2003헌바46
17) 헌재결 2001.2.22, 2000헌마25,

한 비교집단이라고 본다고 하더라도 청원경찰의 징계 사유나 종류, 효력, 절차 등은 배치된 기관 · 시설 또는 사업장의 특성에 따라 달라질 수 있고, 경영자가 소요경비를 부담하고 임용 역시 청원주가 결정한다는 점, 즉 청원주의 의사를 일정 정도 고려해야 하는 경우가 있을 수 있다는 점을 고려하면 징계에 관한 규정형식이 일반공무원이나 경찰공무원의 그것과 다르다고 해서 합리적인 이유 없는 차별에 해당한다고 보기 어렵다는 입장이다.

5. 결론 : 입법론적 해결

공무원에 대한 징계를 어떤 방식으로든 해당 공무원에게 신분상의 불이익을 주는 처분이므로 그 사유와 기준 및 수준을 법으로 엄격하게 규정하고 있는 것이 보통이다(Patton et al., 2002: 356; 오석홍, 2005: 612; 박천오, 2007: 223). 헌법재판소는 처벌법규나 조세법규와 같이 국민의 기본권을 직접적으로 제한하거나 침해할 소지가 있는 법규에서는 구체성 · 명확성의 요구가 강화되어 그 위임의 요건과 범위가 일반적인 급부행정의 경우보다 더 엄격하게 제한적으로 규정되어야 하는 반면에, 규율대상이 지극히 다양하거나 수시로 변화하는 성질의 것일 때에는 위임의 구체성 · 명확성의 요건이 완화되어야 할 필요가 있다고 본다.[18] 특히 징계는 청원경찰의 신분박탈 또는 근무조건의 악화를 직접 발생시키는 제재적 처분이므로 이를 규율하는 이 사건 법률조항은 청원경찰의 기본권을 직접적으로 제한하거나 침해할 소지가 있는 법규이다. 따라서 그 내용을 하위법령에 위임할 경우 그 구체성 · 명확성의 요구가 강화되어 위임의 요건과 범위가 일반적인 급부행정의 경우보다 더 엄격하게 제한적으로 규정되어야 한다는 입장이다.[19]

현실적으로 헌법소원 심판 대상이 된 법 제5조 제3항이 공무원이 아닌 청원경찰의 징계에 관한 사항을 정하지 않았다고 하여 법률유보의 원칙에 위반하였다고 볼 수는 없다. 그렇기 때문에 청원경찰의 신분 변동과 근무관계에 중대한 영향을 미치는 징계규정을 법률에 규정하는 문제는 향후 입법론적인 측면에서 적극적으로 고려해 볼 필

18) 헌재결 1998.2.27. 97헌마64
19) 헌재결 2005.7.21. 2004헌가30

요가 있다. 따라서 청원경찰의 업무내용, 의무 및 신분이 경찰공무원과 매우 유사한 점을 고려할 때, 청원경찰의 신분보장과 관련된 본질적이고 중요한 사항인 징계의 사유 및 종류 등은 마땅히 경찰공무원 징계의 경우와 마찬가지로 법률에 의하여 그 기본적 사항이 규정되어야 할 것이다.

참고문헌

‖ 국내문헌 ‖

공배완. (2008). “민간경비 역할제고를 위한 청원경찰법과 경비업법의 단일화 방안에 관한 논의”. 「법학연구」. 30: 445-467.

김형배. (2007). 「노동법」. 서울: 박영사.

박봉진. (2004). “청원경찰법과 경비업법에 대한 소고”. 「민간경비학회보」. 4: 173-195.

박천오. (2007). “우리나라 공무원의 징계와 퇴출: 실태와 대안”. 「한국행정학보」. 41(3): 221-241.

송호영. (2009). “소속사원에 대한 단체의 징계권에 대한 연구”. 「재산법연구」. 26(2): 1-32.

오석홍. (2005). 「인사행정론」. 서울: 박영사.

이상국. (2007). “사용자의 징계권에 관한 연구”. 「한양법학」. 21: 593-621.

최선우. (2008). 「민간경비론」. 서울: 진영사.

최선웅. (2007). “경찰공무원 징계처분의 법적 성질”. 「행정법연구」. 18: 473-499.

허 영. (2005). 「한국헌법론」. 서울: 박영사.

홍정선. (2006a). 「행정법원론(상)」. 서울: 박영사.

______. (2006b). 「행정법원론(하)」. 서울: 박영사.

‖ 국외문헌 ‖

Hess, K. M. and Wrobleski, H. M. (1996), *Introduction to Private Security*, New York: West Publishing Company.

Patton, W. D. et al. (2002), *Human Resource Management: The Public Service Perspective*, Boston: Houghton Mifflin Company.

‖ 기타자료 ‖

법률신문, 2010년 3월 8일

헌재결 1996.8.29. 94헌마113

헌재결 1996.8.29. 95헌바36

헌재결 1998.2.27. 97헌마64

헌재결 1999.5.7. 97헌마368

헌재결 2001.2.22. 2000헌마25

헌재결 2004.1.29. 2003헌바46

헌재결 2005.7.21. 2004헌가30

헌재결 2007.4.26. 2004헌가29

헌재결 2008.7.31. 2004헌바9

헌재결 2010.2.25. 2008헌바160

4장

경비인력의 경력조사 강화방안*

1. 문제의 제기

사회가 여러 분야에서 급속한 발전을 이루는 과정에서 국민의 생명, 신체 및 재산을 보호하기 위한 경찰 등 공공기관의 공적인 안전활동은 상당 부분 한계를 노출하게 되었다. 이러한 상황은 공공기관이 아닌 민간부문이 안전활동에 참여하는 계기를 마련하였고 오늘날 사적인 안전활동을 담당하는 민간경비산업의 성장과 발전이라는 새로운 조류가 만들어졌다(정우일, 2010: 346).

민간경비란 인간의 과실, 비상사태, 재난 및 범죄 등에 의해 야기된 손실을 예방하기 위하여 인적, 물적 그리고 절차적으로 일정한 서비스를 제공하는 영리적인 기업활동을 의미한다(Hess & Wrobleski, 1996: 318; 최선우, 2008: 23). 현대의 민간경비는 과거 공동체 구성원들이 공동체의 질서를 유지하고 스스로의 안전을 지키고자했던 원시적인 자위방범 형태에서 현재는 수많은 인력과 전문가들이 종사하고 최첨단 시스템과 전자장비를 갖춘 복합적이고 현대적인 산업으로 성장했다. 민간경비의 근간이 되는 경비인력은 치안서비스의 공적인 공급주체인 경찰공무원과 함께 개인의 생명과 재산을 보호하고 범죄를 예방하며 국민의 안전욕구를 충족시켜 주는 업무를 수행하고 있다. 이러한 사회적 변화에 발맞추어 능력과 자질을 겸비한 경비인력을 채용하고자 하는 기업의 수요와 사회적 요구 또한 증가하고 있다. 그러나 경비인력 채용과정의 실제를 들

* 이 장은 2011년 12월 한국공안행정학회보에 게재된 논문내용을 일부 수정한 것임

여다보면, 가장 기본적이라고 할 수 있는 경비인력의 경력조사 단계에서부터 심각한 문제점을 드러내고 있다.

우리나라의 경비인력은 청원경찰과 경비원으로 구분할 수 있다. 청원경찰은 청원주[1]에 의해 국가기관 또는 공공단체와 그 관리 하에 있는 중요시설 또는 사업장, 국내 주재 외국기관, 그 밖에 규칙에서 정하는 중요시설, 사업장 또는 장소[2]에 배치되는 경찰관으로 청원주와 배치된 기관, 시설 또는 사업장 등의 구역을 관할하는 경찰서장의 감독을 받아 그 경비구역 안에서 경비 목적을 위하여 필요한 범위 내에서 「경찰관직무집행법」에 규정된 경찰관의 직무를 수행한다. 또한 경비원은 경비업자[3]가 경비서비스를 제공하기 위해 채용한 고용인으로 시설경비업무, 호송경비업무, 신변보호업무 또는 기계경비업무를 수행하는 일반경비원과 특수경비업무를 수행하는 특수경비원으로 구분된다. 경비인력이 공적인 기능을 수행하는 경우는 별론으로 하고, 법률관계상 경비인력은 공법상 근무관계가 아닌 사법상 고용관계가 적용되는 근로자의 신분을 갖는다. 경비인력의 신규채용은 사용자가 근로자인 경비인력과 맺은 근로계약에 근거한다.[4]

경비인력의 뚜렷한 증가와 그에 의해 수행되는 경비업무의 증가는 경비인력과 시민의 접촉 빈도를 증가시켰고 결과적으로 부정적 또는 부적절하게 상호작용하게 되는 빈도 역시 증가시키게 되었다(Taitz, 1990: 126; 최선우, 2009). 즉 경비인력의 증가는 경비업무의 수행과정에서 타인의 법익을 침해하는 범죄를 저지르거나 타인에게 과도한 물리력을 행사하는 것과 같은 부정적인 결과들이 증가하기 시작한 것이다. 따라서 이 연구에서는 그 동안 경비인력의 채용과정에서 결격사유를 제대로 확인하지 못해 일어난 우리나라의 사례를 되짚어 보고, 그에 대한 개선방안으로 현행 경력조사를 강화하

---

1) 청원경찰의 배치결정을 받은 중요산업시설 또는 중요사업장의 경영자와 국내 주재 외국기관의 장

2) ① 선박, 항공기 등 수송시설, ② 금융 또는 보험을 업으로 하는 시설 또는 사업장, ③ 언론 · 통신 · 방송 또는 인쇄를 업으로 하는 시설 또는 사업장, ④ 학교 등 육영시설, ⑤ 의료법에 의한 의료기관, ⑥ 기타 공공의 안녕질서 유지와 국민경제상 고도의 보호를 필요로 하는 중요시설, 사업체 또는 장소(규칙 제1조).

3) 경비업자란 경비업의 허가를 받아 실제 경비업을 영위하는 법인을 말한다(「경비업법」 제3조). 경비업자는 경비업무의 성질에 따라 시설경비업무를 수행하는 시설경비업자, 호송경비 업무를 수행하는 호송경비업자, 신변보호업무를 수행하는 신변보호업자, 기계경비업무를 수행하는 기계경비업자, 특수경비업무를 수행하는 특수경비업자로 구분된다.

4) 근로계약은 근로자가 사용자에게 근로를 제공하고 사용자는 이에 대하여 임금을 지급함을 목적으로 체결된 계약이다(「근로기준법」 제2조 제1항 제4호). 즉, 경비인력이 사용자(청원주와 경비업자)의 지시에 따라 일을 하고 이에 대한 대가로 회사가 임금을 지급하기로 한 계약을 말한다.

는 방향으로 논의를 전개하고자 한다.

2. 경비인력의 경력조사와 결격사유

1) 경비인력의 경력조사

(1) 경력조사 개념 및 유형

경력조사(background investigations)란 사용자가 정규직 또는 임시직 근로자, 외부 인력공급업체 종사자 또는 개별적 계약대상자 등의 과거 활동들을 기초로 향후 활동을 예측하기 위한 목적으로 정부기관이나 제3자로부터 정보를 수집하는 과정을 의미한다. 개인의 경력, 신용상태 또는 과거의 이력 등 수집하는 정보에는 제한이 없으나 일반적으로 범죄경력조회(criminal history record checks)가 가장 대표적이다(Dempsey, 2010: 237-240).

사용자는 경력조사를 실시함에 있어서 관련 법령을 숙지하여 조사대상자와 관련된 정보 중 어떤 정보를 수집하는 것은 합법이고 다른 한편으로는 어떤 정보를 수집하는 것은 불법인지 여부에 대해 명확히 알고 있어야 한다. 이것은 경력조사로 인해 발생할 수 있는 불법행위 책임을 경감시킬 수 있다. 예를 들어, 채용예정자와 전에 근무했던 직장 상사나 동료를 조사하는 경우, 그들은 그들에 제공하는 정보가 명예훼손의 책임을 유발할 가능성이 있기 때문에 세부적이고 신뢰성 있는 정보 제공을 꺼려할 수 있다. 이런 경우 직설적인 표현에 의존하지 않고 간접적인 표현 또는 비언어적인 단서들을 통해 조사대상자와 관련된 정보를 취득하는 것이 유용한 경우가 있다. 따라서 단순히 정보에 대한 일반적인 요구보다는 구체적인 질문을 통해 보다 가치 있는 정보를 수집할 수 있고 또한 접근 가능한 각종 민사 · 형사 · 행정 기록들을 검토함으로써 유익한 정보들을 수집할 수 있다(Darlene, 2005: 18).

경력조사는 채용시점을 기준으로 채용 전 조사(pre-employment test)와 채용 후 조사(post-employment test)로 구분할 수 있다. 채용 전 조사란 사용자가 경비인력을 채용하기 전에 실시하는 경력조사를 말한다. 경력조사를 실시하는데 있어서 당사자의 동의가 필요하다고 보는 것이 일반적이다. 채용 전 조사에서는 지원자나 채용예정자의 서면

동의가 반드시 필요하다고 본다. 그러나 채용 후 조사에 있어서 기존 고용인들에 대한 조사에는 반드시 서면 동의가 필요한 것은 아니라고 본다(Dempsey, 2010: 245).

채용 후 경력조사는 다시 무작위조사(random test), 직권조사(reasonable suspicion/ cause test), 사고 후 조사(post-accident test), 복직 전 조사(return to duty test) 등으로 구분된다. 무작위조사는 사용자가 무작위로 고용인을 선발하여 실시하는 조사를 말한다. 직권검사는 사용자가 고용인에 대한 합리적인 의심이 있는 경우 직권으로 실시하는 조사를 말한다. 사고 후 조사는 고용인이 어떤 사건이나 사고를 일으켰을 때 실시하는 조사를 말한다. 복직 전 조사는 휴직 등으로 직장을 떠나 있다가 다시 복직하는 경우에 실시하는 조사를 말한다(Dempsey, 2010: 257).

(2) 우리나라 경비인력 경력조사의 법적 근거

① 「청원경찰법」

청원경찰의 경력조사에 대한 법적 근거는 「청원경찰법」이 아닌, 「청원경찰법시행규칙」 제5조 제1항에서 찾아 볼 수 있다. 그러나 이 조항도 직접적으로 경력조사를 규정하고 있는 것은 아니고 경력조사를 위해 필요한 '민간인 신원진술서'를 제출하도록 규정하고 있을 뿐이다.5)

「청원경찰법」 제5조 제1항에서는 청원경찰은 청원주가 임용하되 임용을 할 때에는 미리 지방경찰청장의 승인을 받아야 한다고 규정하고 있고, 「청원경찰법시행규칙」 제5조 제1항에서는 청원경찰에 대한 지방경찰청장의 임용승인 과정에서 경력조사에 필요한 '민간인 신원진술서'를 제출하도록 규정하고 있기 때문에, 실무적으로는 이를 근거로 청원경찰 채용과정에서 경력조사를 실시하고 있다.

---

5) 청원주는 「청원경찰법시행령」 제4조 제1항에 따라 지방경찰청장에게 청원경찰 임용승인을 신청할 때에는 청원경찰 임용승인신청서에 그 해당자에 관한 다음 각 호의 서류를 첨부하여야 한다(「청원경찰법시행규칙」 제5조 제1항).

1. 이력서 1부
2. 주민등록증 사본 1부
3. 민간인 신원진술서 1부
4. 최근 3개월 이내에 발행한 채용신체검사서 또는 취업용 건강진단서 1부
5. 사진(모자 벗은 상반신 반명함판) 4장

② 「경비업법」

지방경찰청장 또는 경찰관서장은 경비원이 결격사유에 해당하게 된 사실을 알게 되거나 「경비업법」 또는 「경비업법」에 의한 명령에 위반한 때에는 경비업자에게 그 사실을 통보해야 한다(동법 제17조).

지방경찰청장 또는 경찰관서장은 경비원이 결격사유에 해당하게 된 사실 등을 경비업자에게 통보하는 때에는 그 사유를 명시한 서면 등으로 해야 한다(「경비업법시행령」 제22조).

③ 「아동청소년의 성보호에 관한 법률」

「아동청소년의 성보호에 관한 법률」 제44조 제1항 각 호(제11호는 제외)의 아동 · 청소년 관련 교육기관 등의 설치 또는 설립인가 · 신고를 관할하는 지방자치단체의 장, 교육감 또는 교육장은 아동 · 청소년 관련 교육기관 등을 운영하려는 자에 대하여 본인의 동의를 받아 관계 기관의 장에게 성범죄의 경력 조회를 요청할 수 있다. 이 경우 관계 기관의 장은 정당한 사유가 없는 한 이에 따라야 한다(동법 동조 제2항). 아동 · 청소년 관련 교육기관 등의 장은 그 기관에 취업 중이거나 사실상 노무를 제공 중인 자 또는 취업하려 하거나 사실상 노무를 제공하려는 자에 대하여 성범죄의 경력을 확인하여야 한다. 이 경우 본인의 동의를 받아 관계 기관의 장에게 성범죄의 경력 조회를 요청하여야 한다(동법 동조 제3항).

「아동청소년의 성보호에 관한 법률」 제44조 제2항 및 제3항에 따른 성범죄의 경력 조회는 같은 조 제1항 각 호의 어느 하나에 해당하는 아동 · 청소년 관련 교육기관 등의 소재지를 관할하는 경찰서장에게 요청하여야 한다. 아동 · 청소년 관련 교육기관 등의 장이 성범죄의 경력 조회를 요청하는 경우에는 취업 중이거나 사실상 노무를 제공 중인 사람(취업자) 또는 취업하려 하거나 사실상 노무를 제공하려는 사람(취업예정자)의 동의서를 함께 제출하여야 한다. 성범죄의 경력 조회를 요청받은 경찰서장은 취업자 또는 취업예정자가 동법 제44조 제1항에 따라 취업이 제한되는 사람(취업제한대상자)인지 여부만을 확인하여 아동 · 청소년 관련 교육기관 등의 장에게 회신하여야 한다(「아동청소년의 성보호에 관한 법률 시행령」 제20조).

(3) 경비인력 경력조사의 필요성

다음의 사례는 실제 우리나라에서 일어난 사건이다. 이 사례는 경비인력에 대한 경력조사 강화의 필요성을 강하게 보여주는 단적인 하나의 사건이라고 할 수 있다.

울산 A초등학교에서 여학생을 성추행한 해당 학교 경비원이 지난 2004년에도 울산 B초등학교에서 같은 수법으로 학생을 성추행해 집행유예를 선고받은 전과자였던 사실이 드러나 충격을 주고 있다. 울산지방경찰청은 울산 A초등학교에서 경비원으로 일하면서 지난 4월과 6월 두 차례에 걸쳐 이 학교 6학년 여학생을 성추행한 혐의(성폭력범죄처벌 등에 관한 특례법 위반)로 3일 구속영장이 신청된 전○○(58세)이 2004년 5월에도 울산 B초등학교에서 경비원으로 일하면서 1학년 여자 어린이를 추행해 집행유예를 선고받았던 것으로 밝혀졌다고 4일 밝혔다. 울산경찰청 관계자는 현행 「아동청소년의 성보호에 관한 법률」에 따르면, 학교 · 학원 등 아동 · 청소년 관련 교육기관에 취직하려는 사람은 전과조회를 통해 성범죄 경력이 없다는 점을 확인받아야 하지만, 전씨의 경우 이 법률이 시행된 지난 2006년 6월 30일 이전에 취업했기 때문에 또다시 재취업이 가능했을 것이라고 설명했다. 경찰조사 결과 실제로 전씨는 2004년 성추행 사건으로 B초등교에서 경비원을 그만두게 됐지만, 이듬해인 2005년 다른 경비회사에 재취업해 성범죄 경력조회 과정 없이 A초등교에서 야간경비원으로 일하게 된 것으로 드러났다. 울산경찰청 관계자는 현행 「아동 · 청소년의 성보호에 관한 법률」 제44조는 성범죄 전과자의 취업제한을 위해 학교 등에 취업하는 자에 대해 교육기관이 전과조회를 하도록 명시하고 있다고 밝혔다. 하지만 A학교 관계자는 경비회사에 일괄적으로 맡겼기 때문에 경비원 개개인의 신상에 대해선 잘 알지 못했다고 말했다(부산일보, 2010년 8월 4일자).

이 사건을 계기로 우리나라에서는 전국 모든 공동주택의 경비원을 대상으로 성범죄 경력 조회가 실시되게 되었다. 그러나 최근 여성가족부가 한나라당 이애주 의원에 제출한 최근의 자료에 따르면, 정부 5개 부처가 올 상반기 아동청소년 시설 27만4913곳에 근무하는 139만6060명을 대상으로 성범죄 경력 조회를 실시한 결과 11명이 성범죄자인 것으로 확인됐다. 정부의 아동청소년 시설 종사자에 대한 조회는 과거 법령에 따라 본인이 동의한 사람 122만 명(87.7%)을 대상으로 시행됐다. 그러나 법제처에서 정부가 본인 동의 없이도 직권으로 조회 가능하다고 해석해, 올 하반기에는 본인 동의 없이도 아동청소년 시설에서 성범죄 전력이 있는 사람이 근무하는지를 확인할 수 있다. 이런 과정으로 나머지 12.3%의 조회가 끝나면 성범죄자가 아동청소년 시설에 근무하는 경우가 추가로 나올 수 있다. 지금까지 확인된 성범죄자는 구립 체육시설 강사 2명, 당구장 주인 1명, 아파트 경비원 6명 등이었다. 이번에 파악된 성범죄자는 근로자는 해고됐고, 성범죄 전력이 있는 사업주의 사업장은 폐쇄되었다(조선일보, 2011년 10월 7일자).

사용자의 입장에서 보면, 경비인력을 채용하는 문제는 그리 쉬운 일만은 아니다. 채용이 성공적인 경우 팀워크를 증진시키고 업무 성과를 향상시킬 수 있지만, 그렇지 못한 경우 경비인력의 업무상 불법행위로 인한 손해배상 책임과 기업의 평판에 부정적인 영향을 줄 수 있기 때문이다(Nixon, 2005: 48).

캘리포니아 주 산디에고에 위치한 비영리 소비자단체인 사생활보호모임(Privacy Rights Clearing house)에 의하면, 사용자들은 다음과 같은 이유들 때문에 현재 고용되어 있거나 고용예정인 사람들에 대한 경력조사가 필요하다고 주장한다.[6)]

첫째, 사용자의 과실채용(negligence hiring)으로 인해 발생하는 손해배상 소송이 증가하고 있다. 만약 고용인의 행위가 누군가에게 손해를 입힌다면, 사용자는 배상책임을 지게 되고 나아가 기업의 이미지에 크나 큰 타격을 입게 된다. 둘째, 빈번하게 일어나고 있는 고용인에 의한 범죄나 업무관련 스캔들은 경력조사의 필요성을 증대시켰다. 셋째, 일자리를 원하는 구식자가 제공하는 정보 중 거짓이거나 과장된 정보의 비율이 늘어나고 있다. 지원자들의 이력서 내용 중 평균적으로 30~40% 정도는 자신의 정보를 과장하거나 거짓으로 제공한 것으로 추산된다. 넷째, 최근의 연방과 각 주의 입법 동향을 살펴보면, 특정 직업에 대해 경력조사를 필수적으로 요구하는 현상이 증가하고 있다. 대체로 이러한 직업들은 어린이, 노인, 범죄자 또는 장애인과 함께 근무하는 경우가 대부분이다. 다섯째, 최근 진행되고 있는 급속한 정보화는 수백만의 개인정보가 저장된 컴퓨터 데이터베이스에 대한 접근가능성을 용이하게 만들었다. 즉 정보기술의 발달로 기술적인 측면에서 채용관련 경력조사가 과거에 비해 쉽게 이루어질 수 있는 환경이 조성되었다고 할 수 있다.

2) 경비인력의 결격사유

사용자는 조직에 채용예정이거나 채용된 경비인력에 대한 정보를 파악함으로써 효

6) https://www.privacyrights.org/fs/fs16-bck.htm#1/2011.9.29.

율적인 조직관리가 가능하다. 사용자의 입장에서 보면, 경비인력 개개인의 정보는 사업 또는 서비스의 대상자인 계약 상대방에 대한 서비스의 질을 담보할 수 있는 것이기 때문에 효율적이고 성공적인 사업을 영위하기 위해서는 그러한 정보를 적절하게 습득하는 것이 필요하다.

경비인력의 신규채용 과정에 있어서 자격이 있는 사람들 가운데서 유능한 사람을 적극적으로 모집하는 경우도 있고, 반면에 자격이 없는 채용 예정자를 찾아내어 배제하는 방법도 있다. 후자의 경우, 현재 우리나라에서는 경비인력 모집의 선별기능을 제대로 수행하기 위해 일정한 기준에 따라 모집대상의 범위를 제한하고 있다.

일반적으로 널리 쓰이고 있는 모집대상 한정의 기준으로는 국적, 학력요건, 연령, 거주지, 성별, 결격사유 등이 있다(오석홍, 2007: 559-561). 여기서 결격사유란 경비원이 될 수 없는 조건을 의미하는데, 이처럼 신규채용 과정에서 결격사유의 존재 여부를 조사하는 것이 바로 경력조사의 일차적인 목적이라고 볼 수 있다.

(1) 청원경찰의 결격사유

청원경찰의 결격사유는 「국가공무원법」 제33조 각 호의 어느 하나[7]에 해당하는 것이다. 이러한 결격사유에 해당하는 사람은 청원경찰로 임용될 수 없다(「청원경찰법」 제5조 제2항).

(2) 일반경경비원의 결격사유(「경비업법」 제10조 제1항 각호)

ⓐ 만 18세 미만인 자, 금치산자, 한정치산자

---

7) 1. 금치산자 또는 한정치산자
2. 파산선고를 받고 복권되지 아니한 자
3. 금고 이상의 실형을 선고받고 그 집행이 종료되거나 집행을 받지 아니하기로 확정된 후 5년이 지나지 아니한 자
4. 금고 이상의 형을 선고받고 그 집행유예 기간이 끝난 날부터 2년이 지나지 아니한 자
5. 금고 이상의 형의 선고유예를 받은 경우에 그 선고유예 기간 중에 있는 자
6. 법원의 판결 또는 다른 법률에 따라 자격이 상실되거나 정지된 자
6의2. 공무원으로 재직기간 중 직무와 관련하여 「형법」 제355조 및 제356조에 규정된 죄를 범한 자로서 300만 원 이상의 벌금형을 선고받고 그 형이 확정된 후 2년이 지나지 아니한 자
7. 징계로 파면처분을 받은 때부터 5년이 지나지 아니한 자
8. 징계로 해임처분을 받은 때부터 3년이 지나지 아니한 자

ⓑ 파산선고를 받고 복권되지 아니한 자

ⓒ 금고 이상의 실형의 선고를 받고 그 집행이 종료(집행이 종료된 것으로 보는 경우를 포함)되거나 집행이 면제된 날부터 5년이 지나지 아니한 자

ⓓ 금고 이상의 형의 집행유예선고를 받고 그 유예기간 중에 있는 자

(3) 특수경비원의 결격사유(「경비업법」제10조 제2항 각호)

ⓐ 만 18세 미만 또는 만 60세 이상인 자, 금치산자, 한정치산자

ⓑ 파산선고를 받고 복권되지 아니한 자

ⓒ 금고 이상의 실형의 선고를 받고 그 집행이 종료(집행이 종료된 것으로 보는 경우를 포함)되거나 집행이 면제된 날부터 5년이 지나지 아니한 자

ⓓ금고 이상의 형의 집행유예선고를 받고 그 유예기간 중에 있는 자

ⓔ 금고 이상의 형의 선고유예를 받고 그 유예기간 중에 있는 자

ⓕ 팔과 다리가 완전하고 두 눈의 맨눈시력 각각 0.2 이상 또는 교정시력 각각 0.8 이상인 신체조건에 미달하는 자

(4) 「아동청소년의 성보호에 관한 법률」 제44조 제1항 각호의 결격사유

아동 · 청소년대상 성범죄 또는 성인대상 성범죄(이하 "성범죄")로 형 또는 치료감호를 선고받아 확정된 자는 그 형 또는 치료감호의 전부 또는 일부의 집행을 종료하거나 집행이 유예 · 면제된 날부터 10년 동안 아동 · 청소년 관련 교육기관 등[8])을 운영하거나

8) 1. 「유아교육법」 제2조제2호의 유치원
2. 「초 · 중등교육법」 제2조의 학교
3. 「학원의 설립 · 운영 및 과외교습에 관한 법률」 제2조제1호의 학원, 같은 조 제2호의 교습소 및 같은 조 제3호의 개인과외교습자(아동 · 청소년을 대상으로 하는 학원, 교습소 및 개인과외교습자만을 말한다)
4. 「청소년기본법」 제46조의 청소년상담 및 긴급구조 등의 기관 및 같은 법 제46조의2의 청소년지원 등의 기관
5. 「청소년보호법」 제33조의2의 청소년보호센터와 청소년재활센터
6. 「청소년활동진흥법」 제2조 제2호의 청소년활동시설
7. 「청소년복지지원법」 제14조의 청소년쉼터
8. 「영유아보육법」 제2조 제3호의 어린이집
9. 「아동복지법」 제2조 제5호의 아동복지시설
10. 「성매매방지 및 피해자보호 등에 관한 법률」 제5조 제1항 제2호의 청소년 지원시설과 같은

아동·청소년 관련 교육기관 등에 취업 또는 사실상 노무를 제공할 수 없다. 다만, 제11호의 경우에는 경비업무에 종사하는 자에 한한다.

3) 경찰공무원과의 비교

(1) 경찰공무원의 신원조사

신원조사란 국가안보를 위하여 국가에 대한 충성심, 성실성 및 신뢰성을 조사하고 확인하는 권력적 사실행위를 의미한다. 경찰공무원이 되기 위해서는 경비인력과 마찬가지로 경력조사 과정을 거쳐야 한다. 현재 경찰공무원 임용예정자의 경력조사는 경비인력 채용예정자의 경력조사와 구분되는 '신원조사'라는 용어로 표현되고 있다.

경찰공무원 임용예정자는 공무원 임용예정자로서 신원조사의 대상이 된다. 신원조사의 범위와 관련하여, 경찰공무원 임용예정자는 범죄경력조회 이외의 여러 가지 항목들도 조사 범위에 포함된다. 즉 「보안업무규정 시행규칙」 제56조에 따르면, 경찰청장은 경찰공무원 임용예정자에 대한 신원조사에 있어서 열두 가지 항목들[9]에 대해 의무적으로 조사하도록 규정하고 있다. 이러한 점은 채용 전 경비인력의 경력조사가 전술한 결격사유 여부를 판단하기 위한 범죄경력조회에 중점을 두는 것과 비교되는 점이라고 할 수 있다.

신원조사는 대통령령인 「보안업무규정」 제31조에 법적 근거를 두고 있다. 그러나 그 모법이라고 할 수 있는 「국가정보원법」에는 신원조사에 대해 명문으로 규정하고 있지 않다. 어쨌든 「국가정보원법」 제3조는 국가기밀에 속하는 문서, 자재, 시설 및 지역에 대한 보안업무의 수행을 위해 필요한 사항을 대통령령으로 정하도록 규정하고 있고, 신원조사는 국가기밀의 보안업무를 위한 수단의 하나이므로 「국가정보원법」 제3조 또한 신원조사의 법적 근거가 된다고 본다(「정보실무」, 2001: 197).

신원조사는 국정원장이 그 직권 또는 관계기관의 장의 요청에 의하여 이를 실시하

법 제10조의 성매매피해상담소

11. 「주택법」 제2조 제2호의 공동주택의 관리사무소
12. 「체육시설의 설치 · 이용에 관한 법률」에 따라 설립된 체육시설 중 아동 · 청소년을 대상으로 하는 체육시설

9) 1. 성명 · 주민등록번호, 2. 등록기준지 · 주소, 3. 교우관계, 4. 정당, 사회단체 관계, 5. 학력 및 경력, 6. 가족관계, 7. 재산관계, 8. 범죄관계 및 상벌관계, 9. 인품 및 소행, 10. 병역관계, 11. 해외거주사실, 12. 기타 참고사항

는 것이 원칙이다. 그러나 예외적으로 경찰청장은 「보안업무규정 시행규칙」 제54조 제1항 각호 및 제2항의 규정에 의한 자[10] 외의 자에 대한 신원조사를 실시하도록 규정하고 있기 때문에(동 규칙 제3항), 경찰공무원 임용예정자에 대한 신원조사는 경찰청장이 담당하고 있다.

(2) 경찰공무원의 결격사유

경비인력은 근로자 신분을 가진다. 반면에 경찰공무원은 국가공무원의 신분을 가진다. 따라서 전술한 「국가공무원법」 제33조 각 호의 어느 하나에 해당하여 국가공무원의 결격사유에 해당하는 사람은 경찰공무원으로 임용될 수 없다. 또한 경찰공무원의 인사행정을 규율하고 있는 「경찰공무원법」 제7조 제2항 각 호의 어느 하나[11]에 해당하는 사람 또한 경찰공무원으로 임용될 수 없다.

---

10) 第54조(조사기관 및 조사대상) ① 국정원장은 다음 각 호에 해당하는 자에 대한 신원조사를 실시한다.
1. 중앙행정기관의 3급 이상의 공무원 및 동등한 공무원 임용예정자
2. 서울특별시 · 광역시의 행정부시장 및 각 도의 행정부지사
3. 판사 신규 임용예정자
4. 검사 신규 임용예정자
5. 국 · 공립대학교 총장 및 학장
6. 외국인으로서 공무원 임용예정자
7. 그 밖에 제1호 내지 제6호 외의 자로서 각급기관의 장이 국가보안상 필요하다고 인정하여 요청하는 자

② 국방부장관은 군인, 군무원, 「방위산업에 관한 특별조치법」에 의한 방위산업체 및 연구기관의 종사자와 기타 군사보안에 관련된 인원에 대한 신원조사를 실시한다.

11) 1. 대한민국 국적을 가지지 아니한 사람
2. 「국적법」 제11조의2 제1항에 따른 복수국적자
3. 금치산자 또는 한정치산자
4. 파산선고를 받고 복권되지 아니한 사람
5. 자격정지 이상의 형(刑)을 선고받은 사람
6. 자격정지 이상의 형의 선고유예를 선고받고 그 유예기간 중에 있는 사람
7. 징계에 의하여 파면 또는 해임처분을 받은 사람

3. 경비인력의 경력조사 강화를 위한 논의

1) 경력조사의 범위의 확대

민간기업의 경우 경력조사의 범위는 채용예정자의 업무에 따라 천차만별이라고 할 수 있다. 미국의 경우, 일반적으로 채용과정에서 요구되는 경력조사 항목들을 열거하면, ① 범죄경력(criminal history), ② 신용기록(credit history), ③ 졸업증명(education verification), ④ 병역관계(military verification), ⑤ 건강검진(medical evaluation), ⑥ 약물검사(drug screen), ⑦ 심리검사(psychological evaluation), ⑧ 거짓말탐지기검사(polygraph examination), ⑨ 지문검사(fingerprints), ⑩ 참고인조사(reference check)[12] 등을 예로 들 수 있다(Dempsey, 2010: 240-252).

우리나라 경찰공무원 임용예정자의 경우, 신원조사를 통해 ① 성명 · 주민등록번호, ② 등록기준지 · 주소, ③ 교우관계, ④ 정당·사회단체 관계, ⑤ 학력 및 경력, ⑥ 가족관계, ⑦ 재산관계, ⑧ 범죄관계 및 상벌관계, ⑨ 인품 및 소행, ⑩ 병역관계, ⑪ 해외거주사실, ⑫ 기타 참고사항 등을 조사한다.

청원경찰 임용예정자 경우는 '민간인 신원진술서'를 토대로 경찰에서 경찰공무원에 준하여 경력조사를 실시하고 있다. 그러나 같은 경비인력이면서도 경비원 채용예정자의 경우는 경찰에서 경비원이 결격사유에 해당하게 된 사실 여부에 국한하여 경력조사를 진행하고 있을 뿐이다. 지금까지 언급한 미국의 경비원, 우리나라의 경찰공무원, 청원경찰, 경비원의 경력조사 범위를 요약하면, 다음의 <표 4-1>과 같다.

<표 4-1> 경력조사의 범위에서 알 수 있듯이, 경비원은 다른 직업에 비해 경력조사의 범위에 있어서 일정 부분 한계가 있음을 알 수 있다. 우리나라의 경우, 경비인력의 경력조사는 전적으로 경찰에 의뢰하여 얻은 범죄경력조회 자료를 중심으로 이루어지고 있다. 경비원의 경력조사는 결격사유 유무를 판단하기 위한 범죄경력조회에 국한되어 있음을 알 수 있다. 즉 경력조사는 범죄경력조회와 동의어라고 해도 과언이 아니다. 따라서 경비원의 경력조사 범위도 같은 경비인력인 청원경찰이나 경찰공무원 수준으로 확대할 필요가 있다.

12) 참고인의 범위에는 이웃, 전 직장의 사용자 및 동료, 학창시절의 선생님 등이 해당

〈표 4-1〉 경력조사의 범위

구분	경찰공무원	청원경찰	경비원
1	성명·주민등록번호	경찰공무원에 준함	성명·주민등록번호
2	등록기준지·주소		등록기준지·주소
3	교우관계		범죄관계
4	정당·사회단체 관계		
5	학력 및 경력		
6	가족관계		
7	재산관계		
8	범죄관계 및 상벌관계		
9	인품 및 소행		
10	병역관계		
11	해외거주사실		
12	기타 참고사항		

그러나 경비원의 경력조사 범위를 확대하는 것은 또 다른 문제를 불러일으킬 소지가 있다. 현재의 고용형태를 살펴보면, 경찰공무원이나 청원경찰은 정규직임에 반해, 대다수의 경비원은 정규직이 아닌 임시직 또는 계약직인 현실에서 이들에게 까지 경력조사의 범위를 확대하는 것은 경력조사를 수행하는 경찰력의 지나친 낭비를 초래하게 된다는 것이다. 그럼에도 불구하고 사적인 영역에서 치안 서비스를 제공하는 민간경비 업무의 특성을 고려할 때 당장은 아니더라도 시간을 두고서라도 임시직이나 계약직을 포함하는 모든 경비원에 대해 경력조사의 범위를 확대하는 방안을 고려하는 것이 필요하다.

2) 경력조사의 의무화 및 수시화

경비인력의 채용 전 경력조사는 청원경찰의 경우 경찰공무원에 준하여 의무적으로 실시되고 있다. 그러나 경비원의 경우는 경력조사의 법적 근거가 미약해서 의무적으로 실시하고 있지 않는 실정이다. 더욱이 채용 후 경력조사는 청원경찰과 경비원 모두 그것에 대한 법적 근거가 없는 실정이다.

채용 전 경력조사와 관련하여, 현행 「경비업법」 제17조를 살펴보면, 지방경찰청장 또는 경찰관서장은 경비원이 결격사유에 해당하게 된 사실을 알게 되거나 「경비업법」 또는 「경비업법」에 의한 명령에 위반한 때에는 경비업자에게 그 사실을 통보해야 한다고 규정하고 있다. 여기서 지방경찰청장 또는 경찰관서장은 경비원이 결격사유에 해당하게 된 사실을 알게 되는 시점에 문제의 소지가 있는 것이다.

경비업자는 경비원의 채용 단계에서 경찰관서에 경력조사를 의뢰할 의무가 없기 때문에 채용 전 경력조사가 전혀 이루어지지 않고 있다. 또한 채용 후 경력조사도 마찬가지 상황이라고 할 수 있다. 다만, 실무적으로 경찰관서는 경비원의 근무배치 신고 단계나 분사기 또는 총포소지 허가를 위한 신고 단계에서 범죄경력조회를 실시하게 되고 그 과정에서 결격사유에 해당하는 사실 여부가 확인되고 있는 실정이다. 이것은 만약 경비업자가 고의 또는 과실로 소속 경비원에 대한 근무배치 신고를 누락하거나 분사기 또는 총포소지 허가 신청에서 제외한다면, 결격사유가 있는 경비원임에도 불구하고 아무런 제한 없이 경비업무를 수행할 수 있게 되어 경력조사의 사각지대가 만들어진다는 문제점이 있다.

따라서 경비원의 채용 단계에서부터 철저하게 경력조사가 이루어질 수 있도록 경비업자에게 채용하는 모든 경비원에 대해 경찰관서의 장에게 채용 전 경력조사를 의무적으로 의뢰하도록 하는 내용으로 관련 법령을 개정할 필요가 있다. 아울러 청원경찰과 경비원 모두 채용 이후에도 근무배치가 전환될 때마다 또는 분사기나 총포소지 허가 단계에서 채용 후 경력조사를 의무적으로 실시할 수 있는 법적 근거를 마련할 필요가 있다. 이것은 채용 이후 발생한 결격사유의 존재를 보다 철저하게 확인하기 위한 것으로 경비인력에 대한 국민의 신뢰를 경찰공무원 수준으로까지 높이는데 기여할 수 있을 것이다.

3) 경력조사기관의 범위 확대

「아동청소년의 성보호에 관한 법률」제3조 3항에서는 아동 · 청소년 관련 교육기관 등의 장은 그 기관에 취업 중이거나 사실상 노무를 제공 중인 자 또는 취업하려 하거나 사실상 노무를 제공하려는 자에 대하여 성범죄의 경력을 확인해야 하는 의무를 부과하고 있다. 이때에 아동 · 청소년 관련 교육기관 등의 장은 그 기관에 취업 중이거나 사실상 노무를 제공 중인 자 또는 취업하려 하거나 사실상 노무를 제공하려는 자 본인의 동의를 받아 '관계 기관의 장'에게 성범죄의 경력 조회를 요청해야만 한다.

여기서 문제가 되는 것은 동법의 위임을 받은 「아동청소년의 성보호에 관한 법률 시행령」 제20조에서 '관계 기관의 장'을 '아동 · 청소년 관련 교육기관 등의 소재지를 관할하는 경찰서장'으로 한정하고 있다는 점이다. 2009년 말 기준으로 볼 때, 전국의 경찰관서 중 지방경찰청은 14개소, 경찰서는 244개소가 설치되어 있다(「경찰백서」, 2010: 345). 그러나 현재 성범죄자 취업 제한 기관인 학교 · 유치원 · 학원 · 어린이집 등의 아동 · 청소년 관련 교육기관은 직원 채용 시 성범죄 경력을 조회해야 하지만 경력조회 기관인 관계기관의 장은 그 소재지를 관할하는 경찰서장으로 한정돼 있다는 점이다.

따라서 아동 · 청소년 관련 교육기관 등의 업무 편이나 신속성 또한 경력조회 업무를 담당하는 경찰서의 업무 부담을 경감시키기 위해서라도 경력조회 기관의 범위를 지금의 '관할 경찰서'에서 '전국의 모든 지방경찰청과 경찰서'까지로 확대할 필요가 있다. 이렇게 되면 아동 · 청소년 관련 교육기관 등은 관할이라는 지역적 한계에 부딪히지 않고 보다 신속하고 편리하게 경력조회를 실시할 수 있을 것이고 경찰관서에서도 경력조사에 필요한 가용인력을 탄력적으로 운영할 수 있는 장점이 있다.

4. 결 론

오늘날 민간경비는 우리들의 삶 속에서 없어서는 안 될 필수적인 요소로 자리 잡고 있다. 즉 경비원은 우리가 더불어 살아가는 공동체의 일부로 우리의 안전을 지키는 핵심적인 기능을 담당하고 있다. 민간경비가 제공하는 각종 서비스의 질을 결정하는 가장 중요한 요인들 중 하나는 경비원의 자질이라고 할 수 있다. 최근 우리나라에서도 경비인력의 자질 검증과 관련하여 사회적으로 중요한 이슈가 계속되고 있다.

얼마 전 한 국회의원이 대표 발의한 「경비업법」 개정안을 살펴보면, 이른바 '조직폭력배'의 동원을 원천적으로 차단하기 위하여 경비업체는 특정범죄 가중처벌을 받았거나 폭력행위로 금고 이상의 실형을 선고 받고 집행이 종료되거나 면제된 날로부터 10년이 지나지 않은 경우 경비원으로 채용할 수 없도록 했다는 것이다. 이러한 입법활동은 다른 한편으로 생각해 보면, 그 만큼 경비인력이 우리 사회에서 차지하는 역할이 커졌다는 것을 의미한다.

그러나 지금과 같은 경비인력의 자질 검증을 위한 경력조사는 높아진 사회적 요구

수준을 맞출 수 없는 것이 현실이다. 따라서 경비인력의 경력조사는 시민의 안전과 직결된 문제이기 때문에 더욱 엄격하고 강화된 경력조사 기준과 법적 근거를 마련할 필요가 있고 다방면에 걸친 폭넓은 조사를 통해 보다 우수한 자질을 갖춘 경비원을 채용할 수 있는 시스템을 갖추는 것이 필요하다.

참고문헌

‖ 국내문헌 ‖

「경찰백서」. (2010). 경찰청.

오석홍. (2007). 「행정학」. 박영사.

「정보실무」. (2001). 경찰종합학교.

정우일. (2010). "청원경찰 징계의 법적 근거와 위헌성". 「한국공안행정학회보」. 19(2): 343-364.

최선우. (2008). 「민간경비론」. 진영사.

최선우. (2009). "민간경비원의 권한에 대한 연구". 「한국경호경비학회지」. 21: 177- 199.

‖ 외국문헌 ‖

Darlene, M. C. (2005), "Background Checks: What You Need to Know", *Compliance Magazine*, April: 15-24.

Dempsey, J. S. (2010), Introduction to Private Security, Belmont, California: Wadsworth.

Hess, K. M. (2008), Introduction to Private Security, Belmont, California: Wadsworth.

Hess, K. M. and Wrobleski, H. M. (1996), Introduction to Private Security, New York: West Publishing Company.

Nixon, W. B., (2005), "How to Avoid Hiring Hazards.", Security Management, February: 43-48.

Taitz, S. (1990), *Getting a Job, Getting Ahead, and Staying Ahead in Security Management*, New York: Rusting Publications.

‖ 기타자료 ‖

부산일보. 2010년 8월 4일
조선일보. 2011년 10월 7일
https://www.privacyrights.org/fs/fs16-bck.htm#1

제 2 편

위 기 협 상

5장

경찰 인질협상팀 구성방안에 관한 연구*

1. 서 론

인질사건은 국·내외적으로 커다란 파장을 일으키고 사람들의 관심과 주목의 대상이 되는 관계로 우리는 각종 인질사건들을 지접 보고 듣거나 간접적으로 언론을 통해 접하고 있다(경찰청, 2000: 13). 인질사건이란 인질범이 지향하는 목적(돈, 자유, 정치적 요구 등)을 달성하고자 타인을 인질로 잡는 상황, 즉 인질상황을 야기하는 행위를 일컫는 말이다. 여기서 인질은 일차적인 위해의 대상이 아니라 인질범의 목적 달성을 위한 하나의 수단으로 활용되어진다(Royce, 2005: 6).

세계 여러 곳에서 일어나는 인질사건은 주로 테러리즘에 의한 것이 다수를 차지하고 있다. 테러리스트가 인질을 잡는 행위(hostage taking)는 첫째, 인질을 잡음으로써 향후 전개될 상황의 주도권을 잡을 수 있고, 둘째, 상당 기간 동안 인질을 잡은 이유에 대해 언론의 집중적인 관심을 유발할 수 있고, 셋째, 인질을 미끼로 정부와의 협상과정에서 정부에 영향력을 행사할 수 있기 때문에, 흔히 "영리한" 테러리즘이라고 불린다(Hermann and Hermann, 1998: 211).

1990년대 이후 우리나라 국민들은 30여 건의 테러리즘에 직접 또는 간접적으로 관여됐다고 한다. 또한 9·11테러 이후 알카에다(Al-Qaeda)[1]의 2인자 알자와리가 한국을 테

---

* 이 장은 2008년 9월 한국공안행정학회보에 게재된 논문내용을 일부 수정한 것임

1) 사우디아라비아 출신 오사마 빈 라덴이 조직한 테러단체.

러 선호 대상국으로 지명하면서 우리나라도 더 이상 테러리즘으로부터 안전한 지대가 아니다.[2] 실제로 근래에 아프가니스탄, 이라크, 나이지리아, 소말리아 등 세계 여러 지역에서 정치적, 종교적 또는 경제적 이유로 우리 국민들을 납치[3]하여 인질로 잡은 후 막대한 몸값을 요구하거나 살해한 사건들이 일어났다(이우영, 2007).

국내에서도 인질사건이 자주 언론에 보도되곤 한다. 그러나 해외에서 주로 테러리즘에 의해 우리나라 국민들을 대상으로 일어나는 인질사건과 달리 국내에서 일어나는 인질사건은 정치적 또는 종교적인 색채가 약하다는 특징을 지닌다. 국내의 인질사건은 금품을 요구할 목적으로 어린이나 부녀자를 납치하는 경우, 성범죄의 목적으로 여자를 납치하는 경우, 애인이 변심했다는 이유로 납치하는 경우, 특정 범죄를 목적으로 타인의 주거 또는 건조물에 침입했다가 범행 중 발각되어 인질범이 되는 경우 등 주로 금품을 노리거나 개인적인 목적 달성을 이루려는 경우가 많다.

미국에서는 연방수사국(FBI)이나 지방경찰기관(Local Police Agencies)은 인질사건을 해결하기 위해 전술 작전을 전개하기에 앞서 먼저 인질협상요원을 통한 협상을 시도하고 있다(Vecchi, Van Hasselt, and Romano, 2005: 534-535). 특히, 연방수사국은 1970년대 초반 행태과학부(Behavioral Science Unit)를 설치한 이래 최근에는 중요사건대책단(Critical Incident Response Group)을 만들어 협상업무를 지원하고 있다(Royce, 2005: 5).

그러나 우리나라의 경우 경찰에서는 인질사건 발생시 테러리즘과 관련되지 않는 한 협상을 담당하거나 이를 지원하는 조직 체계나 협상요원을 선발하고 훈련시키는 인적 관리체계도 갖추어져 있지 못한 실정이다. 그렇기 때문에 경찰에서는 인질사건이 발생한 경우 협상보다는 전술적인 작전을 위주로 한 진압에 중점을 두는 경찰활동을 벌여온 경향이 없지 않았고, 그 과정에서 예상치 못한 불상사가 일어나 인질 및 인질범뿐만 아니라 경찰관의 생명이나 신체에 위해가 발생하는 경우도 적지 않았다.

따라서 이 연구에서는 인질협상에 관한 국내외의 선행연구 자료들과 실제 인질협상 사례들에 대한 문헌조사를 토대로 우리나라 경찰의 인질협상 실태를 파악하고 그 과정에서 나타나는 문제점들을 도출하고자 한다. 또한 이러한 문제점들을 해결하기 위한 정책적 대응방안으로 경찰조직에 인질협상팀을 구성하는 방안에 대해서도 논의하고자 한다.

---

2) 주간동아(2008년 3월 11일자).

3) 체포, 감금, 약취 또는 유인의 행위 태양을 포함.

2. 인질협상의 의의 및 필요성

1) 인질협상의 의의

사전적인 의미에서 인질(人質)이란 순우리말인 '볼모'와 같은 뜻으로 약속 이행의 담보로 상대편에 잡혀 두는 사람을 의미한다.[4] 법적인 의미에서는 「형법」 제324조의2 인질강요죄 및 제336조 인질강도죄에서 인질의 의미를 찾을 수 있는데, 여기서 인질이란 '체포, 감금, 약취 또는 유인의 객체가 되는 사람'을 의미하는 것으로 해석할 수 있다.

인질범(人質犯)은 '인질강요나 인질강도죄를 범한 자 또는 그 미수에 그친 자'라고 개념적으로 정의할 수 있다. 인질강요죄와 인질강도죄는 전자가 체포감금 또는 약취유인죄와 강요죄, 후자는 체포감금 또는 약취유인죄와 공갈죄가 결합된 범죄라는 점에서 차이가 있지만, 양자가 모두 인질의 자유와 제3자의 의사결정과 활동의 자유를 보호하기 위한 범죄라는 점에서 깊은 관련을 가지고 있다. 개정된 「형법」은 인질강도죄가 재산죄의 성질을 가지고 있음을 고려하여 강도죄와 함께 규정되어 있던 약취강도죄의 죄명을 인질강도죄로 고치고 그 구성요건을 "사람을 체포, 감금, 약취 또는 유인하여 이를 인질로 삼아 재물 또는 재산상의 이익을 취득하거나 제3자로 하여금 이를 취득하게 한 자"로 규정하여 인질강요죄의 그것과 일치하게 하였다(이재상, 2008: 152).

인질범의 유형은 학자마다 정의하는 바가 서로 상이하다. 따라서 이 연구에서는 인질범을 테러리스트인 인질범, 단순 인질범 및 우발적 인질범의 세 가지 유형으로 구분하고자 한다.

첫째 유형인 테러리스트(terrorist)인 인질범은 주로 정치적 목적으로 사람을 납치하는 등의 방법으로 테러리즘을 수행하는 전형적인 인질범이라고 할 수 있다.

둘째, 단순 인질범은 테러리스트가 아니면서 정치적 목적보다는 경제적 목적이나 그 밖의 개인적 목적을 달성하기 위해 사람을 납치하는 인질범이다. 하지만 몇몇 인질사건의 경우 테러리스트가 경제적인 목적으로 인질을 납치하는 경우가 있기 때문에 테러리스트와 단순 인질범을 구분하는데 있어서 정치적인 목적과 경제적인 목적으로 양자를 구분하는 것은 그 기준은 모호할 수 있다(Wiencek, 2008: 170).

셋째, 우발적 인질범은 은행강도가 범행도중 발각되어 인질범으로 돌변한 경우처럼

---

4) 국립국어원 표준국어대사전(1999).

처음에는 납치의 의도가 없는 일반적인 범죄자였는데 범행도중 그만 사람을 납치하게 되어 우연적으로 인질범이 되는 경우라고 할 수 있다. 테러리스트와 단순 인질범은 우발적 인질범과는 달리 계획적으로 인질사건을 유발했다는데 공통점이 있다.

일반적으로 계획적인 인질범은 우연적인 인질범과는 달리 상황을 진정시키는 데 그리 오랜 시간이 걸리지는 않으나 인질협상을 진행하는 데는 상당한 시간이 소요된다. 그 이유는 계획적인 인질범은 매우 분명한 요구사항을 가지고 있어 상황은 쉽게 진정되나 들어줄 수 없는 요구사항을 주장하는 경우가 많아 협상과정이 지지부진한 반면에 우발적인 인질범은 그가 예상지 못한 장애로 인해 인질범죄를 저지르게 된 경우이므로 긴장과 흥분 상태가 쉽게 가라앉지 않아 그 만큼 상황을 진정시키는 데는 많은 시간이 소요된다(경찰청, 2000: 45-46).

인질협상(人質協商, hostage negotiations)이란 인질상황[5]이 발생한 경우 경찰이 단순한 중재를 하는 것이 아니라 인질이나 기타 관계인의 생명, 신체 및 재산이 급박하고 명백한 위험에 처해있는 상황에서 경찰이 인질범과 대화를 통해 인질 기타 관계인에 대한 위험을 최소화시키고 위기상황을 해결하기 위해 의도적으로 벌이는 일련의 교섭과정을 의미한다. 종래 경찰의 인질협상 개념은 테러리스트나 단순 인질범에 의해 사전에 계획된 납치범죄를 중심으로 좁은 범위에서 논의되어 왔으나, 최근에는 우발적인 인질범은 물론 자살기도상황[6]과 같이 인질이 실제로 존재하지 않는 경우까지 포함하는 위기협상(crisis negotiations) 개념으로 보다 폭넓게 논의되고 있다(CIA Counter-terrorism Training Group, 2000; 경찰청, 2000: 14).

인질범이 인질을 잡은 이유는 여러 가지일 수 있다. 그러나 인질범은 인질범죄 이후 심경의 변화가 오기 마련이다. 인질범의 이러한 심경 변화는 결국 인질을 잡은 목적이 무엇이었던 간에 일정한 시간이 경과한 후에 보다 작은 목적을 수용하려는 경향을 보인다는 사실을 설명해 준다. 경찰은 인질범의 이러한 심리 변화를 이용하여 최대한 유리한 입장에서 인질범과 협상을 벌일 필요가 있다(경찰청, 2000: 14-15). 따라서 인질협상은 물리력을 행사하지 않고 보다 안전한 방법으로 위기상황을 해결하는 수단으로 사용될 수 있기 때문에 인질사건의 해결 과정에서 매우 중요한 위치를 차지하고 있다고 할 수 있다.

---

5) 인질상황(상태)이란 특정인의 안전과 생명을 담보로 요구조건을 제시하는 행위를 말한다(홍순남, 2002: 325).

6) 다리나 옥상 등에 올라가 자살을 기도하는 경우, 방의 문을 잠그고 자살을 기도하는 경우 등

2) 경찰 인질협상의 필요성

인질범과 인질을 놓고 협상을 벌이는 것은 여러 복잡한 상황들을 야기한다. 그러나 결국 인질협상 과정에서 인질범과 인질 모두는 서로 공통적인 상황에 놓이게 되는데, 그것은 바로 인질범과 인질의 안전이라는 기본적인 문제이다. 이 문제를 해결하기 위해 반드시 필요한 것이 대화를 통한 협상이라고 할 수 있다(이훈구, 2006: 5).

협상은 인질사건을 포함하는 위기상황에서 가장 평화적으로 법을 집행하는데 유용한 수단으로 사용되고 있다. 오늘날 전 세계 많은 경찰기관들은 전술 작전(a tactical response)을 대체할 수 있는 수단으로서 협상의 중요성을 인식하고 있다(Noesner, 1999).

미국에서 특공대(SWAT)[7]는 1960년대 말부터 경찰기관들 사이에서 창설되었다. 그러나 곧 대량 공격이나 전술 작전 중심의 특공대 운영이 때로는 인질상황을 더욱 악화시킨다는 사실을 인식하게 되었다(경찰청, 2000: 13-16). 특히 1971년 뉴욕 교도소 폭동과 1972년 뮌헨 올림픽 테러사건을 계기로 1973년 미국의 뉴욕시 경찰국(the New York City Police Department)에서는 최초로 특공대 운영에 있어서 인질사건을 해결하기 위해 협상 전략을 사용하기 시작했다(Vecchi, Van Hasselt, and Romano, 2005: 534). 인질사건을 해결하기 위한 협상 전략의 사용은 그 이전의 물리력을 사용한 진압 위주의 전술 작전과 비교해 볼 때 상당히 혁신적인 변화였다고 볼 수 있다.

오늘날 미국에서는 인질사건 발생시 특공대가 공격 전술이 아닌 협상을 우선시하는 것은 이미 일반화되어 있다. 협상요원들은 협상을 통해 사건을 해결할 수 있는 여지가 있는 한 기본적인 심리학적 이론에 의지해 인질범을 설득하는 협상방법을 택하고 있으며 무력을 사용하는 공격방법은 가급적 지양하고 있다(경찰청, 2000: 13-16).

3. 우리나라 경찰의 인질협상 조직 및 실태

1) 경찰의 인질협상 조직

경찰은 국민의 생명, 신체 및 재산을 보호하는 것을 주된 임무로 한다. 그러기에 우리

---

7) Special Weapon And Tactics 또는 Special Weapon Attack Team

나라에서 인질사건이 발생하면 경찰은 제일 먼저 출동한다. 그러나 국외에서 인질사건이 발생한 경우 경찰은 치외법권 지역에서 발생한 사건은 관할권이 없다는 이유로 직접적이든 간접적이든 인질협상 과정에 참여하지 못하고 있는 것이 현실이다. 지난 아프가니스탄 한국인 피랍사건의 사례에서도 볼 수 있듯이, 국외에서 우리나라 국민을 대상으로 인질사건이 발생한 경우 경찰이 아닌 외교통상부와 국가정보원이 인질협상 과정에서 주도적인 역할을 담당했다.[8]

우리나라의 테러대응활동은 1988년 서울올림픽 개최를 계기로 1982년 대통령훈령 제47호인 「국가 대테러활동 지침」이 제정된 이래로 이 지침에 근거한 태러대응시스템을 구축하고 추진하여 왔다. 이 지침을 근거로 국무총리가 위원장인 테러대책위원회와 그 산하에 테러대책상임위원회, 테러정보통합센터 등 5개 상설 또는 비상설 대책기구가 운영되고 있다. 그리고 이 지침에는 테러사건 발생시에는 협상팀, 대테러특공대 및 지원팀이 운영되도록 규정하고 있다(국가정보포럼, 2007: 152-153).

그러나 일반적으로 문제가 되는 것은 국내에서 테러리즘에 의한 인질사건이 아닌 보통의 인질사건이 발생한 경우 경찰에는 인질협상을 담당하는 조직이 존재하지 않는다는 것이다. 좀 더 구체적으로 살펴보면, 국가 위기관리 차원에서 「국가 대테러활동 지침」[9]을 근거로 테러리스트에 의한 인질사건이 발생한 경우 이를 해결하기 위해서 인질협상 전담기구인 '협상팀'을 두고 있다. 반면에 단순 인질범이나 우발적 인질범에 의해 인질사건이 발생한 경우 특별히 이에 대응하기 위한 인질협상 조직은 두고 있지는 않다. 국가 위기관리 차원에서 대테러 협상팀을 두는 이유는 테러리즘과 같은 위기상황이 발생하는 경우 이에 수반해서 일어날 수 있는 인질사건을 해결하기 위해 미리 대비하려는 것이다.

하지만 지금까지 국내에서 사회적으로 문제가 되는 인질사건들은 테러리스트에 의한 것이 아닌 단순 인질사건이나 우발적 인질사건이라고 할 수 있다. 국내에서 테러리스트에 의한 인질사건이 발생한 경우는 공식통계상으로는 나타나지 않는데 반해서 단순 인질범이나 우발적 인질범에 의한 인질사건은 종종 일어나는 편이다. 최근 언론에 보도된 사례를 몇 가지 살펴보면, 30대 남자가 연세대 의대 의사인 옛애인을 만나러 병원에 찾아갔으나 자리를 비우고 없자 동료 여의사를 인질로 잡고 자신의 옛애인을 만

8) 한국경제(2007년 9월 2일자)

9) 「국가 대테러활동 지침」은 테러 대비에 관련된 민감한 세부 내용이 들어있어 1982년 제정 때부터 대외비로 관리하고 있으며, 지금까지 모두 2차례 개정됐다(한겨레, 2005년 4월 2일자).

나게 해달라고 요구한 사건(경향신문, 2007년 5월 29일자), 강도가 가정집에서 범행을 저지르다 발각되어 아이를 인질로 붙잡고 그 가족에게 금품을 요구한 사건(데일리안, 2007년 4월 21일자), 40대 남자가 만나주지 않는다는 이유로 여자 친구를 승용차 안에서 인질로 잡고 위협한 사건(뉴시스, 2008년 5월 20일자) 등이 있다.

이처럼 국내에서 테러리스트에 의한 것이 아닌 보통의 인질사건이 발생한 경우 인질협상은 전문적인 지식과 경험을 갖춘 인질협상요원에 의해 이루어지는 것이 아니라 주로 현장에 있는 감독자나 관리자의 재량적인 판단에 따라 결정된다. 지금까지 경찰은 인질협상요원이 없기 때문에 인질협상이나 위기협상 과정에서 경찰 감독자나 관리자의 결정에 의해 일관성 없는 협상을 시도하여 온 것은 부인할 수 없는 사실이다.

경찰에서 자주 사용하는 대표적인 인질협상 방법 중 하나는 인질범의 부모나 가족 또는 인질범의 애인이나 친구 등을 찾아내 그들로 하여금 인질범을 설득하게 하는 것이라고 할 수 있다(이훈구, 2006: 5). 솔직히 말해서 이러한 인질협상 방법은 경찰이 인질협상요원의 필요성에 대해 간과하고 있기 때문에 사용되는 것이라고 밖에 볼 수 없다. 또한 국내에서 지금까지 일어난 인질사건들은 주로 단순 인질범 또는 우발적 인질범에 의한 인질사건이나 자살기도자의 자살 협박과 같은 위기상황에 해당된다. 그 때문에 테러리즘에 의한 인질사건을 대비하기 위해 국가 위기관리 차원에서 조직되어 있는 대테러 '협상팀'의 실질적인 도움이나 자문을 받을 수도 없는 법적인 한계도 존재한다.

2) 우리나라 경찰의 인질협상 실태 및 문제점

(1) 인질협상의 사례

다음에서는 경찰에서 실제 어떻게 인질사건이나 위기상황에 대응하고 있으며 협상이 어떻게 진행되는가를 다섯 가지 인질협상 사례들을 통해서 살펴보고자 한다.

〈사례 1 : 연세대 의과대학 내 인질사건〉

2007년 5월 28일 18:20경 연세대학교 의과대학 연구동에서 인질범 김00(남, 무직)은 연세대학교 세브란스병원 의사 장○○과 연인관계를 유지해 오던 중 그녀가 의대를 졸업하고 의사면허를 취득하면서 자신을 멀리하기 시작했고 그러다가 동료 의사와 결혼하였다는 소식을 듣고 격분하여 장○○을 찾아 갔다. 마침 그녀가 자리에 없자 같은 연구실에 근무하는 동료 여의사 전○○의 목에 10cm 가량의 날카로운 유리조각을 대고 인질로 삼아 자신의 옛애인 장○○을 불러줄 것을 요구하였다.

2007년 5월 28일 18:20경 연세대학교 의과대학 연구동에서 인질범 김○○(남, 무직)은 연세대학교 세브란스병원 의사 장○○과 연인관계를 유지해 오던 중 그녀가 의대를 졸업하고 의사면허를 취득하면서 자신을 멀리하기 시작했고 그러다가 동료 의사와 결혼하였다는 소식을 듣고 격분하여 장○○을 찾아 갔다. 마침 그녀가 자리에 없자 같은 연구실에 근무하는 동료 여의사 전○○의 목에 10cm 가량의 날카로운 유리조각을 대고 인질로 삼아 자신의 옛애인 장○○을 불러줄 것을 요구하였다.

인질신고를 제일 먼저 관할 순찰지구대장 ○○○경감이 현장에 도착하였다. 지구대장은 퇴근 중 에 연락을 받고 현장에 도착한 관계로 사복을 입고 있었다. 지구대장이 현장에 도착해 보니 30㎡의 연구실 문이 강제로 뜯겨져 있고 인질범이 벽에 걸린 거울을 깬 조각으로 인질을 위협하면서 옛애인을 불러달라고 요구하는 상황이었다. 이 현장을 보고 지구대장은 인질범에게 자신이 지구대장임을 밝히고 대화를 시도하다가 여의치 않아 다시 연구실을 나왔다.

이후 뒤늦게 출동한 형사팀 및 관계자들이 문 앞에 어른거리자 인질범은 불안감을 느끼고 지구대장을 불러줄 것을 요구하였고 지구대장이 연구실로 다시 들어가 일정 거리를 유지한 채 인질범과 대화를 나누던 중 밖에서 대기하고 있던 경찰특공대가 전자충격총을 쏘며 진입하여 인질범을 검거하였다(경찰청, 2008).

〈사례 2 : 가출한 10대의 가정집 인질사건〉

2007년 4월 20일 16:40경 가출한 10대 정○○은 광주시 서구 ○○지역을 배회하다 용돈이 떨어져 3일 동안 굶주리게 되자 주변 예식장에서 부엌칼 한 자루를 훔쳐 강도대상을 물색하였다. 때마침 길을 지나던 박00(남, 14세)을 발견하고 왼손으로 그의 목을 조르고 준비한 칼로 위협하여 박○○이 살고 있는 아파트로 끌고 갔다. 그 집에서 현금과 금목걸이 등 약 300만원 상당의 금품을 강취하던 중 갑자기 문을 열고 들어온 박○○의 엄마 신○○과 마주쳤다. 신○○이 놀라 문 밖으로 도망치자 정○○은 박○○을 인질로 잡고 칼로 도시가스 선을 자른 후 신○○에게 전화를 걸어 집안에 가스를 틀어 놓았으니 현금 300만원을 찾아오지 않으면 아들을 죽이고 집안을 폭파시키겠다고 협박하였다.

신고를 받고 관할 지구대 직원, 형사팀, 경찰특공대 등이 현장에 출동하였다. 이들의 출동에 인질범은 흥분하면서 엄마 신○○에게 전화를 걸어 왜 경찰을 불렀냐고 따져 물으면서 계속하여 돈을 빨리 가져오지 않으면 아들을 죽여 버리겠다고 협박하였다. 엄마 신○○은 인질범의 협박에 더 이상 밖에서 기다리지 못하고 출동한 경찰의 만류에도 불구하고 아파트로 다시 올라가 인질범에게 50만원을 쥐어 주며 나가달라고 하였다. 신○○로부터 돈을 받은 인질범은 경찰이 밖에 있는 것 아니냐며 다그쳐 물으면서 아들 박○○의 목에 칼을 대고 문 밖을 살피고 있었는데, 그 순간 신○○은 인질범 정○○을 힘껏 밖으로 밀어 냈으며, 이때 아파트 문 밖에서 대기하고 있던 경찰특공대가 인질범을 제압한 후 검거하였다(경찰청, 2008).

〈사례 3 : 40대 남자의 차량 인질사건〉

2008년 5월 19일 19시 45경 최○○(남, 45세)은 피해자 엄○○(여, 38세)과 ○○생명보험회사 직장동료 사이로 몇 년 전부터 서로 사귀는 관계를 가져 오던 중, 최○○은 엄○○이 자신을 잘 만나주지 않고 피하자 경기도 용인시 구갈동 소재 ○○초등학교 앞 노상에서 엄○○을 그녀 소유의 승용차 안에서 가두고 창문을 닫은 채 목에 칼을 들이대며 죽여 버리겠다고 위협하였다.

신고를 받고 관할 지구대 직원, 형사팀, 경찰특공대 등이 현장에 출동하였다. 현장에서 특공대장과 형사팀장은 번갈아 가며 승용차 안에 있는 인질범과 협상을 시도하였다. 특공대장과 형사팀장의 협상 시도에도 불구하고 협상이 잘 이루어지지 않자 경찰은 인질범 최○○의 친구를 수소문하여 인질범을 설득하도록 하였으나 그마저 실패하였다. 결국 협상은 실패하였고 그 와중에 인질범 최○○이 갑자기 승용차 안에서 자해를 시도하였다. 이때 사복을 입고 대기하던 경찰특공대 체포조가 노루발못뽑이(일명 빠루)를 이용하여 승용차 창문을 깨고 인질은 무사히 구출하였고 인질범은 검거한 후 119구급대에 인계하였다(경찰청, 2008).

〈사례 4 : 20대 자살기도자를 설득하던 경찰특공대원의 죽음〉

2008년 6월 5일 16시 30분경 인00(남, 26세)은 부산 사하구 신평동 ㅇㅇ빌라 4층 옥상에서 자살소동을 벌였다. 인00은 이날 오후 1시30분쯤 신평동 소재 ㅇㅇ병원 앞에서 여자 친구 한ㅇㅇ로부터 헤어지자는 말을 듣고 그녀를 마구 때려 의식을 잃게 한 뒤 승용차를 타고 달아난 뒤 자신의 집이 있는 빌라 옥상으로 올라가 "여자 친구의 부모를 만나게 해주지 않으면 뛰어내리겠다"며 약 5시간 동안 경찰과 대치중이었다.

신고를 받고 현장에 출동한 경찰특공대 소속 전ㅇㅇ 경장은 119구급대 복장을 입고 동료 특공대원 8명과 함께 옥상으로 올라가라는 지시를 받았다. 옥상에 올라간 전ㅇㅇ 경장은 자살기도 중이던 인ㅇㅇ과 대화를 통해 설득을 시도하였다. 그러나 인ㅇㅇ은 설득하는 전ㅇㅇ 경장의 손을 붙잡은 채 14m 아래로 뛰어내렸다. 경찰은 만약의 사태에 대비해 건물 아래에 매트리스를 준비했으나 인ㅇㅇ과 전ㅇㅇ 경장은 매트리스를 벗어난 지점에 떨어졌다. 경찰은 인ㅇㅇ과 전ㅇㅇ 경장을 인근 병원으로 긴급 후송했으나 두 사람 모두 치료 중 사망했다.[10]

〈사례 5 : 전처의 행방을 찾기 위한 30대 남자의 인질사건〉

2008년 8월 12일 23경 김ㅇㅇ(남, 36세)은 안산시 상록구 일동 이ㅇㅇ(여, 41세) 집 4층에서 처형 가족 5명과 자녀 2명 등 모두 7명의 인질을 붙잡고 염산과 흉기로 위협하면서 3년 전 이혼한 전처의 연락처를 알려주지 않으면 모두 죽이겠다며 약 8시간 동안 경찰과 대치하면서 인질극을 벌였다.

신고를 받고 관할지구대, 형사팀, 경찰특공대 등이 출동했다. 경찰특공대는 도저히 설득해도 안 된다고 판단하고 더 이상 지체하면 인질들이 위험할 것 같아 진압 결정을 내리고 4층 창문과 현관을 통해 동시에 진입을 시작했다. 경찰특공대가 들이닥치자 김ㅇㅇ이 뿌린 염산에 이ㅇㅇ의 두 자녀가 얼굴 등에 화상을 입었으며 나머지 5명 또한 가벼운 경상을 입었다. 한편, 이 과정에서 김ㅇㅇ은 흉기로 자신의 복부를 수차례 찌른 뒤 쓰러져 병원으로 옮겨졌지만 중태에 빠졌다.[11]

---

10) 세계일보(2008년 6월 6일자)
11) 뉴시스(2006년 8월 13일자)

(2) 협상 사례의 분석 및 검토

위에서 제시한 다섯 가지의 경찰 협상 사례들을 토대로 실제 위기상황에서 나타나는 문제점들을 분석한 결과는 다음과 같다.

첫째, 협상의 목표는 인질의 생명과 신체의 위해를 방지하고 대화를 통해 인질범을 자수하게 하는 것이다(McMains & Mullins, 1996; 이훈구, 2006: 7). 그러나 안타깝게도 사례1을 제외하고 나머지 사례들서는 이러한 것들이 지켜지지 않았다.

사례2와 사례5에서는 건물 안에서 문을 열어주지 않아 인질범과 경찰관들이 얼굴을 마주하고 협상을 시도하지 못했다는 한계가 있다. 그러나 사례3과 사례4의 경우에는 직접 인질범 또는 자살기도자와 얼굴을 마주하고 대화를 할 수 있었음에도 관계자의 생명과 신체의 위해를 방지하지 못했고 자수도 이끌어내지 못했다. 이러한 사실은 협상에 참여한 경찰관들이 인질사건이나 위기상황에서 협상을 전담하는 전문가들이 아니기에 나타날 수 있는 문제점으로 여겨진다.

둘째, 인질협상요원은 우선 인질범을 흥분을 진정시켜 차분하게 만든 후 그에게 다가가 협상을 시도하는 것이 필요하다(Ury, 1991; 이훈구, 2006: 7). 그러나 모든 사례들에서 그런 모습을 전혀 찾아볼 수 없었다. 인질협상요원이 아닌 경찰관이 협상을 시도하는 것은 인질범이나 인질 또는 주변에 있는 관계자 모두에게 뜻하지 않는 결과를 초래할 수 있는 상당히 위험한 일이다. 사례1의 경우에는 관할 지구대장과 인질범, 사례2의 경우에는 인질의 어머니와 인질범, 사례3의 경우에는 경찰특공대장 및 형사팀장과 인질범, 사례4와 5의 경우에는 경찰특공대원과 자살기도자 사이에 대화가 이루어졌다.

결과적인 측면만을 놓고 보면 사례1과 사례2의 경우 인질과 인질범의 안전이 어느 정도 확보된 상태로 사건이 종결되었다고는 하지만, 사례3의 경우 인질범이 자해를 하는 결과가 빚어졌고 사례4의 경우 자살기도자와 이를 설득하던 경찰특공대원 모두 소중한 생명을 잃는 결과를 가져왔다. 사례5의 경우 인질범이 자해를 하고 인질은 부상을 입는 결과가 일어났다.

셋째, 인질사건과 같은 위기상황에 있어서 의사결정권자가 내리는 결정은 반드시 옳은 것은 아니다. 따라서 현장에서 직접 인질범과 대면하는 인질협상요원의 판단과 결정을 존중해주어야 한다(Sick, 1998: 237). 수시로 변화하는 현장 상황에서 맞추어 그때그때 의사결정을 가장 합리적으로 내릴 수 있는 사람은 풍부한 경험과 지식을 갖춘 인질협상요원일 수밖에 없다.

그러나 사례1과 사례3의 경우에서 볼 수 있듯이 순찰지구대장, 경찰특공대장 및 형사팀장 등 감독자나 관리자 역할을 담당하는 경찰간부들이 직접 인질협상에 나섰음을 알 수 있다. 경찰 감독자나 관리자가 협상의 전면에 나서는 것은 비전문적인 인질협상으로 인해 상황을 더욱 악화시키거나 잘못된 의사결정으로 뜻하지 않는 위험한 결과를 초래할 수 있다. 실제 인질사건에 있어서 인질상황이 어느 정도 예측 가능한 상태로 진행되는 경우도 있지만, 대부분의 경우 인질상황은 예측할 수 없는 방향으로 전개되는 것이 일반적이다. 그래서 인질사건에 있어서는 각종 인질상황에서 일어날 수 있는 예측 불가능한 우발적 변수들을 인질협상을 통해 최소화시키면서 뚜렷한 목표를 가지고 일관되게 협상을 이끌어 나갈 수 있는 전문적인 인질협상요원이 더욱 절실히 요구된다.

4. 경찰 인질협상팀 구성방안에 관한 논의

경찰 인질협상팀을 구성하는데 있어서 고려할 점은 두 가지로 요약될 수 있다. 첫째는 경찰조직 체계상 어떤 기능에 인질협상팀을 설치하고 운영할 것인가에 관한 것이다. 둘째는 인질협상팀이 설치된 이후 조직 구성원인 인질협상요원을 어떻게 선발할 것인가에 관한 것이다. 다음에서는 이 두 가지 문제에 대해서 좀 더 구체적으로 살펴보고자 한다.

1) 경찰 인질협상팀의 조직 및 운영

(1) 인질협상팀의 조직

경찰에서는「국가 대테러활동 지침」을 근거로 국가 위기관리 차원에서 테러리즘에 의한 인질사건이 발생한 경우를 대비하기 위해 인질협상 전담기구인 '대테러 협상팀'을 두고 있다. 그러나 이 협상팀은 테러리즘에 의한 인질사건이 발생한 경우를 대비해서 만들어 놓은 비상설조직이라는 한계가 있다.

먼저 인질협상팀을 경찰 조직 체계상 어디에 설치할 것인가 하는 문제는 인질협상팀을 최초로 만든 미국의 사례를 참고하고자 한다. 일반적으로 미국의 각 경찰기관마다 인질협상팀의 조직은 다양하지만 보통 5~6명 정도로 구성된 기본적인 조직 모형을 유지하고 있다(Greenstone, 2005: 44-45). 인질협상팀의 조직 구성 및 임무를 개략적으로 살펴보면 <표 5-1>과 같다.

이 연구에서도 미국의 경우와 같이 경찰특공대 내에 인질협상팀을 설치하는 것을 전제로 우리나라 경찰의 인질협상팀 조직에 대해 논의하고자 한다.

우리나라 최초의 경찰특공대는 치안본부 소속의 경찰특공대로 1983년 10월 5일 창설되었다.12) 이후 이 경찰특공대는 조직 개편으로 현재는 서울지방경찰청 소속으로 편제되었다. 현재 우리나라의 경찰특공대는 모두 7개이다. 7개 경찰특공대는 각각 서울, 인천, 대전, 대구, 부산, 광주 및 제주지방경찰청의 경비과 소속으로 각 경찰특공대는 소속 지방경찰청장의 지휘 · 감독을 받는다.

〈표 5-1〉 인질협상팀의 조직 구성 및 임무

연번	구 성	임 무
1	제1협상요원 (primary negotiator)	인질범과의 협상
2	제2협상요원 (secondary negotiator)	제1협상요원 지원, 협상진행 상황 청취, 정보수집
3	지도원/경찰심리학자 (coach/police psychologist)	협상과정 모니터링, 협상에 필요한 정보 지원
4	정보조정자 (intelligence coordinator)	정보 수집, 평가 및 제공, 협상전략 및 계획 제공
5	협상팀장 (negotiations team leader)	팀 운영, 특공대와의 업무 조정
N/A	기술자 (technicians)	협상 장비의 유지 및 보수

- 자료 : J. L. Greenstone, *The Elements of Police Hostage and Crisis Negotiations Critical Incidents and How to Respond to Them*, Binghamton, New York: The Haworth Press, Inc., 2005: 44.

경찰특공대는 대테러 업무 이외에 다양한 업무들을 수행하고 있는데 그것들을 정리하면 다음과 같다. ① 각종 테러사건 예방 및 진압, ② 인질사건 발생시 진압 및 인질구출, ③ 총기 · 폭발물 · 화생방 사건, ④ 국제조직범죄 등 특수범죄 진압, ⑤ 건물 불법점거 난동 진압, ⑥ 각종 재해 · 재난 등 긴급상황 발생시 인명구조, ⑦ 요인경호 및 대테러 협의회 결정사항 수행, ⑧ 중요사건 예방 · 진압과 중요범죄 발생시 긴급배치 및 범죄권 집중단속, ⑨ 기타 지방경찰청장이 지정하는 임무 등을 수행한다(경찰청 내부규정).

---

12) http://www.knp868.go.kr/2007/Contents/sub_0401.asp/2008.6.15.

그러나 "② 인질사건 발생시 진압 및 인질구출" 부분에도 잘 나타나 있듯이 경찰특공대의 조직 구성은 전문적인 진압작전을 수행하기에 적합한 전술요원 위주의 조직으로 편제되어 있다. 그 때문에 경찰특공대는 인질협상 업무를 별도로 전문화된 임무로 수행하지 않고 진압을 전제로 한 전술 작전에 부수되는 정도의 수준에서 인질협상을 진행하고 있는 실정이다.

따라서 향후 업무 범위의 유사성과 위기상황의 대응 및 처리의 효과성 측면을 고려하여 인질협상팀을 경찰의 다른 기능에 편제시키는 것보다 경찰특공대 내에 설치하되 전술팀과 병렬적으로 조직하는 방안을 제시하고자 한다. 한편, 이러한 조직 편제를 위해서는 경찰특공대의 업무 범위 중 "② 인질사건 발생시 진압 및 인질구출" 부분을 "② 인질사건 발생시 협상, 진압 및 인질구출"로 개정하여 인질협상 업무의 명확한 법적 근거를 마련하는 것이 선행되어야 할 것이다.

(2) 인질협상팀의 운영

다음은 인질협상팀을 설치한 이후 인질협상팀을 어떻게 운영할 것인가 하는 문제를 고려해야 하는데, 이 문제는 인질협상팀을 상설조직으로 할 것인가 아니면 비상설조직으로 할 것인가와 관련 있다. 현재 「국가대테러활동지침」을 근거로 경찰에서 운영중인 대테러 협상팀은 테러 발생을 대비한 비상설조직이다. 협상팀을 상설화하지 않은 이유는 국내에서 테러리즘에 의한 인질사건이 일어날 가능성이 낮은 상태에서 상설조직으로 운영함으로써 발생하는 재정적 부담을 우선적으로 고려하지 않을 수 없었기 때문일 것으로 여겨진다.

따라서 재정적 부담과 기능 중복 문제를 함께 해결하기 위한 방안으로 기존 비상설기구인 대테러 협상팀을 폐지하는 대신에 경찰특공대 인질협상팀을 설치하여 운영하되 그 업무 범위를 확대시킬 필요가 있다. 즉 업무 범위를 단순한 인질협상에 국한하지 말고 좀 더 넓은 개념인 '위기협상' 개념으로 이해하여 테러리즘에 의한 인질사건, 자살소동 등 모든 위기상황을 해결하는데 필요한 모든 협상 업무를 인질협상팀이 담당하도록 그 업무 범위를 확대하는 것이다. 이렇게 되면 경찰특공대 인질협상팀 하나의 조직이 평상시와 테러 발생시 모두 협상 업무를 담당할 수 있게 된다.

한편, 경찰 인질협상팀의 운영에 있어서 군, 국정원, 소방 등의 기관과의 상호 연계방안에 대해서도 충분한 논의가 필요할 것으로 여겨진다. 그러나 이 분야는 좀 더 많은 정보 수집과 심도 있는 연구가 필요한 관계로 후속연구 과제로 남기고자 한다.

2) 인질협상요원의 선발

인질협상팀 구성을 전제로 다음에 논의할 문제는 인질협상요원을 선발하는 것이다. 인질협상요원의 선발 방법에는 신규로 채용하는 방법과 경찰조직 내에서 관심 있는 경찰관들의 지원을 받아 선발하는 방법이 있을 수 있다. 다음에서는 이 두 가지 선발 방법을 중심으로 논의를 진행하고자 한다.

(1) 신규채용

경찰 인질협상요원을 선발하기 위한 방법으로는 먼저 신규채용이 있다. 신규채용 방법은 공개경쟁 시험에 의한 채용과 특별채용으로 크게 구분된다. 여기서 특별채용이란 공개경쟁시험에 의한 채용이 부적당하거나 곤란한 경우 또는 특별한 자격을 가지고 있는 사람을 채용하고자 하는 경우의 채용방법이다(이황우, 2005: 333-334). 인질협상요원은 위기상황에서의 전문적인 협상능력이 요구되기 때문에 관련 분야의 전문적인 지식과 경험을 채용요건으로 할 필요가 있다. 따라서 공개경쟁 시험에 의한 채용보다는 특별채용이 적당하다고 여겨진다.

서울지방경찰청 경찰특공대의 경우 신규채용 방법은 공개경쟁 시험에 의한 채용이 아닌 특별채용에 의하고 있다. 특별채용을 위한 모집 분야는 전술요원, 폭발물 탐지 요원 및 탐지견 요원의 세 분야로 나뉘어 있다.[13] 따라서 인질협상요원의 모집은 경찰특공대원 신규채용 모집 분야에 인질협상요원 분야를 추가시켜 함께 모집하는 방안을 제시하고자 한다. 인질협상요원의 임용 계급과 자격요건은 같은 특별채용 대상인 범죄분석요원의 경우에 준하는 것이 좋겠다. 따라서 인질협상요원은 경장으로 임용하되 그 대신 자격 요건을 ① 심리학 전공 학사 학위 이상 소지자, ② 국가기관, 지방자치단체, 공공기관 기타 이에 준하는 기관에서 임용예정 계급에 상응하는 해당 분야 근무 또는 연구 경력이 3년 이상인 자 등으로 제한하여 특별채용에 합당한 자격요건을 정할 필요가 있다.

그리고 인질협상요원으로 신규 채용한 이후 곧바로 인질상황이나 위기상황에 근무배치를 하는 것이 아니라 일정 기간 동안 인질협상요원에게 필요한 전문적인 지식, 기술, 행동요령 등을 교육하고 훈련시킬 필요가 있다. 경찰특공대장은 교육 및 훈련과정

13) http://www.knp868.go.kr/2007/Contents/sub_0401.asp/2008.6.15.

을 통해 실전 배치에 무리가 없다고 판단되면 실제 인질협상이나 위기협상에 배치하여 인질협상 업무를 수행하도록 한다.

(2) 내부지원자 중에서 선발

신규채용 이외의 인질협상요원 선발 방법으로는 경찰 조직 내에서 기존 경찰관들을 대상으로 지원을 받아 인질협상 요원을 선발하는 방법이 있다. 우리나라 경찰의 경우 인질협상요원의 선발 기준과 방법을 규정해 놓고 있지 않기 때문에 다음에서는 그린스톤(Greenstone, 2005: 2-3)이 제시한 인질협상요원 선발 절차를 살펴보고자 한다. 그가 제시한 인질협상요원의 선발 절차는 11단계의 절차로 구성된 의사결정 나무(decision tree) 모형으로 이루어져 있다. 각 단계별 인질협상요원 선발 절차를 요약하면 <그림 4-1>에서와 같다.

〈그림 4-1〉 그린스톤의 인질협상요원 선발 모형

경찰관의 지원서 및 감독자 추천서 접수
↓
감독자의 추천서 검토 → 탈락
↓
경찰관의 지원서 검토 → 탈락
↓
지원자(경찰관) 면접 → 탈락
↓
시뮬레이션에 의한 지원자 평가 → 탈락
↓
심리상태 측정(합격/불합격 결과를 인질협상팀에 통보) → 탈락
↓
최종 선발대상자 선정
↓
상급 관리자의 승인 및 전보 발령
↓
장비 지급
↓
교육 및 훈련
↓
근무 배치

- 자료 : J. L. Greenstone, *The Elements of Police Hostage and Crisis Negotiations Critical Incidents and How to Respond to Them*, Binghamton, New York: The Haworth Press, Inc., 2005: 4.

그린스톤의 의사결정 나무 모형을 좀 더 자세히 설명하면 다음과 같다. 1단계는 인질협상요원 선발에 관심 있는 경찰관이 지원서와 현재 자기가 근무하고 있는 부서 감독자의 추천서를 제출하는 단계이다. 2단계는 인질협상팀에서 감독자의 추천서를 검토하여 지원자의 탈락 여부를 결정한다. 3단계는 인질협상팀에서 지원서를 검토하여 지원자의 탈락 여부를 결정한다. 4단계는 인질협상팀에서 서류심사를 통과한 지원자들을 대상으로 면접을 실시한다. 면접 후에 인질협상요원으로 적합한 후보자인가를 결정하기 위해 1차 투표를 실시한다. 5단계는 인질협상팀원들이 지원자들과 얼굴을 마주하면서 모의상황을 연출하거나 전화 응대 시뮬레이션을 통해 지원자의 인질협상 지식과 능력을 평가한 후 탈락 여부를 결정한다. 6단계는 심리학자에게 지원자의 심리상태를 측정하도록 의뢰한다. 심리학자는 심리측정 후 합격/불합격 결과를 인질협상팀에 통보한다. 참고로 5단계와 6단계는 상황에 따라 동시에 이루어지거나 순서가 바뀌어 실시될 수 있다.

7단계는 최종 투표를 통해 지원자들 중에서 최종 후보자를 선발한다. 보통 투표에 의해 결정할 때는 다수결 방식보다는 만장일치 방식이 선호된다. 8단계는 선발된 후보자를 경찰특공대장 및 그 상급 관리자에게 승인을 요청한다. 경찰특공대장 및 그 상급 관리자의 승인을 얻으면 인사(전보) 발령을 한다. 9단계는 인질협상팀으로 전보된 경찰관에게 각종 장비를 지급하는 단계이다. 10단계는 전보된 경찰관을 대상으로 인질협상요원이 되기 위해 인질협상 기법, 복무규율, 조직 문화, 동료와의 관계 등 각종 교육 및 훈련을 실시하는 단계이다. 11단계는 마지막 단계로 교육 및 훈련을 통해 인질협상요원으로서 일정 수준의 능력을 갖추면 실제 인질협상이나 위기협상에 배치하는 단계이다.

다음에서는 그린스톤의 의사결정 모형을 토대로 우리나라 경찰특공대의 인질협상요원 선발 절차 모형(안)을 <그림 4-2>에서와 같이 제시하고자 한다.

<그림 4-2>에서 제시한 인질협상요원 선발절차 모형의 각 단계별 내용을 설명하면 다음과 같다. 1단계는 지원서 및 추천서 접수 단계이다. 이 단계는 인질협상요원이 되고자하는 경찰관의 지원서와 그 경찰관의 감독자의 추천서를 접수한다. 감독자는 직근상급자뿐만 아니라 지휘계통에 있는 감독자이면 족하다고 본다. 모집방법은 인질협상에 관심이 있는 경찰관이면 다양한 경험과 지식을 가진 경찰관들이 인질협상요원 선발에 지원할 수 있도록 추천제보다는 공모제를 실시할 필요가 있다. 인질협상요원 공모제를 시행함에 있어서도 최소한의 자격이나 요건만 있으면 누구나 지원 신청을

할 수 있도록 하여 지원자의 저변을 확대할 필요가 있다.

〈그림 4-2〉 인질협상요원 선발 절차 모형(안)

지원서 및 추천서 접수
↓
지원서 및 추천서 검토 → 탈락
↓
면접 심사
↓
인질사건 모의상황을 통한 대처 능력 평가
↓
심리검사
↓
선발대상자 선정 → 탈락
↓
인사권자의 승인 및 인사 발령 → 탈락
↓
교육 및 훈련
↓
근무 배치

2단계는 지원서와 감독자 추천서 검토 단계이다. 경찰특공대 및 경찰특공대의 상급기관이 지방경찰청 경비과 소속 경찰공무원 그리고 학계 등 외부기관의 전문가들로 구성된 가칭 '인질협상요원 선발위원회'를 구성하여 서류심사를 통해 경찰관의 지원서와 감독자의 추천서를 검토하여 탈락 여부를 일차적으로 결정한다.

3단계는 면접 심사 단계이다. 인질협상요원 선발위원회에서 서류심사를 통과한 지원자들을 대상으로 면접을 실시한다. 면접 점수의 계산 방식은 심사위원들이 제시한 점수들 중 가장 높은 점수와 가장 낮은 점수를 배제하고 나머지 점수들을 평균한 점수를 면접 점수로 인정하는 것이 면접 심사의 공정성을 담보하는데 적절하다고 여겨진다.

4단계는 인질사건 모의상황을 통한 대처 능력 평가 단계이다. 이 단계에서는 실제 인질상황과 유사한 모의상황을 제시하고 그 대응 능력을 평가하는 단계이다. 모의상황은 직접 연출하는 방법과 시뮬레이션 시스템을 사용하는 방법이 있을 수 있다. 그러나 시뮬레이션 시스템은 아직 우리나라에 소개된 바 없기 때문에 이 부분은 추후 심도 있는 연구가 더 필요하리라고 본다. 이 단계의 점수 계산 방식은 면접 심사 단계와 마찬가지로 가장 높은 점수와 가장 낮은 점수를 배제하고 나머지 점수들을 평균한 점수를 인정하는 것이 평가의 공정성을 담보하는데 적합하다고 본다.

5단계는 지원자의 심리상태를 측정하는 심리검사 단계이다. 이 단계는 지원자의 심리상태를 검사하는 단계로 심리검사를 외부기관에 위탁하는 방법과 경찰병원에 의뢰하는 방법이 있을 수 있다. 심리검사 결과는 지원자의 인격이나 사생활의 비밀과 관련된 매우 민감한 자료이다. 따라서 심리검사 기관은 심리검사를 실시한 후 합격 또는 불합격의 여부만을 인질협상요원 선발위원회에 통보할 수 있도록 조치하는 것이 필요하다.

6단계는 선발대상자 선정 단계이다. 이 단계는 인질협상요원 선발위원회에서 지금까지의 측정 및 평가 결과를 최종적으로 심사하여 선발대상자와 예비후보자를 결정한다. 특히 심리검사에서 불합격 통보를 받은 지원자는 탈락시키는 심사규정을 마련할 필요가 있다. 심사는 비공개로 진행하고 선발대상자와 예비후보자를 인사권자인 지방경찰청장에게 복수로 추천한다.

7단계는 인사권자의 승인 및 전보 발령 단계이다. 이 단계에서는 인사권자인 지방경찰청장은 인질협상요원 선발위원회의 추천을 받은 선발대상자와 예비후보자를 심사한다. 심사 결과 하자가 없으면 선발대상자를 우선적으로 인질협상요원으로 인사 발령하고 선발대상자에게 하자가 발견되면 예비후보자를 인사 발령한다.

8단계는 교육 및 훈련 단계이다. 이 단계에서는 경찰특공대에 배속된 경찰관을 대상으로 인질협상요원이 되기 위해 필요한 전문적인 지식, 기술, 행동요령 등을 교육하고 훈련시킨다.

마지막으로 9단계는 실전 배치 단계이다. 교육과 훈련을 통해 인질협상요원으로 서 수준의 지식과 능력을 갖추면 실제 인질협상이나 위기협상에 배치하여 인질협상 업무를 수행하도록 한다.

5. 결 론

사회가 점점 더 복잡해지고 다원화되면서 인질사건은 계속해서 증가하는 실정이다. 협상은 인질사건을 해결하는 과정에서 가장 중요하고도 필수불가결한 위치를 점하고 있다. 그리고 인질협상을 담당하는 경찰관의 자질과 능력은 사건 해결의 성패를 결정하는데 있어서 결정적인 영향을 미친다.

아쉽게도 우리나라 경찰에서는 인질사건이 발생하는 경우 협상을 전담할 조직을 갖추고 있지 못하다. 그렇기 때문에 결국 전문적인 지식과 경험이 부족한 일반 경찰관들이 인질협상을 시도하다가 더 큰 위험을 초래하는 결과를 야기하곤 한다. 따라서 이 연구에서는 이러한 문제점을 근본적으로 해결하기 위한 정책적 대응 방안으로 기존 경찰특공대에 인질협상팀을 설치하고 운영하는 방안과 그 인질협상팀의 구성원인 협상요원을 충원하는 방안에 초점을 맞추어 연구를 진행하였다.

마지막으로 경찰에서는 빠른 시일 내에 경찰특공대 내에 전문화된 인질협상팀을 설치하고 일정한 자격을 갖춘 우수한 인질협상요원들을 충원하는 시스템을 갖추길 기대한다. 아울러 어떠한 위기상황이 발생할지라도 협상요원들이 전문적인 지식과 경험을 바탕으로 협상을 통해 평화적으로 그 상황에 잘 대처하고 지금까지와는 다른 모습으로 국민의 생명과 신체를 보다 안전하게 보호하는 활동을 보여주었으면 하는 바람이다.

참고문헌

‖ 국내문헌 ‖

경찰청. (2000).「대테러 인질협상」.

______. (2005).「위기협상 기법: FBI 인질협상 기법을 중심으로」.

______. (2008).「인질협상 사례」. 경찰청 내부자료.

국가정보포럼. (2007).「국가정보학」. 박영사.

윤민우 · 이완희. (2007). “테러리즘, 국제범죄, 인질사건의 이해와 정부의 대응”.「대테러연구」. 30: 25-51.

이우영. (2007). “아프가니스탄 인질사건의 뿌리”. 부산일보 8월 2일자.

이재상. (2008).「형법각론」. 박영사.

이황우. (2005).「경찰행정학」. 법문사.

이훈구. (2006). “인질협상에서의 커뮤니케이션”.「대테러연구」. 29: 1-23.

홍순남. (2002). “국제테러리즘과 인질협상사례 연구”.「대테러연구」. 25: 313-377.

D. Wiencek. (2008). “최근 국제인질납치 테러위협 및 대응방안”.「대테러연구논총」. 5: 164-193.

‖ 외국문헌 ‖

CIA Counterterrorism Training Group. (2000), *Incident Management Seminar*.

Sick, G. (1998), “Taking vows: The domestication of policy-making in hostage incidents”, In W.

Reich (eds.), *Origins of Terrorism: Psychologies, Ideologies, Theologies, States of mind*, Washington, D. C.: The Woodrow Wilson Center Press.

Greenstone, J. L. (2005), *The Elements of Police Hostage and Crisis Negotiations Critical Incidents and How to Respond to Them*, Binghamton, New York: The Haworth Press, Inc.

Hermann, M. G. and Hermann, C. F. (1998), "Hostage taking, the presidency, and stress", In W. Reich (eds.), *Origins of Terrorism: Psychologies, Ideologies, Theologies, States of mind*, Washington, D. C.: The Woodrow Wilson Center Press.

McMains, M. J. and Mullins, W. C. (1996), *Crisis Negotiations: Managing Critical Incidents and Hostage Situations in Law Enforcement and Corrections*, Cincinnati, Ohio: Anderson Publishing Co.

Noesner, G. W. (1999), "Negotiation concepts for commanders", *FBI Law Enforcement Bulletin*, 68(1): 6-14.

Royce, T. (2005), "Case Analysis: The Negotiator and the Bomber: Analyzing the Critical Role of Active Listening in Crisis Negations", *Negotiation Journal*, January: 5-27.

Ury, W. (1991), *Getting Past No*, Broadway, New York: The Bantam Dell Publishing Group, Inc.

Vacchi, G. M., Van Hasselt, V. B., and Romano, S. J. (2005), "Crisis(hostage) negotiation: current strategies and issues in high-risk conflict resolution", *Aggression and Violent Behavior*, 10: 532-551.

‖ 기타자료 ‖

국립국어원 표준국어대사전.(1999).

뉴시스(2006년 8월 13일자)

______(2008년 5월 20일자)

세계일보(2008년 6월 6일자)

주간동아(2008년 3월 11일자)

한국경제(2007년 9월 2일자)

경향신문(2007년 5월 29일자)

데일리안(2007년 4월 21일자)

http://www.knp868.go.kr/2007/Contents/sub_0401.asp

6장

위기협상에서 상담전문가의 활용방안*

1. 문제의 제기

우리나라 사회가 급속도로 발달하면서 인간의 실존과 상호관계를 침해하는 위기상황도 함께 증가하고 있다. 위기는 언제나 우리 삶의 일부분이었다고 해도 과언이 아니다. 이러한 위기상황을 해결하기 위한 노력은 우리보다 먼저 사회발전 단계를 경험했던 미국의 사회에서 찾아볼 수 있다.

1960년대 미국은 이전에 비해 보다 정교해진 총기를 사용한 범죄들이 급증하여 지역사회와 법집행기관의 위기의식이 팽배해 지고 사회적 불안과 무질서가 만연한 상태였다. 한편 국내외적으로 비행기 납치 사건이 빈발했고 지역사회에서는 무장 강도사건이 인질사건이나 점거사건[1])으로 확대되는 일이 잦았다. 이에 대항하기 위해 국가나 지방 모두 특공대(the Special Weapons and Tactics Team: SWAT)를 창설하는데 노력을 경주하였다. 1967년 로스앤젤리스 경찰국(LAPD)에서 처음 등장한 특공대는 군대식의 전술

---

* 이 장은 2010년 4월 한국범죄심리연구에 게재된 논문내용을 일부 수정한 것임

1) 지난 수십여 년 동안 정치적, 경제적, 사회적 또는 정서적인 이유로 인해 혹은 감정적인 이유로 인해 우리사회에는 수많은 위기사건들이 일어났다. 위기사건은 성격상 인질사건(a hostage accident)과 점거(농성)사건(a barricade incident)으로 구분할 수 있다. 인질사건이란 범죄자가 어떤 장소에서 한 명 또는 그 이상의 사람들을 그 의사에 반해 인질로 잡고 있는 사건을 말한다. 반면에 점거(농성)사건이란 인질 없이 범죄자가 특정한 장소를 점거하거나 특정한 장소에서 농성하면서 경찰에게 투항하기를 거부하는 사건을 말한다(Hatcher et al., 1998: 455).

작전을 통해서 인질 또는 점거사건을 해결하였다. 이러한 접근방식은 필연적으로 인명의 손실을 초래하였다. 그러나 이러한 인명 손실은 군사 작전에서와 마찬가지로 어쩔 수 없는 것으로 받아들여졌다. 이러한 관행은 1973년 대화를 통한 새로운 협상기법이 등장하기 전까지 계속되었다(Hatcher et al., 1998: 457).

위기협상은 인질사건 또는 점거사건에서 범죄자의 감정을 누그러뜨리고 합리적으로 사태를 해결하기 위해 우선 대화를 통해 시간을 확보하고 이후에 사건에 개입하는 전략을 활용하는데 중점을 두고 있다. 위기협상의 목적은 범죄자가 인질을 안전하게 석방하도록 하는 것이며, 또한 가능한 한 인질범을 비폭력적인 방법으로 체포하는 데에 있다. 이러한 접근방법은 대부분의 위기사건이 감정이 격해진 상태에서 발생하기 때문에 위기상황을 초래한 자의 감정에 대한 대응은 적당한 대화와 설득 같은 방법으로 얼마든지 해결할 수 있다는 믿음에 기초하고 있다(Albanese & Mohandie, 1995).

사람의 모든 감정은 마음에서부터 비롯된다. 사람의 마음을 연구하는 학문이 바로 심리학(psychology)[2)]과 정신의학(psychiatry)[3)]이다. 범죄의 원인을 심리학적인 측면에서 살펴보면, 모든 인간의 행위는 하나의 정신적인 과정과 그 기능이 상호작용하여 나타나는 결과라고 할 수 있다. 따라서 인간의 범죄행위 또한 성격이상 등과 같은 정신적인 작용의 산물이라고 가정한다. 즉 범죄란 인간의 심리적인 과정을 거쳐 결정된 행위이므로 범죄의 원인을 찾기 위해서는 인간의 심리과정을 추적해 볼 필요가 있다(허경미, 2009: 64).

위기협상의 핵심은 대화를 통한 당사자 사이의 문제해결 과정에 있다. 그렇기 때문에 위기협상 업무는 심리학이나 정신의학의 영향을 직 · 간접적으로 받으면서 발전해 왔다. 그러나 위기상황에서의 협상업무는 범죄의 예방과 진압을 담당하는 경찰의 고유한 업무 영역으로 인식되어져 왔기 때문에 예전이나 지금이나 주로 경찰관들이 핵심적인 역할을 담당하고 있고, 심리학이나 정신의학 분야의 전문적인 지식과 식견을 가지고 있는 상담전문가들은 상대적으로 위기협상 실무 분야에서 소외돼 온 것이 사

---

2) 심리학을 어원상으로 보면 사이키(psyche)의 학문이라는 말로, 즉 '마음의 학문'이라는 뜻이 되지만 그렇다고 심리학을 마음의 학문이라고 정의하기는 어렵다. 심리학이 연구대상으로 삼는 '마음'이라는 것은 다의적인 동시에 다차원적이기 때문에 이 마음의 어떤 측면, 어떤 차원을 대상으로 삼는가에 대해서는 시대적으로도 입장과 학파에 따라 차이가 있고, 각 학파나 시대에서 제기하는 정의라는 것 또한 꼭 같지는 않다(http://100.naver.com/100.nhn?docid=103047/2009.12.1).

3) 정신의학(psychiatry)이란 정신(또는 행동의) 질환과 나아가 건강상태와 병적 상태에서의 개인의 행동을 연구하고 치료하는 의학의 한 분야를 말한다(http://100.naver.com/100.nhn?docid=136430/2009.12.1).

실이다. 따라서 이 연구에서는 Hatcher et al.(1998)을 토대로 미국의 위기협상 과정에서 상담전문가의 역할에 대해 살펴보고 우리나라 위기협상 업무의 전문성과 효과성을 향상시키기 위해 상담전문가의 참여를 확대하는 방안에 대해서 논의하고자 한다.

2. 위기협상과 상담전문가

1) 위기협상

(1) 위기(crisis)의 개념 및 원인

B. E. Gilliland와 R. K. James(1997)는 위기의 개념을 선행연구 자료들을 토대로 다음의 다섯 가지 유형으로 범주화시켰다(Hackney & Cormier, 2004: 406). 개념적 유형들을 살펴보면, 첫째, 삶의 중요한 목적달성을 방해하는 장애물을 만났을 때 이러한 장애물을 일상적인 문제해결 방법으로는 도저히 극복할 수 없는 상태를 위기라고 보았다. 둘째, 일상적인 선택과 행동으로는 삶의 목적을 방해하는 장애물을 극복할 수 없다고 지각할 때를 위기라고 보았다. 셋째, 특수한 상황을 처리할 대처 방안을 모르는 때를 위기라고 보았다. 넷째, 자신의 삶을 의식적으로 통제할 수 없는 무기력하고 차단된 상태일 때를 위기라고 보았다. 다섯째, 삶의 목적을 위협받거나 생활주기가 붕괴된 좌절상황에 직면해서 파멸에 대한 두려움, 충격 및 고통을 경험할 때를 위기라고 보았다.

한편 Hackney & Cormier(2004: 405)는 위기의 원인을 자연재해, 인간관계에 의한 갈등, 사회경제적 요인 및 병리적 요인의 네 가지로 구분하여 설명하고 있다. 첫 번째 위기의 원인은 자연재해이다. 홍수, 가뭄, 태풍, 지진, 지진해일, 화산 폭발, 혹서 및 혹한 등은 수많은 사람들이 부상당하고 사망하며 삶의 터전을 잃고 절망에 빠지는 결과를 가져온다. 두 번째 원인은 인간관계에서 오는 갈등이다. 사회발전에 따른 새로운 인간관계 속에서 우리의 삶은 일상적으로 이전에 경험해 보지 못했던 테러리즘, 범죄, 직장이나 학교 등에서의 폭력 등을 경험하고 혼란 상태에 빠진다. 세 번째 원인은 사회경제적 요인이다. 가정의 붕괴, 배우자 학대, 실직, 사랑하는 사람의 죽음, 이혼, 파산, 약물 남용 등은 개인뿐만 아니라 가족, 사회를 불안정한 상태에 놓이게 만든다. 이러한 일들을 경험하면 안정적이었던 과거의 삶은 사라지고 순식간에 혼란에 빠져든다. 마지막

원인은 병리적 요인에 의한 것이다. 병리적인 요인으로 인해 인간은 절망감 속에서 우울증을 경험하거나 자살을 선택한다. 아니면 자신의 정신을 끊임없이 파괴하면서 살아가는 고통을 겪게 된다.

(2) 위기협상의 개념 및 접근방법

우리 주변에는 수많은 위기상황이 만들어 지고 또한 그 위기상황을 해결하기 위해 부단한 협상들이 이루어지고 있다. 위에서 언급한 위기의 네 가지 원인들 중 첫 번째 원인인 자연재해를 제외한 나머지 원인들, 즉 사람사이의 갈등, 사회경제적 요인들 그리고 개인적인 병리 요인들은 모두 협상의 대상이 될 수 있는 위기라고 볼 수 있다.

좋은 인간관계를 유지하면서 서로의 이익을 최대화하는 대표적인 문제 중심적 갈등 해결 방식이 협상이다. 협상은 서로 상반된 이해관계가 얽혀 있는 당사자들이 서로의 이익을 최대화할 수 있는 해결 방법을 합의하기 위해 노력하는 과정을 말한다. 이러한 협상은 국가 간이나 조직 간의 갈등관계를 해결하는 방법일 뿐만 아니라 일상적인 대인관계의 갈등을 해결하는 데에도 활용될 수 있다(권석만, 2004: 539-540). 따라서 위기협상을 위기상황에 놓인 사람들의 신뢰를 획득하며 그들의 안전을 위해 교섭하는 것이고 궁극적으로는 그들이 처한 문제를 해결하는데 쉽게 적응할 수 있도록 도움을 제공하는 것이라고 정의할 수 있다(Slatkin, 2005: 4; 차훈진 · 정우일, 2009: 148).

그 동안 위기협상(crisis negotiations)과 인질협상(hostage negotiations)이 혼용되어 사용되어 오다가 최근에는 인질협상보다는 위기협상이라는 용어가 자주 등장하고 있는 것 같다. 위기협상과 인질협상을 구별할 실익이 있는가에 대해서는 이견이 있을 수 있다. 그러나 위기협상을 인질상황과 비인질상황을 포함하는 넓은 의미의 위기개입 또는 위기관리의 개념으로 이해한다면 그 구별의 필요성은 존재한다고 볼 수 있다.

한편 선행연구들을 토대로 협상을 통해 위기상황을 해결하기 위해 제시된 접근방법들을 살펴보면, 다음에서와 같이 크게 사건유형화 모형(incident typologies model), 도구모형(instrumental model) 및 표현 모형(expressive model)의 세 가지 유형들로 구분하여 볼 수 있다(Hammer, 2007: 34-53; 정우일, 2009: 263-264).

첫째, 사건유형화 모형은 협상요원이 직면하는 위기사건들을 상황에 따라 유형화시키는 접근방식이다. 이 모형은 개개의 위기사건을 유형화함으로써 인질범의 동기, 의도 그리고 앞으로의 예상 행동들을 직관적으로 파악할 수 있다는 가정을 전제로 한다.

법적인 관점에서 정의되는 범죄자(criminals), 정치적 관점에서 정의되는 십자군 전사(crusaders), 정신장애로 인해 나타나는 심리적 증상을 기준으로 정의되는 정신병자(crazies)로 유형을 분류하였다. 그러나 이러한 유형 분류는 제시된 유형들의 관계에 대한 개념적 구별의 부족으로 혼란만을 가중시켰다는 비판이 있다. 즉 어떤 유형의 인질범은 십자군전사인지 범죄자인지 구분이 안 되는 경우가 있고 또한 위기상황에서 인질범의 유형이 범죄자인지 정신병자인지 판단하기 힘든 경우가 있다.

둘째, 도구 모형은 사건 중심의 유형적인 분류보다는 인질범이 의도하는 목적(예를 들어, 금전 또는 동료 죄수의 석방)을 파악하고 그 목적을 어느 정도 충족시켜 줌으로써 위기상황을 해결하려는 접근방식이다. 도구 모형은 포상을 조건으로 하는 거래에 중점을 두는 관계로 표현 모형에 비해 인질범의 정서나 인질범과의 관계를 중요시하지 않는다.

셋째, 표현 모형은 자신의 중요성 내지는 권력을 보이고 싶어 하는 인질범의 성향을 파악하여 대화를 통해 그것에 적절히 대처하여 위기상황을 해결하려는 접근방식이다. 이 모형은 표면적으로 드러나는 인질범의 일차적인 목적을 찾아내는데 집중하기 때문에 이차적이지만 핵심적이고 근본적인 문제를 간과하는 문제점이 있다. 따라서 위기협상이 잘 진행되지 않을 경우 인질범으로 하여금 오히려 보복적인 행동을 유발하여 상황을 악화시킬 수도 있다. 표현 모형은 주로 심리학이나 인간관계 이론에 근거하고 있다. 표현 모형의 기본적인 전제는 협상요원과 인질범 사이의 양질의 인간관계 형성이 갈등을 효과적으로 해결하는데 필요한 핵심요소라는 것이다. 예를 들어, 인질범은 인질을 목적 달성을 위한 거래의 대상으로 보지 않고 인질을 잡음으로서 자신의 요구나 처지에 대한 주위의 관심을 불러일으키는데 초점을 둔다. 또한 인질범은 인질사건을 벌이게 된 직접적인 동기나 목적을 잘 드러내지 않기 때문에 인질범의 실질적인 요구사항을 파악하는 것은 쉬운 일이 아니다. 이러한 특징은 인질사건이 아닌 자살사건이나 외부와의 대화를 차단한 채 벌어지는 각종 위기상황에서도 잘 나타난다. 따라서 표현 모형에 의한 접근방식은 협상요원이 인질범의 감정을 다루는 협상과정에서 상당한 어려움에 처할 수 있게 하는 문제점이 있다.

2) 상담전문가

(1) 상담의 개념 및 조건

상담(counseling)은 미국에서 20세기 초에 시작된 생활지도(guidance) 운동에서 발단이 되었지만 1950년대에 이르러 본격적으로 심리학의 한 분야로 자리 잡았다. 상담은 생활이나 일신상의 문제를 본인 스스로 해결할 수 있도록 조언을 해주는 일로서, 현재 임상, 교육, 산업, 인사 분야 등에서 널리 활용되고 있다.[4)]

상담의 개념을 정의함에 있어서 먼저 구별해야 할 것이 있다. 우리가 일상적으로 쓰는 결혼상담, 법률상담, 부동산상담, 대출상담 등과 같은 용어는 주로 조언을 주거나 자문을 하는 '면담'의 성격을 가지고 있으나 이 연구에서 주로 논의하는 상담은 행동양식이나 성격적 측면의 변화를 가져오는 전문적인 상담을 의미한다는 점이다(이장호, 2002: 5).

상담이란 도움을 필요로 하는 자(client)와 도와주려는 전문가(counselor) 간에 성립된 인간관계와 활동 및 과정을 의미한다. 이와 같은 활동과 과정 속에는 당면한 문제를 해결하도록 도와준다든지, 정보를 제공하고 성격상의 문제, 적응상의 문제들을 풀어나가는 데 도와주는 문제 등이 포함된다(김홍규, 2003: 70).

상담심리학자들마다 주장하는 상담의 목적들은 서로 상이하다. 또한 상담의 목적들은 상호 배타적이지는 않지만 각종 상담심리 이론에 의해 강조되는 부분들에 있어서는 어느 정도 차이가 있다. 그러나 George & Cristiani(1995: 6)는 일반적으로 논의되는 상담의 주요 목적들을 다음의 다섯 가지로 설명하고 있다. ① 행동양식(행태)의 변화 ② 내담자(client)의 인간관계를 설정하고 유지하는 능력 개선 ③ 내담자의 유효성과 대처능력의 고양 ④ 의사결정 과정의 촉진 ⑤ 내담자의 잠재적 능력 개발

상담이 가능해지는 조건은 간략히 네 가지로 설명할 수 있다. 첫째, 누군가 도움받기를 원한다. 도움을 필요로 하는 사람이 없다면 도움은 제공될 필요가 없다. 둘째, 누군가 기꺼이 도움을 주려 한다. 도움을 주려고 하는 사람은 상대방에게 기꺼이 도움을 주려는 의도를 가지고 있어야 한다. 그러나 여기서 도움을 주고자 하는 의도(intention)는 도움을 주는 사람이 되고 싶은 욕구(need)와 구별되어야 한다. 셋째, 도움을 주는 사람은 그러한 능력이 있거나 훈련을 받았어야 한다. 즉 상담자는 선천적인 것이든 후천적

---

4) http://100.naver.com/100.nhn?docid=701632/2010.2.26.

으로 학습한 것이든 상담기술을 가지고 있어야 한다. 넷째, 도움을 주거나 받는 것이 허용된 장소가 있다. 네 번째 조건은 상담의 물리적 환경을 말하는 것으로 사적 정보가 보호될 수 있고 타인과의 접촉이 제한되며 심미적이며 품격 있는 상담실 환경이 필요하다(Hackney & Cormier, 2007: 3-4).

(2) 상담전문가의 정체성 및 유형

이 연구에서는 상담전문가의 의미를 정신과의사, 심리학자, 사회복지사, 임상심리사와 같은 전형적인 상담전문가 집단에 속하는 전문직 종사들을 염두에 두어 논의를 전개하고자 한다.

미국의 경우 상담전문가들은 해당 분야의 상담전문가 협회에 등록되어 활동하고 있다는 점에서 비전문가들과 구별된다. 각 상담전문가 협회는 훈련시간과 내용, 자격증 발급기준, 상담수행의 표준지침, 윤리규정 등을 제정하여 상담전문가의 준수 여부를 감독하고 자격을 인증하고 있다. 따라서 이 협회들의 인증절차에 따라 자격을 획득하고 유지하는 과정이 상담전문가의 정체성을 확립하는데 주요한 방법이 되는데 보통 상담전문가의 정체성은 그 전문가 집단에서 정한 취득학위와 역할 및 의무에 대한 규정에 따라 정의된다. 넓게 보면 상담전문가는 각 부분의 전형적인 상담전문가 집단뿐만 아니라 특정한 상담 요구에 부응하는 다른 분야의 전문직 종사자들을 포함한다. 정신과의사, 심리학자, 사회복지사, 임상심리사 등은 전형적인 상담전문가 집단에 해당되며, 종교단체의 성직자, 일반의사, 간호사, 교사 등은 특별한 상황 하에서 상담활동을 하게 되는 전문직 종사자 집단에 해당된다(Hackney & Cormier, 2007: 2).

T. Strentz(2006: 3-4)는 위기협상에 참여하는 상담전문가의 유형을 심리학자(psychologist), 정신과의사(psychiatrist), 사회복지사(social worker) 및 임상심리사(mental health professional)로 구분하고 있다.

그가 제시한 상담전문가의 유형을 살펴보면 다음과 같다. 먼저 심리학자는 심리학적인 측면에서 실험과 평가를 하도록 훈련받은 유일한 상담전문가를 말한다. 따라서 심리학자는 범죄자와 그의 심리학적 문제들에 대해 조언과 정보를 제공할 수 있는 역할을 담당함으로써 위기협상 과정에서 협상요원으로서 최적의 조건을 가지고 있다. 보통 심리학자는 학사 이상의 학위를 가지고 있지만 의사는 아니다. 심리학자는 심리적인 문제를 가지고 있는 환자와 접촉하는 수많은 임상 경험을 가지고 있다. 심리학자는 주로 심리적인 문제를 가지고 있는 사람을 치료하는데 있어서 심리요법(therapy)과 치료적 개입(intervention)을 담당하고 있으며 이상심리, 청소년심리, 산업심리, 가정상담, 실험심리 등 수십여 가지의 세부전공 분야에서 활동하고 있다.

정신과의사는 의사의 신분을 가지고 있다. 보통 정신과의사는 정신병원에서 레지던트 과정을 거친다. 전문의 과정은 대개 주요 대학과 연계된 협력병원에서 이루어진다. 정신과의사들은 중독, 청소년기, 불안 등과 관련된 분야에서 전문의 과정을 거친다. 그 밖의 경우는 우울증과 같은 분야에서 전문의 과정을 거친다. 정신과의사는 의사이기 때문에 약물을 처방할 수 있다. 반면에 심리학자를 포함하는 다른 상담전문가들은 약물을 처방할 수 없다. 따라서 정신과의사가 아닌 상담전문가들은 약물 처방의 문제를 해결하기 위해서 정신과의사가 포함된 집단에서 함께 연구하며 활동한다. 위기협상과 관련된 정신과의사의 활동은 주로 처방을 하거나 약물치료를 수행하는 것과 관련 있다.

사회복지사는 심리학자와는 구별된다. 사회복지사는 심리적 결함이 있는 인질범을 환자의 관점에서 보기보다는 보다 넓은 측면, 즉 가족구성원이나 사회구성원들 중 하나로 보고 업무를 수행한다. 심리학자처럼 사회복지사도 사회복지 전공의 학사 이상의 학위를 가지고 있다.

임상심리사는 정신보건 시설에서 환자들을 돌보는 업무를 수행한다. 보통 학사 이상의 학위를 가지고 있다. 임상심리사는 심리학자나 사회복지사인 경우가 대부분이지만 다른 분야의 학위를 소지한 경우도 있다. 임상심리사는 주로 외래환자들을 대상으로 결혼과 가정 문제와 관련된 심리치료를 실시한다.

3. 위기협상에서 상담전문가의 역할

미국의 경우 30~58%의 경찰기관의 위기(인질)협상팀에서 상담전문가를 활용하고 있다고 한다. 상담전문가의 88%를 차지하는 절대 다수는 심리학자이며, 그 다음은 정신과의사, 사회복지사, 임상심리사 등이 뒤를 잇고 있다(Butler et al., 1993; Delprino & Bahn, 1988; Fuselier, 1988).

미국 법집행기관에서 상담전문가가 활동한 사례는 두 가지 분야로 나누어 볼 수 있다. 먼저 범죄자에 대한 수사나 이해를 돕기 위해 프로파일링이나 범죄수사 영역에서 자문을 하는 분야이고, 다른 하나는 법집행기관 소속 구성원들을 상담하고 관리하며 상담을 필요로 하는 대상을 선별하는 활동 등을 직접적으로 수행하는 상담서비스를 제공하는 분야이다. 예를 들면, 부루셀(J. A. Brussel)은 정신과의사로서 정신과의사의 전문적 지식과 식견을 가지고 범죄수사 분야의 지원과 분석 업무를 수행했던 최초의 인물이다. 그는 1956년 뉴욕의 미치광이 폭파범(Mad Bomber) 사건과 1964년 보스턴 살인범(Boston Strangler) 수사에 참여하였다. 한편 레이저(M. Reiser)는 심리학자로서 미국 경찰기관에 소속된 최초의 정규 직원이었다. 그는 심리학적 지식과 경험을 바탕으로 경찰관들에 대한 상담과 자문 서비스를 제공했으며, 경찰 업무의 심리학적 기초를 다진 인물로 평가받고 있다(Hatcher et al., 1998: 460-461).

1970년대 이후 인질 및 위기협상과정에서 상담전문가의 참여가 꾸준히 증가하는 추세를 보이고 있다. 실제로 상담전문가들은 인질사건이나 점거사건에서 위기협상 업무를 수행하기 위해 경찰의 기본적인 훈련과정을 이수하고 있다. 대부분의 경우, 경찰에서 설립한 인질협상 교육과정에 등록하여 필요한 훈련을 받는다. 일부 지역의 규모가 큰 경찰기관에서는 독자적인 교육과정을 운영하고 있지만 대부분 경찰기관에서는 지역의 경찰학교나 FBI 교육에 의존하고 있는 실정이다. 교육 프로그램이 우수한 곳에서는 반복적이고 현실감 있는 현장 모의훈련을 통해 기술을 습득하는데 중점을 두고 있다. Fuselier(1988)의 연구에 따르면 상담전문가의 44%가 특화된 인질협상 교육을 받은 것으로 나타났으며, Butler et al.(1993)의 연구에서는 표본의 60%를 차지하는 상담전문가가 일반적인 훈련을 받은 것으로 나타났다.

인질 및 점거사건에서 상담전문가는 1) 상담 및 자문, 2) 협상팀 구성원, 3) 협상요원, 4) 정보조정관 등의 다양한 역할을 수행하고 있다. 다음에서는 미국의 사례를 중심으로 위기협상 과정에서 상담전문가의 역할에 대해서 논의하고자 한다.

1) 상담 및 자문

상담전문가의 기본적인 역할은 상담 및 자문이다. 상담전문가의 상담과 자문은 일반적으로 사건 발생 전, 사건이 발생하는 동안 그리고 사건 발생 이후 등 시간적으로 모든 단계에서 가능하다.

우선 사건 발생 전을 보면, 상담전문가는 경찰관의 선발, 훈련, 배치의 과정에 관여할 수 있다. 수많은 경찰기관에서 심리학자는 채용 전 심리평가과정에 참여하고 있다. 때로는 다양한 측정도구를 활용하여 협상팀 구성원 선발과 특수 분야의 경찰관 선발과정에 관여한다. 몇몇 기관에서는 선발과정에 있어 면접, 간부 추천, 그리고 역할극 시범, MMPI와 같은 심리검사 등을 활용하고 있다.

상담전문가는 위기사건이 발생하고 있는 현장에서 협상팀 구성원으로서 유용한 역할을 담당한다. 사건이 발생하는 동안 현장의 심리학자는 용의자를 식별하고 성격 등 특성을 파악하는 역할을 수행한다.

Fuselier(1988)의 연구에 의하면, 표본이 된 경찰기관 모두에서는 심리전문가를 활용하고 있고, 고용된 심리학자의 72% 정도는 용의자를 식별하는 업무를 수행하고 있었다. Butler et al.(1993)에 따르면, 심리학자가 용의자 식별과 범행동기, 요구사항 그리고 취약점을 파악하는 업무를 수행함으로써 위기협상을 종료시킬 수 있는 실질적인 협상전략을 제시하는 것이 가능하다고 보았다.

위기협상팀에 소속된 심리학자는 경찰기관 소속의 목사나 임상심리사들이 위기사건으로 인해 잠재적으로 남아 있는 정서적인 충격을 완화시키는 것과 같이 석방된 인질을 상담하고 감정적인 지원 서비스를 제공하기도 한다. 또한 일련의 인질사건을 통해 다양한 유형의 범죄자들을 경험한 심리학자는 위기협상팀의 의사결정에 필요한 분석 결과를 제공하기도 한다(Mohandie & Albanese, 1997).

사건 진행 도중 심리학자는 위기협상팀의 팀장, SWAT 지휘관, 이들을 통솔하는 현장지휘관(보통 경찰서장이나 센터장)이 서로 만나 상의한다. 위기협상팀장이나 SWAT 지휘관이 현장지휘관에 대해 강력한 반대 의견을 제시하게 되는 경우 매우 혼란스런 상태가 야기될 수 있는데 이 경우 집단 내 협조 혹은 갈등의 관계는 최고조에 이르게 된다. 이 때 경찰지휘관들 사이에 심리학자가 관여함으로써 이들의 과도한 개입을 억제하는 역할을 한다. 한 연구에 따르면, 상담전문가의 40~56%는 훈련이나 실제 협상상황에 대한 현장 경험이 없는 상태라고 한다(Fuselier, 1988). 상담전문가들은 대개 처음에는 경찰학교 등에서 정신병리학 등의 기초과목을 가르치다가 나중에는 간헐적으로 발생하는 살인사건에서 정서불안 상태의 인질범에 대한 자문을 하는 역할을 담당한다. 이러한 방식으로 역할을 수행하는 상담전문가는 매우 취약한 위치에 놓이게 된다. 이것은 마치 의료 현장의 고난이도 수술에서 내과 자문의가 차지하는 지위와 유사하다고 볼 수 있다. 예측할 수 없는 긴급상황에서는 자문의가 아무리 능력 있다고 하더라도 일정 부분 한계가 있을 수밖에 없다.

사건 이후 정신보건에 대한 자문이 인질사건과 점거사건에 유효한 영향을 미치는가를 알아보기 위해 실시한 Butler et al.(1993)의 연구에 따르면, 심리학자를 활용한 경우, 인질들이 심각하게 다치거나 죽음에 이르는 경우가 감소하는 결과를 보였고, 협상을 통해서 인질범이 항복하는 경우가 증가하였으며, SWAT이 범죄자를 체포하기 위해 투입되는 과정에서 발생하는 사고의 비율도 줄어드는 것으로 나타났다. 반면에 흥미로운 사실은 법집행기관들에서는 점거사건에서 심리학자를 활용한 경우 더 나은 결과가 나타났다는 사실을 인식하지 못하고 있는 것으로 나타났으며, 점거사건이 인질사건에 비해 심리학적 · 기술적으로 덜 복잡하기 때문에 상대적으로 심리학적 조력이 필요하지 않다고 여기는 것으로 나타났다.

2) 통합 협상팀의 구성원

심리학자의 두 번째 역할은 통합 협상팀의 구성원으로 다른 구성원들과 함께 업무를 수행하는 것이다. Hatcher et al.(1998)은 위기협상팀은 보통 기본적으로 다음의 주요 구성원들로 구성된다고 보았다. ① 제1협상요원(직접적인 대면자), ② 제2협상요원(제1협상요원 뒤에서 협상내용을 점검하고 필요한 경우 제안사항을 전달), ③ 정보관(intelligence officer: 정보의 수집, 작성 및 전달), ④ 심리학자(현장 자문가의 역할을 수행), ⑤ 연락관(tactical officer: 협상팀과 SWAT 그리고 협상팀과 현장 지휘부 사이의 연락 업무 수행).

통합 협상팀의 구성원들은 각자 고유의 역할을 수행하도록 훈련받고 경험을 쌓은 사람들이다. 여기서 팀의 각 구성원들은 각각의 역할 중 어떤 임무라도 수행할 수 있도록 교차 훈련을 받는다. 팀 구성원들이 역할 교차훈련을 받는 동안 높은 수준의 상호신뢰 형성과 학습내용의 수용과정이 일어나게 된다. 실제로 역할 분담은 범죄자의 특수성과 사건현장의 특성에 따라 달라진다. 이것은 구성원 중 누구나 협상요원이 될 수 있고 심리학자가 될 수 있으며 정보관이 될 수 있다는 것을 의미한다.

심리학자가 통합 협상팀 구성원의 역할을 수행하는 것은 쉬운 일이 아니다. 그러나 통합 협상팀은 최근 위기 및 인질사건 관리에 있어 널리 활용되고 있는 추세이다. 통합 협상팀을 구성하기 위해서는 상당 기간의 시간 소요가 필요한 교차훈련이 필수적이다. 이러한 교차훈련에는 심리학자가 반드시 필요하다. 현장에서 실제 협상은 모든 팀 구성원이 일정한 신체적 위험이 뒤따르기 때문에 주의를 요한다. 경찰관과 심리학자 역할 모두 고유한 정체성을 가지고 있다. 따라서 협상팀 구성원으로 활동하는 것은 서로의 역할을 단순히 모방하는 정도의 수준에 머물러서는 안 된다.

3) 제1협상요원

세 번째 역할은 제1협상요원이다. 법집행기관들 중 겨우 7% 정도의 기관에서 실제로 심리학자에게 제1협상요원의 역할을 맡기고 있는 것으로 추정된다. 심리학자에게 제1협상요원의 역할을 잘 맡기지 않는 데에는 여러 가지 이유들이 있다. 많은 인질범들은 임상심리사에 대한 부정적인 경험을 가지고 있고, 자신들이 정신병자 취급을 받는다는 사실에 불쾌해 한다(Powitsky, 1979; Wardlaw, 1983). 법을 집행하는 공무원들은 실험실에서의 인위적인 상황이 아닌 생생한 현장 상황에 대처하는 것에 익숙하다. 대부분의 심리학자들은 현장 경험이 부족하기 때문에 사무실이나 연구실을 인위적으로 만든 환경에서 익숙하다. 따라서 "무슨 일이 일어날 것인가 또는 협상이 실패한다면 어떻게 될 것인가" 보다는 "무슨 일이 일어났는가"에 대해 이야기하는 것을 선호한다. 일부 심리학자들은 가끔 복잡한 위기상황에서 사건 해결에 필요한 속임수의 사용을 좋아하지 않는다. 게다가 협상보다는 전술작전을 통한 무기사용이 필요한 상황에서도 그러한 전술작전을 쉽게 받아들이려 하지 않는다.

4) 수석조정관

심리학자의 네 번째 역할은 가장 높은 지위를 가진 조정자로서의 역할이다. 이 역할은 실제 사례들 중 가장 드물게 활용되고 있다. 수석조정관은 경찰조직을 지휘할 뿐만 아니라 다른 행정조직의 구성원들을 경찰조직의 인력으로 활용할 수 있는 권한을 가진다. 수석조정관에게는 협상팀을 지휘하거나 작전을 지휘하는 현장지휘관과 같은 책임이 부여되는 경우도 있다. 몇몇 지역에서는 지방정부의 최고위 간부급들 중에서 수석조정관의 업무를 수행하는 사람이 임명되기도 한다. 그러나 대개 수석조정관은 일반 행정부처의 정신보건 분야에서 오랜 기간 경험을 쌓은 사람들 중 임명되는 경우가 대부분이다.

수석조정관은 문제해결 업무가 주어졌을 때 정치적 위기를 헤쳐 나가고 리더십과 위기관리 능력을 동시에 보여주어야 한다. 국가에 대한 충성심 또한 요구된다. 미국이 아닌 몇몇 국가들의 경우를 살펴보면, 국제적인 관심의 대상이 되는 인질사건이 발생한 경우 곧 정치적인 사건으로 확대되곤 한다. 이때 군대나 경찰의 근무경력이 없는 행정부처의 고위관료는 사건이 확대되기 전에 재빨리 협상과 행동심리학적 지식을 겸비한 사람에게 자신의 지휘권을 위임하여 문제를 매듭짓고자 한다. 미국의 경우, 특정한 민감 사안에 대해서는 통상적인 계선 조직을 활용하기보다는 백악관의 자문위원을 활용하여 문제를 해결하고 있는데, 이 역할이 수석조정관의 역할과 유사하다고 볼 수 있다.

실제로 네덜란드 헤이그 지방정부에서 수석조정관으로 정신과의사 D. Mulder를 임명한 전형적인 사례가 있다. Mulder는 네덜란드령 South Molluca의 독립을 주장하다 추방된 테러리스트에 의해 일어난 두 건의 열차납치사건 해결을 실질적으로 지휘하였다. 수석조정관은 위기협상 업무를 성공적으로 마무리하기 위해서는 두 가지 내부적인 문제들을 극복할 수 있어야 한다. 첫째는 전통적으로 위기협상 업무를 수행해 온 경찰이나 군대로부터의 반감이다. 둘째는 특공대원들이나 기타 전문가들이 실제 상황에 직면했을 때 전술적으로 무엇을 할 수 있고 또한 무엇을 할 수 없는가를 판단하는 현장의 지식이다. 이처럼 극복하기 어려운 문제들 때문에 수석조정관의 역할을 수행하는 심리학자나 정신과의사의 비율은 극히 낮은 편이라고 할 수 있다(Mulder, 1976).

4. 맺으며

미국의 경우 상담전문가들은 인질 및 위기협상 기법의 발전에 상당한 영향을 미쳤으며, 지금까지도 다양한 역할과 기능을 수행하고 있다. 그러나 아직까지 미국 법집행기관에서 가지고 있는 외부 인력, 특히 민간인에 대한 불신의 벽으로 인해 상담전문가가 위기협상 업무에 완전히 정착하지 못한 상황에 놓여 있으며, 이를 극복하기 위해서는 풀어야 할 여러 문제들이 남아 있다.

우리나라의 경우를 살펴보면, 지금의 경찰 위기협상에서 상담전문가가 협상업무에 참여하는 일은 거의 없다고 해도 과언이 아니다. 그러나 우리나라 경찰에서도 지금 당장은 아니더라도 향후 상담전문가들을 위기협상 업무에 폭넓게 참여하게 하는 실질적인 방안에 대해서 깊은 고민을 해야 할 것으로 여겨진다.

이와 관련하여 우선 단기적으로 첫째, 경찰에서는 위기협상팀을 구성하는데 있어서 협상요원이 되는 경찰관의 자격요건으로 심리학 전공자나 임상심리사[5]와 같은 국가기술자격증 취득자에게 가산점이나 우선적인 선발 기회를 부여할 필요가 있다. 둘째, 경찰에서는 심리학자 또는 정신과의사를 자문위원으로 위촉하여 협상팀의 운영과 협상기법 개발에 전문적인 지식을 활용할 수 있도록 해야 한다. 현재 예산이나 인력 충원의 한계로 인해 경찰기관에서 위기협상 업무를 위해 심리학자 또는 정신과의사를 직접 고용하는 것은 거의 불가능한 일이다. 이러한 한계를 극복하기 위한 방안으로 자문위원 제도를 활용하는 것을 고려해 볼 필요가 있다. 그러나 이때에도 무급이 아닌 적정수준의 수당을 제공하는 것이 자문의 실효성을 높이는 일이 될 것이다. 셋째, 경찰에서는 심리학이나 정신의학관련 학회와 정기적으로 워크숍을 개최하여 위기협상과 관련된 상호 관심사를 공유하고 토론할 수 있는 장을 마련할 필요가 있다. 이를 통해 경찰업무의 이해 증진과 이론적 기초 제공 등의 성과를 거둘 수 있을 것이다. 넷째, 장기적으로는 심리학 전공자나 정신의학 전공자를 협상팀장을 비롯한 위기협상팀의 구성원으로 특채하는 방안을 고려해 볼 필요가 있다. 이것은 협상팀 구성원의 다양성을 확대하고 위기협상 과정을 돌발적인 상황들을 유연하게 처리하는 데 도움을 줄 것이다. 마

---

5) 임상심리학적 지식을 활용하여 상담을 통한 치료 · 재활을 담당하는 직업 또는 사람을 말한다. 2002년 신설된 국가기술자격 종목 중 하나로 주요 업무내용은 임상심리학적 지식을 활용한 심리평가(심리검사) · 심리치료상담 · 심리재활 · 심리교육 · 심리자문 등이다. 1급과 2급으로 나누어 선발한다. 1급은 임상심리학적 서비스 업무의 전반에 대한 전문적인 지식과 기술을 숙지하고 있는 고급 전문인력으로서, 병원, 학교, 각종 치료상담 기관, 재활센터, 사회복귀 시설, 사회복지시설, 종교기관, 기업체, 교도소, 군 및 관공서, 시민단체, 기타 심리건강 서비스 관련 기관 등에서 다양한 문제 영역에 대한 심리평가 · 심리치료상담 · 심리재활 · 심리교육 · 심리자문 활동을 수행하며, 임상실무에서 2급 임상심리사를 지도 · 감독한다. 2급은 임상심리사의 업무를 수행하는 데 필요한 기초적 지식과 기술을 숙지하고 있는 전문인력으로서 관련 기관에서 문제의 심도가 다소 가벼운, 좀 더 일반적인 문제 영역에 대한 심리검사 · 심리상담 · 심리재활 · 심리교육 활동을 수행하며, 임상실무에서 1급 임상심리사의 업무를 보조하는 역할을 한다. 응시자격은 1급의 경우 임상심리와 관련하여 2년 이상 실습 수련을 받은 자로서 심리학 분야의 석사학위 이상 취득자이고, 2급의 경우 임상심리와 관련하여 1년 이상 실습 수련을 받은 자로서 대학 졸업자 및 졸업 예정자이다. 시험과목은 1급의 경우 필기시험으로 임상심리 연구방법론, 고급이상심리학, 고급심리검사, 고급임상심리학, 고급심리치료가 있고, 실기시험으로 고급임상실무가 있다. 2급은 필기시험으로 심리학개론, 이상심리학, 심리검사, 임상심리학, 심리상담이 있으며, 실기시험으로 임상실무가 있다(http://100. naver.com/100.nhn?docid=767842/2010.2.26).

지막으로 경찰교육기관이 아닌 일반대학의 심리학과나 의학과에 위기협상 과목을 개설하여 학생들의 관심을 유도하고 우수한 인력을 경찰조직으로 흡수할 수 있는 산관협력 관계를 형성할 필요가 있다.

참고문헌

‖ 국내문헌 ‖

권석만. (2004). 「젊은이를 위한 인간관계의 심리학」, 서울: 학지사.

김홍규. (2003). 「상담심리학」. 서울: 형설출판사.

이장호. (2002). 「상담심리학」. 서울: 박영사.

정우일. (2008). "경찰 인질협상팀 구성 방안에 관한 연구". 「한국공안행정학회보」. 17(3): 369-398.

______. (2009). "S. A. F. E. 모형에 의한 위기협상기법". 「한국공안행정학회보」, 18(3): 255-278.

차훈진 · 정우일. (2009). "경찰 위기협상 발전 방안: 역할심리극을 중심으로". 「한국범죄심리연구」. 5(1): 145-167.

허경미. (2009). 「현대사회와 범죄학」. 서울: 박영사.

Hackney, H. L. and Comier, L. S.. 「심리상담의 과정과 기법: 효과적인 상담자가 되기 위한 안내서」. 임성문 · 이주성 · 최국환 · 이누미야 요시유키 · 안형근 · 육성필 역. (2004). 서울: 시그마프레스(주).

Hackney, H. L. and Comier, L. S.. 「심리상담의 전략과 기법: 상담연습을 중심으로」. 김윤주 · 이주성 · 최국환 · 안형근 · 육성필 역. (2007). 서울: 시그마프레스(주).

‖ 외국문헌 ‖

Albanese, M., and Mohandie, K. (1995), The development of the west coast crisis negotiation model. *Journal of Crisis Negotiations*, 1: 32-39.

Butler, W. M., Leitenberg, H., and Fuserger, D. G. (1993), The use of mental health professional consultants to police hostage negotiation teams, *Behavior Science and the Law*, 11: 213-221.

Delprino, R. P. and Bahn, C. (1988), National survey of the extent and nature of psychological services in police departments, *Professional Psychology: Research and Practice*, 19: 421-425.

Fuselier, D. G. (1988), Hostage negotiation consultant: Emerging role of the clinical psychologist, *Professional Psychology: Research and Practice*, 19: 175-179.

George, R. L. and Cristiani T. S. (1995), *Counseling: Theory and Practice*, Needham Heights, Massachusetts: A Simon and Schuster Company.

Gilliland, B. E. and James, R. K. (1997), *Crisis Intervention Strategies*, Pacific Grove, CA: Brooks/Cole.

Hammer, M. R. (2007), *Saving lives : the S. A. F. E. model for resolving hostage and crisis incidents*, Connecticut: Greenwood Publishing Group, Inc.

Hatcher, C., Mohandie, K., Turner, J., and Gelles, M. G., (1998), "The Role of the Psychologist in Crisis/Hostage Negotiations", *Behavioral Sciences and the Law*, 16: 455-472.

McMains, M. J. and Mullins, W. C. (2006), Crisis Negotiations: *Managing Critical Incidents and Hostage Situations in Law Enforcement and Corrections*, Ohio: Anderson Publishing.

Mulder, R. (1976), *Hostage negotiation*, Address delivered before the 25th General Assembly of the International Press Institute.

Powitzky, R. (1979), "The use and misuse of psychologists in a hostage situation", *Police Chief*, 46: 30-31.

Slatkin, A. A. (2005), *Communication in Crisis and Hostage Negotiations*, Illinois: Charles C Thomas · Publisher, Ltd.

Strentz, T. (2006), *Psychological Aspects of Crisis Negotiation*, New York: CRC Press.

Vacchi, G. M., Van Hasselt, V. B., and Romano, S. J. (2005), "Crisis(hostage) negotiation: current strategies and issues in high-risk conflict resolution", *Aggression and Violent Behavior*, 10: 532-551.

Wardlaw, G. (1983), "Psychology and the resolution of terrorist incidents", *Australian Psychologist*, 18: 179-190.

‖ 기타자료 ‖

http://100.naver.com/100.nhn?docid=103047

http://100.naver.com/100.nhn?docid=136430

http://100.naver.com/100.nhn?docid=701632

http://100.naver.com/100.nhn?docid=767842

7장

S. A. F. E. 모형에 의한 위기협상기법*

1. 서 론

오늘날 세계 각국의 경찰기관들이 활용하고 있는 위기협상은 미국의 인질협상(hostage negotiations)에서 그 기원을 찾을 수 있다. 1960년대 말부터 미국의 경찰기관들 사이에서는 인질사건을 해결하기 위해 특공대(SWAT)를 창설하기 시작했다. 그러나 곧 인질사건을 해결하기 위해 특공대가 무력을 사용하거나 전술작전 중심의 진압 방법을 사용하는 것이 때로는 그 인질사건의 상황을 더욱 악화시킨다는 사실을 깨닫게 되었다(경찰청, 2000: 13-16). 이러한 반성으로 인해 현재 연방수사국(FBI)이나 지방경찰기관들(Local Police Agencies)에서는 인질사건 등으로 인해 위기상황이 발생한 경우, 이를 해결하기 위해 전술적인 진압 작전을 전개하기에 앞서, 우선적으로 협상요원들을 통해 대화로 협상을 시도하는 방식이 일반적으로 정착되었다(Vecchi, Van Hasselt, and Romano, 2005: 534-535; 차훈진 · 정우일, 2009: 150-151).

위기협상(crisis negotiations)이란 위기상황에 놓인 사람들의 신뢰를 획득하고 그들의 안전을 위해 교섭하는 것이고 궁극적으로는 그들이 처한 문제를 해결하는데 쉽게 적응할 수 있도록 도움을 제공하는 것이라고 할 수 있다. 위기란 먼저 개인적 차원에서 살펴보면, 개인이 가진 자원, 역량 및 대처능력이 협박을 받거나 무력화되어 그 스스로 해결할 수 없는 어려움에 처한 상태를 의미한다. 위기는 한 개인이 추구하는 목표, 스

* 이 논문은 2009년 9월 한국공안행정학회보에 게재된 내용을 일부 수정한 것임

트레스, 좌절, 잘못된 문제해결 방식 등으로 인한 장애에서 기인하는데, 이러한 장애는 한 개인의 능력으로는 거의 극복하기 불가능하다. 개인적 차원에서의 위기와는 달리 공공의 위기(public crises)란 법적 권위에 저항하는 사람들이 저지르는 자살행동, 감금 및 인질사건 그리고 폭력을 사용한 협박 등과 같이 법집행기관들이 직면하게 되는 상황들을 포함하는 개념이다(Slatkin, 2005: 4-5; 차훈진 · 정우일, 2009: 148). 여기서 협상이란 사전적인 의미에서 "어떤 목적에 부합되는 결정을 하기 위하여 여럿이 서로 의논함"을 의미한다(국립국어원 표준국어대사전, 1999). 그러나 코헨(H. Cohen)은 사전적인 협상 개념에 덧붙여 "긴장 속에서 어떤 행동에 영향을 미치기 위한 정보와 권력의 사용"이라는 의미로 협상을 이해하였다(Cohen, 1982; McMains & Mullins, 2006: 38; 차훈진 · 정우일, 2009: 149).

우리나라의 테러대응활동은 1988년 서울올림픽 개최를 계기로 1982년 대통령훈령 제47호인 「국가 대테러활동 지침」을 제정한 것으로부터 시작되었다. 이후 이 지침에 근거하여 테러대응시스템을 구축하고 테러대응활동을 추진하여 왔다. 「국가 대테러활동 지침」을 근거로 국무총리가 위원장인 테러대책위원회와 그 산하에 테러대책상임위원회, 테러정보통합센터 등 5개 상설 또는 비상설 대책기구가 운영되고 있다. 또한 이 지침에는 테러사건 발생 시에는 협상팀, 대테러특공대 및 지원팀을 운영하도록 규정하고 있다(국가정보포럼, 2007: 152-153; 정우일, 2008a: 378).

국가 위기관리 차원에서 대테러 협상팀을 두는 이유는 테러리즘에 수반하여 일어날 수 있는 위기사건을 해결하기 위해 미리 대비하려는 것이다. 그러나 우리나라 의 경우, 테러리즘이 아닌 일반적인 위기사건들과 관련해서는 그에 대응하기 위한 별도의 협상조직을 운영하고 있지 않다. 따라서 보통의 위기사건들이 일어난 경우 경찰의 위기협상은 전문적인 지식과 경험을 갖춘 협상요원에 의해 이루어지는 것이 아니라 주로 현장에 있는 감독자나 관리자의 재량적인 판단에 따라 이루어지고 있다. 또한 경찰에서는 위기협상 조직이 없기 때문에 그 구성원인 협상요원이 습득해야 할 전문적인 협상기법에 대한 연구나 체계적인 교육 · 훈련 프로그램도 아직 초보적인 수준에 있다고 할 수 있다(정우일, 2008a: 379).

위기협상기법은 협상요원이 위기상황에 대처하고 문제를 해결하기 위해 사용하는 하나의 전략이라고 할 수 있다. 해머(M. R. Hammer, 2007)는 종래 전통적인 협상모형을 대체할 수 있는 효과적인 위기협상기법인 S. A. F. E. 모형을 제시하고 있다. S. A. F. E.

모형은 사건 유형과 관계없이 위기상황들을 단계적으로 감소시키기 위해 필요한 네 가지 요소들, 즉 실질적 요구사항(Substantive demands), 동화(Attunement), 위신(Face) 및 감정(Emotion)을 평가하고 찾아냄으로써 협상요원이 위기사건들을 보다 안전하게 해결하는데 기여하고 있는 것으로 알려져 있다. 따라서 이 연구에서는 S. A. F. E. 모형의 구성요소와 진행과정 등에 대해 고찰하고 이를 토대로 우리나라에서 일어난 몇 가지 위기협상 사례들을 분석해 봄으로써 우리나라 경찰의 위기협상 업무에 S. A. F. E. 모형을 소개하고 그 도입 가능성에 대해 논의하고자 한다.

2. 이론적 배경

1) 위기협상의 발전과정

가. 뉴욕 아티기교도소 폭동사건과 뮌헨올림픽 테러사건

1971년 뉴욕 아티카교도소 폭동사건과 1972년 뮌헨올림픽 테러사건을 계기로 1973년 미국의 뉴욕시 경찰국(the New York City Police Department)에서는 최초로 인질사건을 해결하기 위한 수단으로써 협상 기법을 특공대 활동에 도입하였다(Vecchi, Van Hasselt, and Romano, 2005: 534). 연방수사국(FBI)에서도 1970년대 초반부터 행태과학부(Behavioral Science Unit)를 설치한 이래로 최근에는 중요사건대책단(Critical Incident Response Group)을 만들어 협상업무를 지원하고 있다(Royce, 2005: 5; 차훈진 · 정우일, 2009: 150-151). 이처럼 미국에서는 위기협상 시스템을 발달로 보통 경찰기관의 특공대 내에 인질협상팀을 두고 있다. 인질협상팀의 조직 구성은 각 경찰기관마다 다양하지만 보통 5~6명 정도로 구성된 기본적인 조직 모형을 유지하고 있다(Greenstone, 2005: 44-45; 정우일, 2008a: 385).

과거 위기협상의 개념이 등장하기 전까지는 전술 공격을 통해 인질사건을 진압하는 해결방안이 주로 사용되었다. 그러나 오늘날 위기협상은 여러 인질사건들의 해결과정에서 개념적으로나 실무적으로 더욱 발전해왔는데, 다음의 두 가지 사건들이 위기협상의 발전에 커다란 영향을 미쳤다고 볼 수 있다.

먼저 첫 번째 사건은 미국 뉴욕의 아티카교도소(New York's Attica Prison)에서 일어났다. 1971년 9월 9일 오전 8시 45분, 한 무리의 수형자들이 교정공무원들을 제압하고 감방의 문을 열기 시작했다. 불과 몇 분 만에 수형자들은 42명의 인질들을 잡은 채로 교도소의 통제권을 장악했다. 그리고 뉴욕시 당국에 수형자가 먹는 식단의 변경에서부터 교도소장의 교체에 이르는 32가지의 요구사항들을 제시하였다. 당시 뉴욕주지사였던 넬슨 록펠러(Nelson Rockefeller)는 이러한 요구사항들을 거부하고 폭동의 진압을 지시한다. 나흘 후인 9월 13일 오전 10시, 주 방위군과 교도소 경비대는 아티카교도소를 공격하였다. 이 공격으로 인해 폭동은 진압되었지만, 불과 15분 만에 39명이 죽고 80명 이상이 부상당하는 결과를 가져왔다. 그리고 이들 중 11명의 사망자들과 33명의 부상자들은 무고한 인질들과 교정공무원들이었음이 밝혀졌다. 그리고 두 번째 사건은 1972년 올림픽이 한창이던 독일 뮌헨에서 일어났다. 아랍계 테러리스트 조직인 검은 9월단 소속 13명의 테러리스트들이 올림픽선수촌 이스라엘 숙소에 침입하여 이스라엘 올림픽 대표선수 2명을 죽인 후 11명을 인질로 잡았다. 사건 직후 이들은 이스라엘 교도소에 수감 중인 수형자 200명 이상의 석방과 이집트로 가기 위한 항공편을 요구하였다. 독일 당국과의 협상 끝에 테러리스트들과 인질들은 인근의 공항으로 이동하였고 거기서 대기하고 있던 경찰 진압팀의 공격이 개시되었다. 15분간의 치열한 교전 끝에 11명의 이스라엘 선수들, 1명의 경찰관 그리고 테러리스트들 중 10명이 사망하였고 살아남은 3명의 테러리스트들은 체포되었다. 결국 두 사건들 모두는 전술작전에 의한 진압을 통해 사건이 해결되었다. 그러나 그 결과는 받아들이기 힘들 정도의 사망과 부상이라는 결과를 가져왔다(Hammer, 2007: 19-20; 차훈진 · 정우일, 2009: 151).

나. 뉴욕 계획(The “New York Plan”)

위 두 가지 사건들은 법집행기관이 인질상황을 종료시키기 위해 전개하던 1972년 이전의 전술작전 위주의 접근방식에 대해 재평가하게 되는 동력을 제공하였다. 미국의 뉴욕시 경찰국은 두 사건의 만족스럽지 못한 결과에 특별히 주목하였다. 그리고 1973년 하비 쉴로스버그(Harvey Schlossberg) 박사와 프랭크 볼츠(Frank Boltz) 형사의 주도하에 우리에게 “뉴욕 계획”이라고 알려진 인질사건에 대한 새로운 접근방안을 개발하였다. Schlossberg(1979)는 뮌헨올림픽 인질사건 등과 유사한 사건들을 해결하기 위한 네 가지 접근방안을 다음과 같이 제시하였다. (1) 전술 공격(tactical assault), (2) 저격수(sniper fire), (3) 화학 요원(chemical agents), (4) 봉쇄와 협상(contain and negotiate). 그는 전술 공격은 가장 위험한 수단이라고 주장하면서 인질사건을 가장 안전하게 해결할 수 있는 새로운 대안으로 네 번째인 봉쇄와 협상 방안을 새롭게 제시하였다. 결과적으로 이 접근방식은 몇 년 후 연방수사국에 의해 실질적으로 수행되었다. 연방수사국에서는 소속 교육기관(FBI Academy)에 위기협상 부서를 창설하고 인질협상 프로그램에 대한 교육 · 훈련을 실시하였다(Hammer, 2007: 20; 차훈진 · 정우일, 2009: 151).

2) 위기협상 개념의 변화

몇몇 학자들은 1971년부터 지금까지 위기협상의 개념 변화를 설명하면서 초기에는 비행기 납치행위나 정치적인 선언 등과 같은 테러리스트들의 행위에 대해 보다 관심을 두었지만 이후에는 보다 개인적인 사건들, 즉 가정폭력, 약취유인, 감금 등과 같은 유형의 사건들로 관심이 옮겨졌다는 견해를 밝히고 있다(Hatcher, Mohandie & Gelles, 1998; McMains & Mullins, 2006: 40).

뮌헨올림픽 인질사건 이후 위기협상의 주된 관심 대상은 테러리스트에 의한 인질사건이었다. 또한 1970년대에는 테러리스트에 의한 비행기 공중납치 사건들 또한 빈발했기 때문에 위기협상은 협상요원이 테러리스트의 인질사건을 해결하는데 가장 핵심적인 역할을 하는 인질협상에 주된 초점을 두었다. 그러나 미국의 법집행기관들 사이에서 위기협상을 필요로 하는 사건들 대부분이 테러리즘과는 별 관련이 없다는 사실이 점점 인식되기 시작하면서 위기협상은 인질협상보다는 주로 자살 상황, 가정 폭력, 그 밖에 각종 범죄행위들을 해결하는데 중점을 두고 활용되었다(Hammer, 2007: 22).

인질사건을 해결하기 위한 협상기법의 사용은 그 이전의 물리력을 사용한 진압 위주의 전술 공격과 비교해 볼 때 상당히 혁신적인 변화였다고 볼 수 있다. 이로 인해 협상요원들은 협상을 통해 사건을 해결할 수 있는 여지가 있는 한 기본적인 심리학적 이론에 의지해 인질범을 설득하는 협상방법을 택하고 있으며 무력을 사용하는 공격방법은 가급적 지양되었다. 한편, 최근에는 인질사건에만 초점을 맞추지 않고 인질사건은 물론 자살기도 상황과 같이 인질이 실제로 존재하지 않는 경우까지 포함하는 위기협상(crisis negotiations) 개념으로 보다 폭넓게 논의되고 있는 실정이다(경찰청, 2000:

13-16; 정우일, 2008a: 376).

이러한 역사적인 또는 실무적인 환경 변화에 따라 위기협상의 개념은 이를 설명하는 수많은 용어들로 표현되어 왔다. 또한 학자들은 이러한 현상을 저마다 상이하게 정의하여 온 것이 사실이다. 근래에 주로 발표된 위기협상과 관련된 개념적 정의는 <표 7-1>에서 정리하였다.

〈표 7-1〉 위기협상의 개념 정의

학자(연도)	위기협상의 개념
Donohue, Ramesh & Borchgrevink(1991)	위기협상이란 목적을 가지고 위기거래(crisis bargaining)로부터 보다 정상적인 문제 해결과정으로 이행하는 의사소통 과정
Lanceley(2003)	사건협상(incident negotiations)이란 위기개입(crisis intervention)[1]접근방식과 거래(bargaining)[2] 접근방식의 조화
Rogan & Hammer (2006)	인질/위기협상이란 테러사건들보다 확대된 범위에 초점을 맞춘 위기개입과 거래 접근방식의 혼합
McMains & Mullins (2006)	위기사건(crisis incidents)이란 타인 또는 타인들의 강압과 강요에 의해 자신의 의사와는 상관없이 인질로 잡히고 인질범의 요구사항이 제시되는 사건

- 자료 : M. R. Hammer. Saving lives : the S. A. F. E. model for resolving hostage and crisis incidents, Westport, Connecticut: Greenwood Publishing Group, Inc., 2007: 22 재구성.

3) 전통적 위기협상 모형의 한계

Hammer(2007: 34-53)는 과거 전통적인 위기협상 모형을 사건 유형화 모형(incident typologies model), 도구 모형(instrumental model) 그리고 표현 모형(expressive model)의 세 가지 접근방식으로 구분하여 다음과 같이 설명하고 있다.

사건 유형화 모형이란 협상요원이 직면하는 위기사건들을 상황에 따라 유형화시키는 접근방식을 의미한다. 이 접근방식은 개개의 위기사건을 유형화함으로써 인질범의 동기, 의도 그리고 앞으로의 예상 행동들을 직관적으로 파악할 수 있다는 가정을 전제로 한다. Hacker(1976)는 법적인 관점에서 정의되는 범죄자(criminals), 정치적 관점에서 정의되는 십자군 전사(crusaders), 정신장애로 인해 나타나는 심리적 증상을 기준으로 정의되는 정신병자(crazies)로 유형을 분류하였다. 그러나 이러한 유형 분류는 제시된

1) 주체에게 인질이 더 이상 실질적인 가치가 없는 경우
2) 주체에게 인질이 실질적인 요구사항을 획득하기 위한 수단으로 사용되는 경우

유형들의 관계에 대한 개념적 구별의 부족으로 혼란만을 가중시켰다는 비판이 있다. 즉 어떤 유형의 인질범은 십자군 전사인지 범죄자인지 구분이 안 되는 경우가 있고, 또 다른 경우 위기상황에서의 인질범 유형이 범죄자인지 정신병자인지 판단하기 힘든 경우가 있다.

Goldaber(1979)에 따르면, 도구 모형(instrumental model)이란 사건 중심의 유형적인 분류보다는 인질범이 의도하는 목적(예를 들어, 금전 또는 동료 죄수의 석방)을 파악하고 그 목적을 어느 정도 충족시켜 줌으로써 위기상황을 해결하려는 접근방식이다. 반면에 표현 모형(expressive model)이란 자신의 중요성 내지는 권력을 보이고 싶어 하는 인질범의 성향을 파악하여 대화를 통에 그에 적절히 대처하여 위기상황을 해결하려는 접근방식이다.

도구 모형은 포상을 조건으로 하는 거래에 중점을 두는 관계로 표현 모형에 비해 인질범의 정서나 인질범과의 관계를 중요시하지 않는다. 또한 표면적으로 나타나는 인질범의 일차적인 목적에 집중하는 나머지 이차적이지만 핵심적이고 근본적인 문제는 간과하게 된다. 따라서 협상이 잘 진행되지 않는 경우 오히려 인질범으로 하여금 보복적인 행동을 유발하여 상황을 악화시킬 수 있다.

표현 모형은 심리학이나 인간관계 이론에 주로 근거하고 있다. 이 모형의 기본적인 전제는 협상요원과 인질범 사이의 양질의 인간관계 형성은 효과적인 갈등 해결에 있어서 핵심적인 요소라는 것이다. 표현 모형이 적용되는 인질사건을 살펴보면, 인질범은 인질을 목적 달성을 위한 거래의 대상으로 보지 않고 인질을 잡음으로서 자신의 요구나 처지에 대한 주위의 관심을 불러일으키는데 주안점을 둔다는 특징을 보인다. 이러한 특징은 인질사건이 아닌 자살 사건이나 외부와의 대화를 차단한 채 벌어지는 위기사건 등의 경우도 나타난다. 그러나 표현 모형에서 협상요원은 인질범의 감정을 다루는 업무를 수행하기 때문에 협상에 있어서 상당한 어려움에 처할 수 있다. 또한 인질범은 인질사건을 벌이게 된 직접적인 동기나 목적을 잘 드러내지 않기 때문에 인질범의 실체적인 요구사항이나 원하는 바를 파악하는 것이 쉽지 않다.

3. S. A. F. E. 모형과 위기협상 사례

1) S. A. F. E. 모형

Hammer(2007)는 과거의 전통적 접근방식이 아닌 새로운 위기협상기법으로 다음과 같은 S. A. F. E. 모형을 제시하였다.

S. A. F. E. 모형은 위기상황을 악화시키는 지표들(indicators)을 측정하고 탐색하는 것뿐만 아니라 그 과정을 지휘계통을 통해 보고하는데 유용하게 쓰일 수 있다. 또한 S. A. F. E. 모형은 사건의 유형에 따라 접근방식을 달리하는 것이 아니라 하나의 접근방식으로 테러리스트의 활동, 국제적인 인종 갈등 사건, 교도소 폭동, 그 밖에 광신도 집단, 노사갈등, 가정폭력, 자살기도, 정신장애 등으로 인해 발생하는 심각한 위기상황들을 해결하는데 활용될 수 있다. 아울러 협상요원은 S. A. F. E. 모형을 통해 인질사건, 자살상황, 가정폭력사건 등의 각종 위기상황에서 보다 쉽게 협상을 이끌어나갈 수 있다. S. A. F. E. 모형은 협상요원이 문제를 해결하고 위험을 감소시키는데 필요한 실질적 요구사항, 동화, 위신, 감정의 틀을 인식하고 찾아내는데 도움을 준다. 네 가지 구성요소들은 협상요원(negotiator)과 주체(subject) 사이의 대화나 행동을 통해 표현되는데, 협상요원은 네 가지의 각각의 차원들을 찾아냄으로써 보다 안전한 상황 하에서 위기사건을 해결하기 위한 기법들을 구사할 수 있는 장점이 있다.

가. S. A. F. E. 모형의 구성요소

(1) 실질적 요구사항(Substantive Demands)

실질적 요구사항이란 협상의 당사자, 즉 협상요원과 주체에 의해 표현되는 기계적인 욕구, 흥미 및 필요를 말한다. 실질적 요구사항은 어떤 경우에는 위기상황에 대한 중심적인(우선적인) 요구일 수도 있고 또 다른 경우에는 주변적인(이차적인) 요구일 수도 있다. 주체가 실질적 요구사항의 틀(frame)에 있을 때(주체가 실질적 요구사항을 제시하는 때), 협상요원은 주체와 문제 해결 또는 협상을 통해서 평화적인 방법으로 자수 또는 항복을 얻어내는데 협상의 목표를 둔다.

협상요원은 주체의 실질적인 요구사항에 대해서 다음의 세 가지 위기협상 기법들을 사용할 수 있다. ①(주체의 동화 상태, 얼굴 표정 또는 감정 상태에 집중하면서) 언제 그리고 어떻게 주체의 요구사항을 무시하거나 경시할 것인가에 대한 기법, ② 언제 그리고 어떻게 주체의 실질적 요구사항과 협상요원의 요구사항을 놓고 협상을 벌일 것인가에 대한 기법, ③ 언제 그리고 어떻게 주체의 요구사항에 대해 해결책을 제시할 것인가에 대한 기법.

그리고 협상요원은 실질적 요구사항과 관련된 위 기법들을 사용함에 있어서 ① 우선적인 요구사항과 부차적인 요구사항의 구별, ② 주체의 요구사항이 증가할 것인가 아니면 감소할 것인가 또는 강화될 것인가 아니면 완화될 것인가 그리고 주체의 위협이 공격적인 것인가 아니면 방어적인 것인가에 대한 판단, ③ 주체가 협상요원이 제시하는 요구사항을 무시하거나 거부할 것인가 또는 고려하거나 받아들일 것인가의 여부에 대한 탐색, ④ 표현된 입장(expressed position)과 드러나지 않은 관심사(underlying interests)의 차이를 파악함으로써 주체의 실질적 요구사항에 대한 재구성(reframe) 그리고 안전이 담보된 상태에서 주체의 드러나지 않은 관심사를 이끌어 내어 협상을 진행하는 문제 해결 기법 활용 등을 인식하고 이를 위기협상 과정에 적용할 수 있어야 한다.

(2) 동화(Attunement)

동화는 협상요원과 주체 사이에서 발전되는 신뢰, 권력, 통제 및 관계의 정도를 말한다. 보통 위기상황 하에서 주체는 스트레스와 위협을 느낀다. 협상요원은 이처럼 불리한 입장에 서있는 주체와 상호 작용을 시작하게 된다. 주체가 동화의 틀에 있을 때, 협상요원은 주체와 신뢰와 호감을 갖는 관계를 협력적으로 구축하는 활동을 전개하는데 협상의 목표를 둔다.

협상요원이 주체와 상호 신뢰관계를 구축하느냐의 여부는 위험한 사건을 해결하는데 있어서 중요한 열쇠가 된다. 이러한 신뢰관계 구축은 근본적으로는 협력적 활동(cooperative behavior)을 통해서 발전된다. 위기사건에 있어서 협력활동은 누적적인 효과성을 가진다. 따라서 협력활동은 사건 초기 불신의 상태에 있던 주체를 신뢰의 상태로 서서히 움직이게 하는 역할을 한다. 협상요원이 주체와 보다 긍정적인 관계를 형성하는 것은 사건 해결에 있어서 핵심적인 부분을 차지하고 있다. 즉 협상요원과 주체의 상호 동화는 주체가 자수하거나 항복하도록 만드는데 핵심적인 역할을 담당하는 것이기 때문에 그만큼 중요성도 크다고 할 수 있다.

따라서 협상요원은 동화와 관련하여 ① 전술적으로 유리한 위치에서 협상에 임할 수 있도록 체계적이고 협력적인 메시지와 행동 전달, ② 신뢰 증진을 위해 부차적인 요구사항을 충족시키는데 필요한 기법 개발, ③ 신뢰 구축을 위한 설득 활동 전개 등을 인식하고 이를 위기협상 과정에 적용할 수 있어야 한다.

(3) 위신(Face)

위신이란 투영된 자아상(self-image)을 말한다. 특히 주체는 자신의 자아상이나 평판을 손상시키거나 위협하는 대화나 행동에 민감하게 반응한다. 자신의 위신이 손상되는 일이 일어나면, 전형적으로 주체는 완고한 입장을 취하게 되고 협상요원의 영향력 행사에 대해 더욱 강하게 저항하는 자세를 취한다. 주체가 위신의 틀에 있을 때, 협상요원은 주체의 위신 욕구(face needs)를 인정하고 존중하여 주는데 협상의 목표를 둔다.

주체의 위신에 대한 욕구를 효과적으로 충족시키는 협상요원의 능력은 위기상황의 악화 또는 완화 여부에 중요한 영향을 미칠 수 있다. 한 개인은 자신의 위신이 손상되거나 위협받는 경우에는 더욱 더 폭력적인 행동에 집착하는 경향을 보일 수 있다. 반면에 자신의 위신이 존중받을 때에는 그 만큼 폭력적인 행동의 가능성도 감소한다고 볼 수 있다. 예를 들어, 주체가 자신의 위신이나 자존심에 대해 아주 부정적인 말들을 하는 것은 자살을 기도하는 상황에서 일어나는 아주 일상적인 현상이다. 협상요원은 여러 가지 사건들 속에서 주체가 하는 말들에 대해 무슨 의미인지 알아듣지 못하거나 협상과정에서 효과적으로 주체의 위신을 세워주지 못하는 경우에는 자살의 위험성도 그 만큼 높아진다고 볼 수 있다.

따라서 협상요원은 위신과 관련하여 ① 자신의 위신을 손상시키는 주체의 행위, ② 타인의 위신을 손상시키는 주체의 행위, ③ 자신의 위상을 세우는 주체의 행위, ④ 타인의 위신을 세우는 주체의 행위 등과 같은 주체의 행동들에 대해 효과적으로 대응할 수 있는 자세를 갖추어야 한다.

(4) 감정(Emotion)

정서적 디스트레스는 위기상황에서 발생하는 스트레스에 대처하는 개인의 능력을 저하시키는 강력하고 부정적인 감정을 말한다. 협상요원은 협상과정에서 주체가 표현하는 긍정적 또는 부정적 감정의 정도를 탐지해 내는 것은 매우 중요한 일이다. 주체가

정서적 디스트레스로 인해 문제해결 능력이 저하되는 경우, 향후 전개될 위기상황에 대한 예견가능성이 감소되는 것은 물론이고, 주체는 문제해결보다는 도피를 선택하는 경향을 보이거나 협상요원과 싸우는 대응방식을 보일 수 있다. 이러한 경우, 협상요원은 주체가 위기상황을 재평가할 수 있도록 하고 협력적인 해결방안을 모색할 수 있도록 영향력을 행사함으로써 자신의 정서적 디스트레스에 스스로 대처하도록 돕는데 협상의 목표를 둔다.

협상요원은 위기협상 과정에서 정서적 디스트레스를 경험하는 주체에게 ① 감정이입을 통해 주체가 처한 상황과 정서적 상태를 이해하는데 대화를 청취하는 기법, ② 디스트레스와 같은 주체의 특수한 감정 상태와 그에 따른 "행동 경향(action tendency)"에 초점을 맞추어 협상과정에서 영향력을 행사하는 기법 등 두 가지를 사용할 수 있다. 핵심적인 정서적 디스트레스의 다섯 가지 상태와 그에 상응하는 행동 경향은 <표 7-2>에서와 같다.

그리고 협상요원은 감정과 관련하여 ① 위기상황에 처한 주체의 부정적인 감정들과 그들의 행동 경향들의 탐지, ② 감정이입을 통한 주체의 감정 상태의 이해와 정리, ③ 주체의 정서적 디스트레스에 대처하는데 필요한 적절하고 능동적인 청취 기술, ④ 현저한 정서적 디스트레스 상태에서 나타나는 주체의 행동 경향에 영향을 미치는 특수기법들의 사용 등을 인식하고 이를 위기협상 과정에 적용할 수 있어야 한다.

〈표 7-2〉 정서적 디스트레스의 상태와 그에 따른 행동 경향

상태	행동 경향
슬픔(sadness)	잃어버린 중요한 대상을 찾기 위한 도움 요청
공포/불안(fear/anxiety)	어떤 위협으로부터의 회피 또는 도피
혐오(disgust)	혐오의 대상 또는 원인을 제거하거나 씻어냄
분노(anger)	어떤 대상을 공격
수치(shame)	숨거나 사라지거나 또는 자살
분노와 수치의 결합	굴욕감으로 인한 격노(humiliated fury)

- 자료 : M. R. Hammer. Saving lives : the S. A. F. E. model for resolving hostage and crisis incidents, Westport, Connecticut: Greenwood Publishing Group, Inc., 2007: 100-101 재구성.

나. 위기협상 과정

S. A. F. E. 모형의 네 가지 구성요소는 협상요원과 주체의 상호 의사소통 과정에서 지배적인 틀(predominant frames)로서의 기능을 한다. 따라서 일단 위기사건이 전개되기 시작하면, 협상요원과 주체의 상호 의사소통은 이 네 가지 구성요소의 틀 내에서 이루어지게 된다.

〈그림 7-1〉 S. A. F. E. 모형의 위기협상 진행 과정

탐지과정(Identify)		맞춤과정(Match)		전환과정(Shift)
주체가 드러내는 지배적인 S. A. F. E. 틀을 탐지한다.	⇒	주체의 S. A. F. E. 틀에 맞추어 의사소통 수준을 결정한다.	⇒	주체의 S. A. F. E. 틀 안에 존재하는 위기상황을 단계적으로 감소시키는 과정을 통해 어느 정도 성과를 달성한 후에는 다른 S. A. F. E. 틀로 전환시킨다.

- 자료 : M. R. Hammer, Saving lives : the S. A. F. E. model for resolving hostage and crisis incidents, Westport, Connecticut: Greenwood Publishing Group, Inc., 2007: 71 재구성.

S. A. F. E. 모형에 의한 기본적인 위기협상 진행 과정은 <그림 7-1>에서와 같다. 협상의 진행과정은 탐지과정, 맞춤과정, 전환과정 3단계 과정으로 구분된다.

먼저, 제1단계 과정은 탐지과정이다. 탐지과정에서는 협상요원은 의사소통을 통해 주체가 표현하는 지배적인 S. A. F. E. 틀을 탐지한다. 주체가 가장 먼저 드러내는 지배적인 틀은 실질적 요구사항, 동화, 위신, 감정 네 가지 구성요소들 중에서 어느 하나일 것이다. 따라서 협상요원은 주체가 가장 먼저 드러내는 구성요소를 탐지하는 것이 제1단계 과정에서의 최우선적인 임무라고 할 수 있다.

제2단계 과정은 맞춤과정이다. 맞춤과정에서는 협상요원은 제1단계에서 탐지한 구성요소의 틀을 이해하고 그것에 맞추어 주체와 적당한 의사소통 수준을 결정하는 것이 필요하다. 즉 제1단계 과정에서 협상요원이 주체의 감정을 탐지하였다면 제2단계에서는 제1단계에서 탐지한 주체의 감정 상태에 맞추어 의사소통 수준을 결정하고 협상을 계속해 나간다.

제3단계 과정은 전환과정이다. 협상요원은 제1단계와 제2단계를 통해 S. A. F. E.의 네 가지 구성요소들 중 어느 하나를 탐지하고 그것에 맞추어 대화 수준을 결정하여 협

상을 진행하다가 어느 정도의 성과를 거두었다고 판단되면, 마지막 단계인 제3단계로 넘어간다. 제3단계에서는 이미 탐지된 구성요소를 제외한 나머지 세 가지 구성요소를 탐지하기 위해 새로운 S. A. F. E. 틀로 전환시키는 과정이 필요하다. 즉 제1단계에서 협상요원이 주체의 감정을 탐지하고, 제2단계에서 주체의 감정 상태에 맞추어 대화 수준을 결정하고 협상을 진행하다 어느 정도 주체의 감정 상태가 누그러지면 나머지 구성요소들을 탐지하기 위해 다시 제1단계로 전환하는 것이다.

2) 위기협상 사례 분석

다음에서는 S. A. F. E. 모형을 토대로 위기협상기법을 제시하고 문헌자료를 통해 나타난 경찰에서 실제 담당했던 두 가지 사건들을 협상요원의 역할과 기능적인 측면에서 분석해 보고자한다.

가. 00의과대학 인질사건

(1) 개요

2007년 5월 28일 18:20경 인질범 김○○(남, 무직)은 ○○대학교 ○○병원 의사 장○○과 연인관계를 유지해 오던 중 그녀가 의대를 졸업하고 의사면허를 취득하면서 자신을 멀리하기 시작했고 그러다가 동료 의사와 결혼하였다는 소식을 듣고 격분하여 ○○대학교 의과대학 장○○의 연구실로 찾아 갔다. 마침 그녀가 자리에 없자 같은 연구실에 근무하는 동료 여의사 전○○의 목에 10cm 가량의 날카로운 유리조각을 대고 인질로 삼아 자신의 옛애인 장○○을 불러줄 것을 요구하였다. 경찰에서는 인질사건 신고를 받고 제일 먼저 관할 순찰지구대장 ○○○경감이 현장에 도착하였다. 지구대장은 퇴근 중 에 연락을 받고 현장에 도착한 관계로 사복을 입고 있었다. 지구대장이 현장에 도착해 보니 30㎡의 연구실 문이 강제로 뜯겨져 있었고 인질범이 벽에 걸린 거울을 깬 조각으로 인질을 위협하면서 옛애인을 불러달라고 요구하는 상황이었다. 이러한 현장상황을 보고 지구대장은 인질범에게 자신이 지구대장임을 밝히고 대화를 시도하다가 여의치 않아 연구실을 나왔다. 이후 뒤늦게 출동한 형사팀 및 관계자들이 문 앞에 어른거리자 인질범은 불안감을 느끼고 지구대장을 불러줄 것을 요구하였고 지구대장이 연구실로 다시 들어가 일정 거리를 유지한 채 인질범과 대화를 나누던 중 밖에서 대기하고 있던 경찰특공대가 전자충격총을 쏘며 진입하여 인질범을 검거하였다(경찰청, 2008b; 정우일, 2008b: 349).

(2) 사례 분석

주체(인질범 김○○)의 실질적 요구사항은 자신의 옛애인 장○○을 만날 수 있도록 불러달라는 것이다. 반면에 처음 협상을 담당한 지구대장이 대화를 시도하다가 여의치 않아 연구실을 나왔다는 내용으로 보아서는 협상요원의 실질적 요구사항은 자세하게 언급되어 있지 않다. 그러나 요구사항을 들어주지 않고 단지 자수 또는 항복을 권유했을 것으로 추정해 볼 수 있다.

협상요원과 주체의 신뢰관계는 짧은 시간임에도 불구하고 어느 정도 형성된 것으로 볼 수 있다. 그 이유는 처음 협상을 시도한 지구대장이 협상장소인 연구실을 떠난 후, 뒤늦게 출동한 형사팀 및 관계자들이 문 앞에 어른거리자 불안감을 느낀 주체가 지구대장을 다시 불러줄 것을 요구하였고 지구대장이 연구실로 다시 들어가 대화를 재개한 것에서 찾을 수 있다. 따라서 협상요원과 주체는 어느 정도 상호 동화되었다고 볼 수 있다.

주체의 위신은 손상되고 위협받은 것으로 보인다. 주체가 옛애인의 배신에 위신이 손상되었을 것임은 당연하다. 그리고 사건진행 과정에서 자신의 실질적 요구사항이 무시되고 경찰 관계자들이 문 앞에 어른거리는 것을 보자 더욱 위신이 손상되고 위협받았을 것으로 여겨진다. 따라서 이러한 이유로 주체는 동료 여의사 전○○의 목에 10cm 가량의 날카로운 유리조각을 대고 인질로 삼아 계속적인 위협을 가하는 폭력적인 행동에 집착했을 것으로 추정된다.

주체의 감정은 슬픔과 분노의 상태라고 볼 수 있다. 주체는 옛애인의 배신과 결혼 소식으로 인해 슬픔의 상태에 있었고 그로 인해 표출된 행동 경향 또한 옛애인을 만나게 해달라는 요구사항으로 나타난 것이라고 볼 수 있다. 또한 분노의 상태도 존재하는 것으로 보인다. 무고한 옛애인의 동료 의사를 인질로 삼아 흉기로 위협하는 행동은 분노로 인해 표출된 행동 경향으로 이해된다.

나. 20대 실연남의 자살사건

(1) 개요

2008년 6월 5일 16시 30분경 인00(남, 26세)은 부산 사하구 신평동 ○○빌라 4층 옥상에서 자살소동을 벌였다. 인○○은 이날 오후 1시30분쯤 신평동 소재 ○○병원 앞에서 여자 친구 한○○로부터 헤어지자는 말을 듣고 그녀를 마구 때려 의식을 잃게 한 뒤 승용차를 타고 달아난 뒤 자신의 집이 있는 빌라 옥상으로 올라가 "여자 친구의 부모를 만나게 해주지 않으면 뛰어 내리겠다"라고 하며 약 5시간 동안 경찰과 대치중이었다. 신고를 받고 현장에 출동한 경찰특공대 소속 전○○ 경장은 119구급대 복장을 입고 동료 특공대원 8명과 함께 옥상으로 올라가라는 지시를 받았다. 옥상에 올라간 전○○ 경장은 자살기도 중이던 인○○과 대화를 통해 설득을 시도하였다. 그러나 인○○은 설득하는 전○○ 경장의 손을 붙잡은 채 14m 아래로 뛰어내렸다. 경찰은 만약의 사태에 대비해 건물 아래에 매트리스를 준비했으나 인○○과 전○○ 경장은 매트리스를 벗어난 지점에 떨어졌다. 경찰은 인○○과 전○○ 경장을 인근 병원으로 긴급 후송했으나 두 사람 모두 치료 중 사망했다(세계일보, 2008년 6월 6일자; 정우일, 2008b: 351).

(2) 사례 분석

주체(자살기도자 인○○)의 실질적 요구사항은 이별을 통지한 여자 친구의 부모를 만나게 해달라는 것이다. 협상에 임한 경찰특공대원은 대화를 통해 설득을 시도하였다는 것으로 보아서는 협상요원이 주체의 요구사항을 받아들이지는 않은 것으로 추정해 볼 수 있다.

협상요원과 주체의 신뢰관계 형성 여부에 대해서는 정확하게 파악할 수는 없다. 주체가 대화로 설득을 시도한 경찰특공대원이 손을 잡은 채 뛰어 내렸다는 상황으로 보아서는 어느 정도의 상호 동화 진행되었을 것이라고 추정할 수 있다. 그러나 손을 잡은 행위가 주체의 일방적인 행동인지 아니면 동화에 의해 주체와 협상요원이 서로 신뢰관계가 형성되어 일어난 행동인지는 명확하지 않다.

주체의 위신은 손상된 것으로 보인다. 주체가 여자 친구의 배신에 위신이 손상되었고 여자 친구의 부모를 만나게 해달라는 실질적 요구사항도 무시되었기 때문이다. 그러나 협상과정에서 경찰특공대원에 의해 위신이 손상되었는지 여부는 알 수 없다. 결과적으로 주체는 자살을 선택했고 그 과정에서 협상요원 또한 죽음을 당하는 일이 벌어졌다.

주체의 감정은 슬픔, 수치 그리고 분노의 상태라고 볼 수 있다. 주체는 여자 친구의 이별 통지로 인해 슬픔의 상태에 있었고 그로 인해 여자 친구의 어머니를 만나게 해달라는 행동 경향을 보인 것으로 이해된다. 또한 수치의 감정 상태도 존재하는 것으로 보인다. 경찰특공대원의 설득에도 불구하고 주체가 끝내 자살을 선택한 것은 주체의 감정 상태가 수치심으로 가득했고 그로 인해 자살이라는 행동 경향이 표출된 것으로 볼 수 있다. 그리고 마지막으로 주체는 분노의 감정 상태도 가지고 있었다. 자신의 삶을 포기하는 순간에서조차도 협상을 시도하던 경찰특공대원의 손을 잡고 옥상에서 떨어지는 행동은 분노의 감정 상태로 인해 표출된 행동 경향이라고 여겨진다.

다. 40대 실직남의 가정폭력 사건

(1) 개요

2007년 8월 20일 23시경 신00(남, 40세)은 주점을 운영하다 실패하고 일정한 직업이 없이 지내고 있다가 평소 부인 김○○(37세)의 불륜을 의심하고 있던 중 당일 술에 만취하여 광주광역시 서구 ○○동 소재 자신의 아파트 내에서 망치와 식칼을 들고 부인에게 내연남을 데려오지 않으면 아들 2명과 함께 죽이고 자신도 자살하겠다고 하면서 난동을 부리는 것을 부인이 경찰에 신고하였다.

신고를 받고 출동한 관할 지구대 소속 경찰관들이 20층에 위치한 신00의 집에 찾아가 대화를 시도하였으나 문을 잠근 채 왜 경찰이 남의 집안일에 참견하느냐 돌아가라며 심한 욕설을 하였다. 관할 지구대에서 사건 해결에 어려움을 느끼고 형사계에 지원요청을 하여 형사과장 등 형사 5명이 현장에 도착하여 수차례 협상을 시도하였으나 신○○은 계속해서 욕설을 하고 집안의 물건을 손괴하는 등의 방법으로 대화를 거부하였다. 이에 경찰서장도 찾아가 협상을 시도하였으나 실패하고 경찰특공대의 출동을 요청하였다.

현장에 출동한 특공대원은 가족들의 안전을 확인하고 이웃에 피해를 주는 소란을 피우지 않으면 경찰들을 신○○이 보는 앞에서 철수시킬 것을 약속하겠다며 협상을 시도하자 특공대원에게 가족들의 안전을 확인시켜 주는 등 대화가 순조롭게 진행되었다. 이에 경찰에서는 현장에 출동한 경찰관, 특공대원, 순찰차 및 119구급차 등을 위장 철수토록하고 틈을 노려 진압하는 계획을 세웠다. 신○○이 아파트 주변의 경찰들이 철수하자 이를 확인하기 위해 현관문을 열고 나오는 순간 계단 위쪽에서 대기하고 있던 특공대원들이 신○○을 검거하고 안방에 감금되어 있던 가족들을 구출하면서 사건은 종결되었다(경찰청, 2008a: 173-177).

(2) 사례 분석

주체(가정폭력행위자 신○○)의 실질적 요구사항은 부인의 내연남을 데려오라는 것이다. 그러나 이것은 부인에 대한 요구사항이므로 협상요원에게는 정황상 이 요구가 표시되지 않았다. 따라서 협상요원은 단순히 물러가라는 부차적인 요구만을 받은 상태였다고 볼 수 있다. 주체의 부차적인 요구사항을 계속 거절하면서 경찰에서는 협상을 시도하였고 나중에야 비로소 경찰력을 위장 철수하는 방법을 사용하기는 했으나 끝내 주체의 요구사항을 수용하지 않았다고 볼 수 있다.

협상요원과 주체의 신뢰관계 형성 여부와 관련해서는 지구대 소속 경찰관, 형사계 소속 경찰관 및 경찰서장과의 신뢰관계는 형성되어 있지 않으나 마지막 협상요원으로 나선 특공대원과의 대화가 순조롭게 진행된 것으로 보아서는 어느 정도의 신뢰관계가 형성되었다고 볼 수 있다.

주체가 의처증을 보이고 있는 관계로 주체의 위신의 손상 여부는 쉽게 판단할 수 는 없는 사안이다. 그러나 경찰에 대한 부차적인 요구사항이 이루어지지 않자 욕설과 손괴 행위를 계속하는 것으로 보아서는 협상과정에서 어느 정도의 위신의 손상을 입었다고 볼 수 있다. 주체의 감정은 만취된 상태 하에 있기 때문에 판단하기는 어려우나 기본적으로 분노의 상태라고 볼 수 있다. 주체는 부인의 남자관계에 대해 의심하고 있었고 그것이 가정폭력을 불러 일으켰고 나아가 극단적인 인질사건으로 이어졌다고 볼 수 있다.

5.결 론

사회가 점점 더 복잡해지고 다원화되면서 여러 유형의 사건들로 인해 발생하는 각종 위기상황들은 계속해서 증가하고 있는 실정이다. 위기협상은 위기상황을 해결하는 과정에서 가장 중요하고도 필수불가결한 위치를 차지기 때문에 위기협상 업무를 담당하는 경찰관의 자질과 능력은 임무 수행의 성패를 좌우하는데 결정적인 영향을 미친다고 볼 수 있다. 그러나 아쉽게도 우리나라 경찰에서는 인질사건이나 자살기도 사건 등과 같은 위기사건들이 발생한 경우 협상을 전담할 조직이나 전문인력을 갖추고 있지 못하다. 그렇기 때문에 결국 전문적인 지식과 경험이 부족한 일반 경찰관들이 어설프게 위기협상을 시도하다가 더 큰 위험을 초래하는 결과를 가져오기도 한다. 따라서 경찰에서는 위기협상에 있어서 나타난 문제점들을 근본적으로 해결하기 위해서는 별도로 구성된 인질협상팀을 설치하고 운영하는 방안과 협상요원으로서 우수한 자격을 갖춘 인력들을 충원하고 위기협상기법을 전문적으로 교육 · 훈련시키는 제도적 장치를 갖출 필요가 있다(정우일, 2008a: 394-395).

위 분석 사례들을 살펴보면, 첫째 사례에 있어서는 위기협상이 성공적으로 진행되지 못하고 결과적으로 경찰특공대의 전술 공격에 의해 인질사건이 진압되었지만 만약 지구대장이 아닌 보다 전문적인 위기협상 지식을 가진 협상요원에 의해 협상이 진행되었다면 인질범의 실질적 요구사항이나 동화 상태 그 밖에 감정 상태를 판단해 보건데 자수나 항복을 이끌어 낼 수 있었을 것으로 여겨진다. 둘째 사례의 경우 경찰특공대원과 자살기도자 모두 사망에 이르는 결과를 가져왔지만 경찰특공대원에게 보다 전문적인 협상기법이 교육되거나 협상지식을 가진 협상요원이 협상에 임했다면 적어도 두 사람 모두 목숨을 잃는 안타가운 일은 막을 수 있지 않았나하는 생각을 가져본다. 셋째 사례의 경우 사건은 안전하게 진압되었지만 협상의 비전문가인 경찰관들이 주체의 요구사항을 들어주지 않은 채 계속해서 협상을 시도하였던 관계로 주체의 분노를 계속해서 자극할 수 있는 여지가 있었고 또한 경찰의 위장 철수 사실이 발각되었을 경우 신뢰관계가 깨져 자칫 예기치 못한 위험한 상황을 초래할 수 있었다는 점을 밝혀두고 싶다.

미국 경찰에서 전통적인 위기협상기법으로 논의되는 사건 유형화 모형, 도구 모형 및 표현 모형 등은 우리나라 경찰실무에서는 아직까지 도입되거나 우리나라 실정에 맞게 활용되지도 못한 실정이다. 어떻게 보면 위기협상기법에 대한 연구와 실천이 제한적인 우리나라 경찰의 위기협상 업무에 전통적인 협상모형보다 한층 발전된 새로운 협상모형인 S. A. F. E. 모형을 소개하고 이에 대한 도입 가능성을 탐색하는 것은 우리나라 경찰의 협상업무 현실을 볼 때 상당 부분 앞서나가는 것일 수 있다. 그러나 위기협상 업무는 나날이 새롭게 발전하고 있다. 따라서 우리나라 경찰이 위기협상 분야에서 선진 외국의 경찰에 뒤처지지 않기 위해서는 보다 적극인 자세로 새로운 협상모형에 대한 연구와 응용이 필요한 시점이라고 여겨진다. 마지막으로 이 연구에서는 위기사건 관련자와의 인터뷰를 통해서 보다 정확한 자료를 수집하지 못하고 이차적인 자료에 의존한 연구방법상의 한계가 있었다. 또한 국내 형사사법기관에서는 살인, 강도, 절도, 폭력 등의 사건과는 달리 별도로 인질사건에 대한 통계자료를 수집하지 않는 관계로 국내에서 일어나는 인질사건의 정확한 규모나 유형에 대해서 파악할 수 없는 한계가 있었음을 밝혀두고자 한다.

참고문헌

‖ 국내문헌 ‖

경찰청. (2000). 「대테러 인질협상」.

______. (2008a). 「대테러협상요원연구집」.

______. (2008b). 「인질협상 사례」.

국가정보포럼. (2007). 「국가정보학」. 박영사.

정우일. (2008a). "경찰 인질협상팀 구성 방안에 관한 연구". 「한국공안행정학회보」. 17(3): 369-398.

______. (2008b). "경찰 인질협상팀 조직 방안". 「대테러연구」. 31: 339-364.

차훈진 · 정우일. (2009). "경찰 위기협상 발전 방안: 역할심리극을 중심으로". 「한국범죄심리연구」. 5(1): 145-167.

‖ 외국문헌 ‖

Cohen, H. (1982), *You Can Negotiate Anything*, New York, New York: Bantam Books.

Donohue, W. A., Ramesh, C., and Borchgrevink, C. (1991). Crisis bargaining: *Tracking relational paradox in hostage negotiation*, International Journal of Conflict Management, 2: 257-274.

Goldaber, I. (1979), *A typology of hostage-takers*, The Police Chief, 21-23

Greenstone, J. L. (2005). *The Elements of Police Hostage and Crisis Negotiations Critical Incidents and How to Respond to Them*, Binghamton, New York: The Haworth Press, Inc.

Hacker, F. J. (1976), *Crusaders, Criminals, crazies: Terror and terrorism in our time*, New York: Norton.

Hammer, M. R. (2007), *Saving lives : the S. A. F. E. model for resolving hostage and crisis incidents, Westport*, Connecticut: Greenwood Publishing Group, Inc.

Hatcher, C. K., Mohandie, J. T., and Gelles, M. (1998), "The Role of the Psychologist in Crisis/Hostage Negotiations." Behavioral Science and the Law, 16(4): 455-472.

McMains, M. J. and Mullins, W. C. (2006), *Crisis Negotiations: Managing Critical Incidents and Hostage Situations in Law Enforcement and Corrections*, Cincinnati, Ohio: Anderson Publishing.

Lanceley, F. J. (2003), *On-scene guide for crisis negotiations*, Boca Raton, FL: CRC Press.

Rogan, R. G. and Hammer, M. R. (2006), *The emerging field of hostage/negotiation: A communication based perspective*, In S. T.-T. J. Oetzel (eds.), Handbook of conflict communication, Thousand Oaks, CA: Sage.

Royce, T. (2005), "Case Analysis: The Negotiator and the Bomber: Analyzing the Critical Role of Active Listening in Crisis Negations", *Negotiation Journal*, January: 5-27.

Schlossberg, H. (1979), *Police response to hostage situations*, In J. T. O'Brien & M. Marcus (eds.), Crime and justice in America, New York: Pergamon Press.

Slatkin, A. A. (2005), *Communication in Crisis and Hostage Negotiations*, Springfield, Illinois: Charles C Thomas · Publisher, Ltd.

Vacchi, G. M., Van Hasselt, V. B., and Romano, S. J. (2005), "Crisis(hostage) negotiation: current strategies and issues in high-risk conflict resolution", *Aggression and Violent Behavior*, 10: 532-551.

|| 기타자료 ||

국립국어원 표준국어대사전(1999)

세계일보(2008년 6월 6일자)

제 3 편

사 회 안 전

8장

깨진 창 경찰활동과 기초질서위반사범*

1. 서 론

우리나라 경찰은 국민의 생명 · 신체 및 재산의 보호와 범죄의 예방 · 진압 및 수사, 치안정보의 수집, 교통의 단속 기타 공공의 안녕과 실서유시를 그 임무로 하고 있다(「경찰법」 제3조).

독일, 일본 및 한국 경찰법 조항에 커다란 영향을 준 1931년 「프로이센경찰행정법(PrPVG)」 제14조의 이유서에 따르면 공공의 질서는 "그 준수가 그때그때 지배적인 사회윤리적 가치관에 의할 때 경찰관할 구역 내 거주하는 주민의 원활한 공동생활을 위해 불가피한 전제조건으로 간주될 규범의 총체"를 의미한다고 정의하고 있다. 프로이센고등행정재판소(PrOVG)는 공공의 질서 개념을 "그 준수가 그때그때 지배적 가치관에 따를 때 정상적 국민공동체 생활의 불가결한 전제조건으로 간주되는, 공중에 있어서 개인행동을 위한 불문의 규범 총체"라고 좀 더 구체적으로 해석하고 있다. 이러한 공공의 질서 개념은 현재에도 독일 다수 란트경찰법과 해석론의 기초가 되고 있다(이기춘, 2006: 371).

미국의 경우 자치경찰제도를 실시하고 있는 관계로 각 경찰기관마다 조금씩 차이가 있지만, 대표적인 학자들의 견해에 따르면 경찰의 기본적인 임무 또는 역할은 다음과 같다. 파이프(J. Fyfe) 등은 생명, 재산 및 헌법적 권리의 보호와 질서 유지를 경찰의 임

* 이 장은 2009년 3월 한국공안행정학회보에 게재된 논문내용을 일부 수정한 것임

무로 제시하였다(Fyfe et al, 1997: 30; 이황우, 2005: 13). 스미스(B. Smith)는 공공의 안전 유지와 불법행위에 대한 국민의 신체 및 재산 보호를 경찰의 임무로 보았다(Smith, 1960: 16; 이황우, 2005: 13-14). 비트너(E. Bittner)는 현대사회에서의 경찰의 역할은 법집행, 범죄통제 및 치안유지라고 하였다(Bittner, 1973: 2; 이황우, 2005: 14). 로블레스키(H. M. Wrobleski)와 헤스(K. M. Hess)는 경찰의 기본적인 임무로 법집행(enforcing laws), 치안유지(preserving the peace), 범죄예방(preventing crime), 시민의 자유와 권리 보호(protecting civil rights and liberties), 대민봉사(providing services)를 제시하였다(Wrobleski and Hess, 2000: 130).

이렇듯 대륙법계 국가경찰제도나 영미법계 자치경찰제도를 가진 나라에서 모두 공통적으로 공공의 질서 유지는 경찰의 고유한 업무로 인식되고 있는 것이 사실이다. 우리나라의 경우 공공의 질서 유지를 위한 경찰활동의 법적 근거는 「경찰관직무집행법」, 「집회및시위에관한법률」, 「도로교통법」, 「경범죄처벌법」 등이 대표적이다. 그러나 아직까지 기초질서의 개념이 학문적인 측면에서나 실무적인 측면에서 명확하게 규정되어 있지 않기 때문에,[1] 이 연구에서는 「경범죄처벌법」[2] 상에 나타난 위반행위들을 중심으로 기초질서와 연관시켜 논의를 전개하고자 한다.

1982년 윌슨(J. Q. Wilson)과 켈링(G. L. Kelling)이 애틀랜틱(Atlantic)에 기고한 논문에서 처음으로 사용한 "깨진 창(broken windows)"의 개념은 상당한 반향을 불러일으켰으며, 이후 1990년대 초반 뉴욕시 지하철에서의 질서 회복과 1990년대 중반 뉴욕시의 범죄율 감소가 깨진 창과 관련이 있다는 사실이 알려지면서 대중적인 인지도를 높였다. 특히 당시 뉴욕시장 줄리안이(Rudolph Giuliani)와 뉴욕시 경찰청장 브래튼(William Bratton)이 추진했던 무관용 경찰활동 전략의 핵심으로 깨진 창 개념을 강조하면서 더욱 더 유명해졌다(Sousa and Kelling, 2006: 77).

테일러(R. B. Taylor, 2006)는 깨진 창 경찰활동의 개념적 근거를 반문화행위 테제(incivilities thesis)에서 찾고 있으며, 반문화행위 테제를 근거로 깨진 창 경찰활동을 지역사회에 기반을 둔 협력활동 모형(coproduction model)과 무관용 경찰활동으로 대표되는 범죄통제 모형(crime control model)으로 구분하여 설명하고 있다. 따라서 이 연구에서는 먼저 깨진 창 경찰활동에 대한 이론적 배경, 발전 과정 등을 고찰하고 테일러가

1) 조병인 · 전영실(1996: 25); 최응렬 · 이재영(2008: 407) 참조
2) 「경범죄처벌법」은 공공의 질서 유지와 치안 확보를 위하여 경미한 범죄사범을 처벌할 수 있도록 1954년 4월 1일 법률 제316호로 제정된 이후 11 차례 개정되어 현재에 이르고 있다.

제시한 협력활동 모형과 범죄통제 모형을 토대로 「경범죄처벌법」에 나타난 기초질서 위반사범에 대한 접근 방안을 제시하고자 한다.

2. 이론적 고찰

1) 깨진 창 경찰활동

(1) 짐바르도(P. Zimbardo)의 실험연구

1969년 스탠포드 대학의 심리학자 짐바르도는 깨진 창 이론(the broken-window theory)을 검증하는 몇 가지 실험 결과들을 발표했다. 짐바르도의 연구는 방치된 차량은 그 차를 파괴하는 약간의 선행행위가 있는 경우 더 큰 파괴행위들을 불러오기 때문에 (파괴를 유발하는 선행행위 없이) 방치된 차량보다 더 빠른 시간 안에 파괴된다는 것을 보여주고 있는데(Zimbardo, 1969; Walker, 1993: 409), 그 실험의 내용을 간략히 살펴보면 다음과 같다.

짐바르도는 먼저 비교실험을 위해 차량번호판을 제거한 두 대의 자동차를 준비했다. 한 대는 앞부분의 덮개(보닛)를 연 채로 브롱크스(Bronx)[3] 지역의 한 노상에 주차시켰고, 마찬가지로 다른 한 대의 차량은 팰러앨토(Palo Alto)[4] 지역의 한 노상에 주차시켰다. 브롱크스에 있는 자동차는 주차된 지 채 10분이되기도 전에 파괴자들(vandals)에 의해 공격을 받아 회복이 불가능한 정도의 상태가 되었다. 첫 파괴자들은 아버지, 어머니 그리고 어린 아들로 구성된 한 가족이었다. 이들은 냉각장치와 차량전지를 가지고 갔다. 실제로 채 24시간이 지나기도 전에 그 자동차의 가치 있는 모든 부품들이 사라졌다. 그 다음에는 불규칙적인 파괴행위들이 일어났다. 먼저 유리창이 깨졌다. 그 다음 차량의 각 부분이 뜯겨져 나갔고 자동차의 내장재들이 뜯겨졌다. 그러고 나서 동네 아

3) 미국 뉴욕 주(州) 뉴욕에 있는 5개 자치구 가운데 하나로 가장 북쪽에 있으며, 할렘 강(江)을 건너 맨해튼과 그리고 이스트 강을 건너 퀸스와 마주하고 있다(네이버 백과사전: http://100.naver.com/100.nhn?docid=80628/2008.9.4).

4) 미국 캘리포니아 주(州) 샌프란시스코 남동쪽 45㎞ 지점의 샌프란시스코 만(灣) 서안에 위치한 교외 주택도시로 1867년 마을이 형성되었으며, 1885년에 설립된 스탠퍼드대학교와 서부 연안지대의 도시화에 힘입어 1940년대부터 성장하기 시작했다(네이버 백과사전: http://100.naver.com/100.nhn?docid=180637/2008.9.4).

이들이 자동차를 놀이터삼아 놀기 시작했다. 성인 파괴자들의 대부분은 말쑥하게 잘 차려입은 백인들이었다. 반면에 팰러앨토 지역의 자동차는 일주일이 넘도록 아무런 이상 없이 그대로 주차되어 있었다. 짐바르도는 (실험 목적상 파괴행위를 인위적으로 유발하기 위해) 큰 쇠망치로 그 자동차를 내리쳤다. 그러자 곧 그 현장을 지나가던 사람들이 합세하여 함께 자동차를 부수게 되었다. 불과 몇 시간이 지나지 않아 그 자동차는 완전히 파괴되어 전복된 상태가 되었다. 이 실험에서도 다시 파괴자들이 등장했는데, 주로 그 파괴자들은 존경받는 백인들이었다(Wilson and Kelling, 1982: 31).

윌슨과 켈링은 짐바르도의 연구 결과를 인용하며 깨진 창의 의미를 다음과 같이 제시하고 있다. 첫째, 비록 평상시에는 파괴행위(vandalism)를 평상시 꿈에도 생각하지 못하던 사람들이나 자신이 준법정신이 매우 강하다고 느끼던 사람들조차도 방치된 자동차를 약탈하거나 재미로 파괴행위를 저지를 수 있다. 둘째, 익명성, 빈번한 자동차 도난 및 방치 등과 같은 행위들이 만연한 브롱크스 지역의 특성, 즉 "아무도 관심을 기울이지 않는데, 뭐 어때"라는 식의 과거로부터 이어져온 경험은 자동차에 대한 파괴행위가 팰러앨토보다 브롱크스 지역에서 더 빨리 시작된 이유가 되었다. 셋째, 팰러앨토 지역의 주민들은 사유재산은 보호돼야 하고 부도덕한 행동은 언젠가는 그 대가를 치르게 된다는 생각을 가지고 있었기 때문에 팰러앨토 지역은 브롱크스 지역에 비해 안정적이었다. 그러나 "아무도 관심을 기울이지 않는데, 뭐 어때"라는 식의 행동이 나타나게 되면 지역사회를 보호해주는 방어벽, 즉 지역사회 구성원들의 상호 관심과 문화행위 준수가 무너지게 되고, 일단 한 번 그 방어벽이 무너지게 되면 (팰러앨토지역과 같이 지역사회의 통제력이 높은 곳에서도 볼 수 있듯이) 파괴행위는 어느 곳에서든지 일어날 수 있다(Wilson and Kelling, 1982: 32).

(2) 반문화행위 테제

1978년 헌터(A. Hunter)는 미국 범죄학회에서 발표한 논문에서 다음의 네 가지 주요한 테제를 통해서 반문화행위의 특징들을 제시하고 있다. 첫째, 반문화행위의 원인은 가옥의 손괴, 공공시설의 낙서와 같은 물리적 파괴행위와 구걸행위와 같은 무질서한 사회적 행위에 기인한다. 둘째, 반문화행위는 범죄와 상호 관련성을 가지고 있다. 셋째, 반문화행위는 사회 해체, 비공식적 통제력 상실, 높은 범죄율, 공동 목표에 대한 노력 상실과 같은 지역사회 내에 존재하는 원인들과 간접적으로 관련성을 가지고 있다. 넷째, 범죄율이 높은 지역에서는 반문화행위가 광범위하게 나타난다. 높은 범죄율과 광범위한 반문화행위는 무능력, 낮은 사회적 지위 등과 같은 구조적 요인을 공유하게 되므로 범죄와 반문화행위는 상호 인과적 관계에 놓여 있다(Hunter, 1978: 43; 장석헌, 2003: 185-186).

테일러는 반문화행위 테제를 통해 깨진 창 경찰활동의 개념적 토대를 설명하고 있다. 반문화행위 테제와 관련하여 여러 가지의 해석들이 존재하지만,[5] 그에 따르면 물리적 파괴행위(physical deterioration)와 무질서한 사회적 행위(disorderly social conduct)는 각각 독립적으로 두려움, 이웃관계의 몰락(neighborhood decline) 그리고 범죄에 영향을 미치기 때문에 반문화행위를 감소시키는 활동[6]은 두려움의 감소, 이웃관계의 안정(neighborhood stability), 그리고 안전에 기여하게 된다는 것이다(Taylor, 2006: 98).

(3) 윌슨과 켈링의 연구 : "깨진 창"

1982년 윌슨과 켈링은 깨진 창 연구를 통해 경찰이 이미 발생한 범죄의 해결에 집중하기 보다는 지역사회(이웃) 내 사회적 · 물리적 무질서 문제를 해결하여 범죄의 발생을 사전에 예방하는 것이 중요하다는 것을 강조하였다(황의갑, 2008: 83). 여기서 그들이 제시한 깨진 창이란 일종의 은유적 표현이다. 깨진 창의 상징적 의미를 간략히 설명하면, 이웃구성원 중 어느 누구도 다른 이웃구성원의 깨진 창에 대해 관심을 기울이지 않고 그대로 방치해 두면 더 많은 이웃구성원의 창들이 깨지는 결과를 가져오듯이, 다른 이웃구성원의 무질서한 행동(disorderly behavior)을 제지하지 않고 그대로 놔두면 범죄에 대한 두려움, 더 나아가 중범죄 그리고 결국에는 도심 쇠락(urban decay)의 결과를 가져오게 된다는 것이다(Sousa and Kelling, 2006: 77-78).

윌슨과 켈링이 제시한 깨진 창의 상징적 의미를 좀 더 자세히 설명하면 다음과 같다. "방치된" 행동은 지역사회의 통제력을 붕괴시키는 결과로 이어지게 된다. 비록 이웃주민들이 서로의 자녀들에게 관심을 가져주고 원치 않는 침입자가 생겼을 때 주변에서 눈을 부릅뜨고 감시할 정도로 결속력이 강한 가정들(families)로 구성된 이웃(neighborhood)이 있다고 할지라도 이 이웃은 몇 년 이내에 또는 심지어 몇 개월 이내에 서로 으르렁

5) 테일러는 반문화행위 테제는 윌슨(Willson, 1975) 및 가로팔로와 라웁(Garofalo and Laub, 1978)의 견해를 통해서 형성 · 발전되었다고 보고 있다.

6) 물리적 파괴(유리창 깨기, 낙서하기 등)와 무질서한 사회적 행위(난폭한 행동, 노상방뇨, 강압적인 구걸행위 등)를 그대로 방치하지 않고 줄이는 활동을 의미.

거리고 적대시하는 정글과도 같은 곳으로 변화될 수 있다. 다시 말해서, (무질서한 행동을 그냥 방치하게 되면, 그 결과) 이웃 구성원들 소유의 재산은 그대로 방치되어 주변에 잡초들은 무성하게 자라고 창문은 깨진다. 싸움을 일삼는 아이들을 혼내던 이웃의 어른들은 자취를 감추고 아이들은 점점 더 버릇없이 성장하고 난폭해진다. 이웃에 살던 기존의 가정들은 떠나고 부양가족이 없는 독신자들만이 새로운 이웃으로 들어온다. 십대 청소년들은 길모퉁이에 있는 상점 앞에서 어슬렁거리기 일쑤고 상점주인은 상점 앞에서 비켜나라고 소리쳐보지만 말을 듣지 않고 결국에는 서로 간에 싸움이 벌어진다. 이웃의 구성원은 저축할 생각은 하지 않고 점점 더 술집에서 술만 마셔대는 일이 잦아지기 시작한다. 시간이 지남에 따라 술에 취해 길가에 쓰러져 잠이 드는 사람들은 늘어나고 그 길가는 주취자들의 노숙 장소가 된다. 결국 그 길가는 거지들이 지나가는 행인들에게 구걸을 일삼는 장소로 변하게 된다(Wilson and Kelling, 1982: 32).

(4) 깨진 창 경찰활동의 등장 배경

켈링과 몇몇 학자들은 깨진 창 경찰활동의 발전 배경을 특정한 역사적인 맥락에서 파악했다. 그들의 관점은 다음과 같이 정리할 수 있다(Kelling and Coles 1996; Kelling 1999; Taylor, 2006: 103-107).

전반적으로 1970년대와 80년대의 미국 경찰은 눈앞에서 벌어지는 경미한 위반행위들(minor infractions)조차도 주민들의 민원 제기를 염려하거나 법원의 이해 부족으로 인해 제대로 단속하지 못하는 상황에 있었다. 한편, 1970년대 초반 이후 기존 경찰활동 전략에 대한 변화가 나타나기 시작했다. 그것은 외근 경찰관(patrolling police)과 주민들의 상호작용을 어떻게 활성화시킬 것인가 하는 문제였는데, 크게 '주민들의 역할'과 '주민 전체의 역할'을 강조하는 두 가지 측면에서 경찰활동이 전개되었다.

첫째, 주민들의 역할을 강조하는 경찰활동 전략(지역사회 범죄 예방 모형)은 광범위한 지역사회 범죄 예방 활동들을 포함하고 있었다. 대표적인 사례로는 Neighborhood Watch, Citizens on Patrol, Operation ID, security surveys, Operation Whistlestop 등이 있다. 비록 이러한 경찰활동의 몇몇은 1200년대 영국의 윈체스터로 돌아간 것 같은 느낌을 주지만, 1970년대 초 미국에서 등장한 경찰활동들의 주요한 특징은 이웃에 기반을 둔(neighborhood-based) 조정자 단체와 전담 경찰관이 함께 활동하는 형태를 띠었다. 이 전담 경찰관은 종종 범죄예방 전문가(a crime prevention specialist) 또는 지역사회 관계 경찰관(community relations officer)으로 불렸다(Rosenbaum, 1986; 1987; 1988).

둘째, 주민 전체의 역할을 강조하는 경찰활동 전략은 일반적으로 외근 경찰들과 주민 전체와의 관계를 강조하는 것으로 1970년대 초반부터 중반 사이에 주로 등장했다. 많은 경찰관서들은 외근 경찰관들, 지역 주민들 그리고 지역 중소자영업자들 사이에 보다 안정적인 관계가 유지 · 발전되는 것을 목표로 했다. 그래서 외근 경찰관들은 팀 경찰활동(Team Policing)이나 이웃에 기반을 둔 경찰활동(neighborhood -based policing)을 통해 연장근무를 하면서 지역주민들과 자영업자들이 그 지역에서 일어나는 범죄와 각종 문제들을 어떻게 인식하고 있는가를 이해하는데 노력을 기울였다(Greene and Pelfrey, 1997). 특히 트로야노비치(R. Trojanowicz)와 같은 70년대 연구가들은 외근 경찰관들의 순찰방식으로 순찰차에만 의존하는 차량순찰보다는 도보순찰의 중요성을 강조했다. 또한 외근 경찰관들에게는 지역주민 및 자영업자 집단의 대표자들과 서로 협력하고 지역사회의 특정한 범죄, 범죄다발지역 그리고 범죄와 관련된 문제들을 인식하는 임무가 부여되었다(Greene and Taylor, 1988). 주민 전체의 역할을 강조하는 경찰활동 모형은 전형적인 지역사회 범죄 예방 모형(주민들의 역할을 강조하는 모형)에 비해 이웃에 기반을 둔 단체의 개입 없이 다수의 경찰관들이 동시에 다수의 지역주민들이나 지역 중소자영업자들과 직접적인 관계를 유지했다는 점에서 차이가 있다.

1980년대와 90년대에 들어 전술한 두 가지 경찰활동 모형들은 차례로 제3자 경찰활동(third-party policing), 문제지향적 경찰활동(problem-oriented policing), 그리고 지역사회 경찰활동(community policing) 등의 이름을 가진 경찰활동으로 변모하여 나갔다. 이러한 경찰활동의 커다란 변천과정 속에서 반문화행위 감소를 핵심으로 하는 깨진 창 경찰활동의 이론 및 실무가 등장하게 되었다.

2) 기초질서위반사범

(1) 기초질서위반사범의 개념

일반적으로 경찰실무에서 말하는 기초질서위반사범이란 「경범죄처벌법」 등에 규정된 경미한 범죄나 질서위반행위 또는 그 경미한 범죄나 질서위반행위를 저지른 자를 의미한다.[7] 「경범죄처벌법」 제1조에서는 기초질서위반사범에 대하여 10만 원 이하의

7) 경범죄란 국민의 일상생활에 있어서 도덕률에 위반하는 비교적 경미한 범죄를 지칭하며, 이것

벌금, 구류 또는 과료의 형으로 처벌하도록 규정하고 있다. 또한 동법 제6조에서는 기초질서위반사범 중 범칙자[8]에 대해서는 별도의 범칙금을 부과하도록 규정하고 있다. 기초질서위반사범은 경찰실무 용어인 관계로 아직까지 그 전제인 '기초질서'가 무엇을 의미하는지에 대해서 명확하게 정의되고 있지 않다. 더군다나 최근 경찰에서는 기초질서 대신에 '생활질서'라는 표현을 함께 사용하고 있는 것을 보면, 경찰에서조차도 기초질서나 생활질서와 같은 용어들에 대해서 명확하게 개념을 정리하고 있는 것 같지는 않다.[9]

「경범죄처벌법」에 규정된 기초질서위반사범의 유형을 살펴보면, 빈집 등에의 잠복(제1호), 흉기의 은닉 휴대(제2호), 폭행 등 예비(제4호) 등과 같이 형법범의 예비나 미수에 해당하는 행위도 있고 허위신고(제5호), 시체 현장변경 등(제6호), 공무원 원조 불응(제36호), 지문채취 불응(제42호) 등과 같이 특정한 행정상의 목적을 달성하기 위한 행정질서범도 존재한다. 또한 무임승차 및 무전취식(제51호) 등과 같이 사안에 따라 형법상 사기죄로 처벌이 가능한 형법범도 존재한다.

기초질서위반행위는 다시 범칙행위와 비범칙행위로 구분할 수 있다. 「경범죄처벌법」 제5조 제1항에서는 범칙행위에 대해 별도의 규정을 두고 있다. 여기서 범칙행위란 법상의 기초질서위반행위 중에서 형벌을 부과하는 것이 적절하지 않다고 여겨 형의 면제를 조건으로 통고처분에 의해 범칙금을 부과하는 행위를 의미한다. 범칙행위는 「경범죄처벌법」 제1조 제16호 · 제17호 · 제20호 · 제22호 · 제24호 · 제25호 · 제26호 · 제28호 · 제29호 · 제30호 · 제32호 · 제34호 · 제35호 · 제36호 · 제38호 · 제39호 · 제40호 · 제48호 · 제49호 · 제52호 또는 제54호에 규정되어 있다. 범칙행위를 제외한 나머지 「경범죄처벌법」 제1조 각 호의 행위는 비범칙행위에 해당한다.

에 대한 형벌을 규정한 형사실체법이 「경범죄처벌법」이라고 할 수 있다(김용우, 1998: 111; 김태계, 2008: 110).

8) 범칙자란 범칙행위를 행한 사람으로서 ① 범칙행위를 상습적으로 행하는 사람, ② 죄를 범한 동기나 수단 및 결과를 헤아려 구류 처분함이 상당하다고 인정되는 사람, ③ 피해자가 있는 행위를 한 사람, ④ 18세 미만인 사람에 해당하지 아니한 사람을 말한다(법 제5조 제2항).

9) 경찰에서는 기초질서 준수 분위기를 정착시키기 위해 2004년 4월 21부터 6월 20일까지 "함께하는 생활질서 운동"을 전개하였다(「경찰백서」, 2004: 71); 이를 위해 경찰서별로 대표적인 질서 문란지역 1개소를 지정하여 "생활질서 지키기 시범구역"을 운영하였고(「경찰백서」, 2005: 84); 기초질서는 한 나라의 국민의식 수준과 삶의 질을 평가하는 척도인 만큼 법과 질서를 바로세우기 위해 「시민과 함께하는 생활질서 운동」을 대대적으로 전개하여 상습 · 고질적인 위반 행위를 중심으로 집중적인 정화활동을 전개하였다(「경찰백서」, 2007: 65).

(2) 기초질서위반사범의 처벌 절차

기초질서위반사범에 대한 처벌 절차는 크게 즉결심판 절차와 통고처분 절차로 나뉜다. 일반적으로 범칙자를 제외한 기초질서위반사범은 즉결심판절차에 의하여 처벌된다. 즉 기초질서위반사범을 인지한 관할경찰서장 또는 관할해양경찰서장은 지방법원, 지원 또는 시 · 군법원의 판사에게 즉결심판을 청구하고, 즉결심판의 청구를 받은 판사는 즉결심판절차에 따라 기초질서위반사범에 대해 10만 원 이하의 벌금, 구류 또는 과료를 부과하는 절차에 따른다.

기초질서위반사범 중 범칙자에 대해서는 통고처분에 의해 범칙금이 부과된다. 경찰서장, 해양경찰서장 또는 제주특별자치도지사는 범칙자로 인정되는 사람에 대하여 그 이유를 명백히 나타낸 서면으로 범칙금을 납부할 것을 통고할 수 있다. 여기서 범칙금이란 경찰서장 등이 법상의 범칙행위를 한 자에 대하여 형벌 면제를 조건으로 통고처분에 의하여 일정 금액을 부과하는 행정법상의 제재를 의미한다. 범칙금은 형의 면제를 조건으로 사전에 부과되는 제재이므로 형사소송절차 또는 즉결심판절차에 의해 부과되는 행정형벌과 법적 성격이 다르다고 할 수 있다. 또한 범칙금은 행정형벌의 부과대상인 경미한 범죄행위 또는 질서위반행위 중에서 형벌을 부과하는 것이 적절하지 않다고 인정되는 행위에 대해 부과된다는 점에서 처음부터 통상적인 질서위반행위에 대해 부과되는 행정질서벌인 과태료와도 법적 성격이 구별되는 행정법상의 제재 수단이라고 볼 수 있다.

통고처분서를 받은 범칙자는 그 통고처분서를 받은 날로부터 10일 이내에 경찰청장 또는 해양경찰청장이 지정하는 국고은행, 그 지점이나 대리점, 우체국 또는 제주특별자치도지사가 지정하는 금융기관이나 그 지점에 범칙금을 납부하여야 한다. 그러나 범칙자라고 해도 통고처분서 받기를 거부한 사람, 주거 또는 신원이 확실하지 아니한 사람, 그 밖에 통고처분하기가 매우 어려운 사람은 즉결심판 절차에 따라 처벌한다.

(3) 경찰의 기초질서위반사범 단속 활동 및 현황

2006년 경찰에서는 지역 내 유관기관 및 시민단체들과의 유기적인 협조체제를 구축하여 지방자치단체는 간이화장실, 휴지통 설치 등의 업무를 담당하고 경찰은 계도와 단속, 경찰력 응원 등의 역할을 담당함으로써 홍보에서 계도 · 단속에 이르기까지 적정한 역할 분담으로 단속의 실효성을 높였다. 주민들과의 공감대 형성을 위해서 파급효과가 큰 전광판이나 TV · 신문 등을 활용한 다양한 홍보활동을 전개하였으며 장래 사회질서의 가늠자인 어린이들의 기초질서 의식을 함양하기 위해 초등학생 등에 대한 질서교육을 강화했다. 또한 내실 있는 질서교육을 위해 초등학교 고학년용 시청각교재(DVD)를 제작하여 전국 초등학교와 경찰관서에 배부했다. 그 밖에 오물투기, 금연장소 흡연, 광고물 무단첨부(음란성 전단 포함), 음주 · 인근소란, 노숙자 등의 질서문란 및 불안감조성 행위를 중점 지도 및 단속대상으로 선정한 후 상반기(7.1-8.31)와 하반기(10.1-11.15) 2회에 걸쳐 집중단속을 강력히 추진하였다고 한다.[10] 그 결과, 2006년 경찰의 기초질서위반사범 단속실적은 총 1,248,938건으로 전년도인 2005년에 비해 22.9% 감소했으나 즉심심판 청구건수는 2005년 20,307건에서 2006년 43,906건으로 오히려 116.2% 증가한 것으로 나타났다(「경찰백서」, 2007: 65-66).

1999년부터 2006년까지 경찰의 연도별 기초질서위반사범 단속 현황은 <표 8-1>에서와 같다.

〈표 8-1〉 기초질서위반사범 단속 현황(1999-2006)

(단위: 건)

구 분	1999	2000	2001	2002
총단속건수	5,609,656	5,662,492	7,728,122	5,516,178
통고처분	1,499,463	1,170,650	1,542,796	1,858,548
즉심회부	79,705	48,274	80,077	60,854
지도장	4,030,488	4,443,568	6,105,249	3,596,776
구 분	2003	2004	2005	2006
총단속건수	1,750,544	1,192,057	1,620,278	1,248,938
통고처분	761,683	577,833	849,657	609,505
즉심회부	38,709	30,607	20,307	43,906
지도장	950,152	583,617	750,314	595,527

- 자료 : 「경찰백서」, 경찰청, 2007: 66.

기초질서위반사범 유형별 단속 현황을 살펴보면, 오물투기가 105,354건으로 전년 대비 36.9% 감소했다. 금연장소 흡연은 95,941건으로 전년 대비 28.9% 감소했다. 음주 · 인근소란은 144,096건으로 전년 대비 17.2% 감소했다. 광고물무단 첩부는 13,461건으로

10) 경찰에서는 기초질서위반사범의 대표적인 위반내용으로 오물투기, 금연장소 흡연, 음주 · 인근소란, 광고물 무단첩부, 무단횡단 등을 예시하고 있다(「경찰백서」, 2006: 158;「경찰백서」, 2007: 67).

전년 대비 13.3% 감소했다. 무단횡단 등은 890,086건으로 전년 대비 21.1% 감소했다. 그 밖에 기초질서위반사범에 대한 조치 유형별로 살펴보면, 즉심처분이 43,906건으로 전년 대비 116.2% 증가했다. 통고처분은 609,505건으로 전년 대비 28.3% 감소했다. 그 밖에 음주 · 인근소란, 오물투기, 금연장소 흡연이 전체위반건수의 27.7%를 차지하고 있는 것으로 나타났다.

2005년 및 2006년 기초질서위반사범의 위반내용 및 조치 현황은 <표 8-2>에서와 같다.

〈표 8-2〉 기초질서위반사범의 위반내용 및 조치 현황

(단위 : 건)

구분	계	위반내용					조치	
		오물 투기	금연장소 흡 연	음주· 인근소란	광고물 무단첩부	무단 횡단등	즉심 처분	통고
2005	1,620,278	167,047	134,956	173,932	15,533	1,128,810	20,307	849,657
2006	1,248,938	105,354	95,941	144,096	13,461	890,086	43,906	609,505
대비 (%)	-371,340 (-22.9)	-61,693 (-36.9)	-39,015 (-28.9)	-29,836 (-17.2)	-2,072 (-13.3)	-238,724 (-21.1)	+23,599 (+116.2)	-240,152 (-28.3)

- 자료 : 「경찰백서」, 경찰청, 2007: 67.

3. 기초질서위반사범에 대한 접근방안

1) 협력활동 모형(coproduction model)에 의한 접근 방안

경찰활동에 있어서 경찰은 주민들이나 다른 기관들에 의존하여 문제를 해결하는 경우가 많다. 예를 들어 교통사고의 경우만을 보더라도 비록 그 현장에 경찰관이 없다고 할지라도 주민들의 신고로 현장에 출동하게 된다. 여기서 공공의 안녕을 지키는 경찰의 활동은 근본적으로 경찰과 주민이 함께하는 협력활동임을 알 수 있다(Ostrom, Parks, Whitaker, and Percy, 1979; Taylor, 2006: 106). 오스트롬(E. Ostrom)은 협력활동을 "같은 조직에 속하지 않은 개인들에 의해 재화와 상품이 투입에 기여하는 과정"이라고 정의했다. 더 나아가 "협력활동이란 주민들이 그들이 사용할 공공재와 서비스를 생산하는데 있어서 능동적으로 참여하는 것을 의미한다."고 보았다(Ostrom, 1996: 1073; Taylor, 2006: 106).

협력활동 모형의 핵심은 범죄에 대한 두려움의 감소, 이웃관계의 안정, 그리고 범죄로부터의 안전을 도모하기 위해서 경찰과 주민들이 함께 반문화행위를 감소시키는 활동을 전개함으로써 깨진 창 경찰활동을 수행하는 것으로 요약할 수 있다. 따라서 협력활동 모형에 따른 깨진 창 경찰활동을 수행하기 위해서는 경찰과 지역사회의 대표자들 그리고 일반 지역주민들 사이의 안정적인 관계가 유지되면서 경찰과 주민들 사이의 신뢰관계가 증진되는 일이 먼저 선행되어야 한다. 또한 경찰이 지역사회의 문제들[11]에 대해 (방치하지 않고) 관심을 가질 수 있도록 함으로써 지역사회에 기반을 둔 경찰의 대응 능력을 향상시키는 것도 요구된다(Taylor, 2006: 106- 107).

따라서 경찰과 지역주민이 서로 협력하여 일반적인 물리적 파괴행위나 무질서한 사회적 행위와 같은 반문화행위를 예방하거나 이를 감소시킬 수 있는 활동을 전개할 필요가 있는 경우에는 협력활동 모형에 따른 기초질서위반사범에 대한 접근 방안을 고려해 볼 필요가 있다. 이를 통해 지역주민의 범죄에 대한 두려움, 지역사회의 이웃관계의 안정과 회복 그리고 실질적인 범죄 감소 효과를 통한 지역주민의 안전을 확보하는데 기여할 수 있을 것으로 여겨진다. 다만, 이를 위해서는 경찰과 지역주민들 사이의 신뢰관계가 형성되어 있어야 하고 지역사회에서 발생하는 반문화행위에 대한 해결 의지와 노력이 갖추어져 있어야 한다. 협력활동 모형을 통해 접근할 수 있는 기초질서위반사범의 구체적 유형은 <표 8-3>에서 정리했다.

〈표 8-3〉 협력활동 모형 대상인 기초질서위반사범의 유형

적용법조 및 유형	기초질서위반사범(범칙자 포함)	범칙금
제1조 제10호 물품강매 · 청객행위	청하지 아니한 물품을 억지로 사라고 한 사람, 청하지 아니한 일을 해주거나 재주 등을 부리고 그 대가로 돈을 달라고 한 사람 또는 여러 사람이 모이거나 다니는 곳에서 영업을 목적으로 떠들썩하게 손님을 부른 사람	
제1조 제11호 허위광고	여러 사람에 대하여 물품을 팔거나 나누어 주거나 또는 일을 해줌에 있어서 다른 사람을 속이거나 잘못 알게 할 만한 사실을 들어 광고한 사람	
제1조 제12호 업무방해	다른 사람 또는 단체의 업무에 관하여 못된 장난 등으로 이를 방해한 사람	
제1조 제13호 광고물무단첩부 등	다른 사람 또는 단체의 집이나 그 밖의 공작물에 함부로 광고물 등을 붙이거나 걸거나 또는 글씨나 그림을 쓰거나 그리거나 새기는 행위 등을 한 사람과 다른 사람 또는 단체의 간판 그 밖의 표시물 또는 공작물을 함부로 옮기거나 더럽히거나 해친 사람	

11) 물리적 파괴행위와 무질서한 사회적 행위를 의미

적용법조 및 유형	기초질서위반사범(범칙자 포함)	범칙금
제1조 제14호 음료수 사용방해	사람이 마시는 물을 더럽히거나 그 사용을 방해한 사람	
제1조 제16호 오물방치 (범칙행위)	가. 죽은 짐승·쓰레기(나목에 규정된 것을 제외한다) 그 밖의 더러운 물건이나 못쓰게 된 물건을 함부로 아무 곳에나 버린 사람	50,000원
	나. 담배꽁초, 껌, 휴지를 함부로 아무 곳에나 버린 사람	30,000원
제1조 제17호 노상방뇨 등 (범칙행위)	가. 길이나 공원 그 밖의 여러 사람이 모이거나 다니는 곳에서 대 · 소변을 보거나 또는 그렇게 하도록 시키거나, 개 등 짐승을 끌고 와 대변을 보게 하고 이를 수거하지 아니한 사람	50,000원
	나. 길이나 공원 그 밖의 여러 사람이 모이거나 다니는 곳에서 함부로 침을 뱉는 사람	30,000원
제1조 제18호 의식방해	공공기관 그 밖의 단체 또는 개인이 베푸는 행사나 의식에 대하여 못된 장난 등으로 이를 방해하거나 행사나 의식을 베푸는 자 또는 그 밖의 관계있는 사람이 말리는데도 듣지 아니하고 이를 방해할 우려가 뚜렷한 물건을 가지고 들어간 사람	
제1조 제19호 단체가입강청	싫다고 하는데도 되풀이하여 단체가입을 억지로 청한 사람	
제1조 제20호 자연훼손(범칙행위)	공원·명승지·유원지 그 밖의 녹지구역 또는 풍치구역에서 함부로 풀·꽃·나무·돌 등을 꺾거나 캔 사람 또는 바위·나무 등에 글씨를 새기거나 하여 자연을 해친 사람	50,000원
제1조 제21호 타인의 가축·기계 등 무단조작	함부로 다른 사람 또는 단체의 소나 말 그 밖의 짐승 또는 매어 놓은 배 · 뗏목 등을 풀어 놓거나 자동차등의 기계를 조작한 사람	
제1조 제22호 수로유통방해(범칙행위)	개천이나 도랑 그 밖의 물길의 흐름에 방해될 행위를 한 사람	20,000원
제1조 제23호 구걸 부당이득	다른 사람을 구걸하게 하여 올바르지 아니한 이익을 얻은 사람	
제1조 제24호 불안감조성 (범칙행위)	정당한 이유 없이 길을 막거나 시비를 걸거나 주위에 모여들거나 뒤따르거나 또는 몹시 거칠게 겁을 주는 말 또는 행동으로 다른 사람을 불안하게 하거나 귀찮고 불쾌하게 한 사람 또는 여러 사람이 이용하거나 다니는 도로·공원 등 공공장소에서 고의로 험악한 문신을 노출시켜 타인에게 혐오감을 준 사람	50,000원
제1조 제25호 음주소란 등 (범칙행위)	공회당·극장·음식점등 여러 사람이 모이거나 다니는 곳 또는 여러 사람이 타는 기차·자동차·배등에서 몹시 거친 말 또는 행동으로 주위를 시끄럽게 하거나 술에 취하여 이유 없이 다른 사람에게 주정을 한 사람	50,000원
제1조 제26호 인근소란 등 (범칙행위)	악기·라디오·텔레비전·전축·종·확성기·전동기 등의 소리를 지나치게 크게 내거나 큰소리로 떠들거나 노래를 불러 이웃을 시끄럽게 한 사람	30,000원

적용법조 및 유형	기초질서위반사범(범칙자 포함)	범칙금
제1조 제28호 물건던지기 등 위험행위(범칙행위)	다른 사람의 신체나 다른 사람 또는 단체의 물건에 해를 끼칠 우려가 있는 곳에 상당한 주의를 하지 아니하고 물건을 던지거나 붓거나 또는 쏜 사람	30,000원
제1조 제31호 정신병자 감호소홀	위험한 행위를 할 우려가 있는 정신병자를 돌볼 의무가 있는 사람이 그를 제대로 돌보지 아니하여 집 밖이나 감호시설 밖으로 나돌아 다니게 한 사람	
제1조 제32호 위해동물 관리소홀(범칙행위)	사람이나 가축에 해를 끼치는 버릇이 있는 개 그 밖의 동물을 함부로 풀어놓거나 제대로 살피지 아니하여 나돌아 다니게 한 사람	50,000원
제1조 제33호 동물 등에 의한 행패등	소나 말을 놀라게 하여 달아나게 하거나 개 그 밖의 동물을 시켜 사람이나 가축에 달려들게 한 사람	
제1조 제34호 무단소등 (범칙행위)	여러 사람이 다니거나 모이는 곳에 켜놓은 등불이나 다른 사람 또는 단체가 표시가 되게 하기 위하여 켜놓은 등불을 함부로 끈 사람	50,000원
제1조 제35호 공중통로 안전관리소홀(범칙행위)	여러 사람이 다니는 곳에서의 위험한 사고의 발생을 막을 의무가 있는 사람이 등불을 켜놓지 아니하거나 그 밖의 예방조치를 게을리 한 사람	50,000원
제1조 제37호 성명 등의 허위 기재	성명 · 주민등록번호 · 등록기준지 · 주소 · 직업 등을 거짓으로 꾸며대고 배나 비행기를 탄 사람	
제1조 제38호 전당품장부 허위 기재 (범칙행위)	물건을 전당잡히는데 있어서 영업자의 장부에 성명 · 주민등록번호 · 주소 · 직업 등을 거짓으로 알려 써넣게 한 사람	50,000원
제1조 제39호 미신요법 (범칙행위)	근거 없이 신기하고 용한 약방문인 것처럼 내세우거나 그 밖의 미신의 방법으로 병을 진찰 · 치료 · 예방한다고 하여 사람들의 마음을 홀리게 한 사람	20,000원
제1조 제41호 과다노출	여러 사람의 눈에 뜨이는 곳에서 함부로 알몸을 지나치게 내놓거나 속까지 들여다보이는 옷을 입거나 또는 가려야 할 곳을 내어 놓아 다른 사람에게 부끄러운 느낌이나 불쾌감을 준 사람	
제1조 제43호 자릿세 징수 등	여러 사람이 모이거나 쓸 수 있도록 개방된 시설 또는 장소에서 좌석이나 차 세워 둘 자리를 잡아 주기로 하거나 잡아 주면서 돈을 받거나 요구하거나 이를 위하여 다른 사람을 귀찮게 따라다니는 사람	
제1조 제46호 비밀춤교습 및 장소제공	공연하지 아니한 곳에서 다른 사람으로부터 대가를 받고 춤을 가르치거나 그 장소를 사용하도록 한 사람	
제1조 제47호 암표매매	흥행장 · 경기장 · 역 · 나루터 또는 정류장 그 밖의 정해진 요금을 받고 입장시키거나 승차 또는 승선시키는 곳에서 웃돈을 받고 입장권 · 승차권 또는 승선권을 다른 사람에게 되판 사람	

적용법조 및 유형	기초질서위반사범(범칙자 포함)	범칙금
제1조 제48호 새치기(범칙행위)	흥행장·경기장·역·나루터 또는 정류장 그 밖의 여러 사람이 모이는 곳에서 승차·승선 또는 입장하거나 표를 사기 위하여 사람들이 줄을 서고 있을 때에 새치기 하거나 떠밀거나 하여 그 줄의 질서를 어지럽힌 사람	50,000원
제1조 제49호 무단침입(범칙행위)	출입이 금지된 구역이나 시설 또는 장소에 정당한 이유 없이 들어간 사람	20,000원
제1조 제50호 총포 등 조작 장난	여러 사람이 모이거나 다니는 곳에서 상당한 주의를 하지 아니하고 총포나 화약류 그 밖의 폭발의 우려가 있는 물건을 다루거나 이를 가지고 장난한 사람	
제1조 제52호 뱀 등 진열행위 (범칙행위)	여러 사람이 모이거나 다니는 곳에서 뱀이나 끔찍한 벌레등을 팔거나 또는 팔기 위하여 늘어놓아 다른 사람에게 불쾌감을 준 사람	30,000원
제1조 제54호 금연장소에서의 흡연(범칙행위)	가. 담배를 피우지 못하도록 표시된 지하철 역구내, 버스·기차·전동차·항공기·선박 등 대중교통수단, 병원 등 의료시설, 석유·가스·화약류 등 위험물 저장·판매시설 또는 승강기에서 담배를 피운 사람	30,000원
	나. 담배를 피우지 못하도록 표시된 역대합실, 버스터미널, 실내체육관 또는 그 밖의 장소에서 담배를 피운 사람	20,000원

2) 범죄통제 모형(crime control model)에 의한 접근 방안

범죄통제 모형이란 범죄행위에 대한 억제를 가장 중요한 기능으로 보는 형사사법 모형이다. 범죄통제 모형에서는 법집행의 효율성을 중시하기 때문에 특히 신속하고 엄격한 법집행을 강조한다(Inciardi, 1999).

반문화행위 테제는 기본적으로 협력활동 모형과 이론적인 맥락을 같이하는 것이지만 오히려 최근에는 몇몇 경찰실무 사례들에 있어서는 협력활동 모형과는 별개로 범죄통제 모형을 정당화시켜주는 근거로 이용되고 있는데, 그 대표적인 사례가 무관용 경찰활동(zero-tolerance policing)이다. 즉 경찰이 사회적 반문화행위의 부분집합에 불과한 질서위반행위자나 주취자, 폭력청소년, 구걸행위자, 노숙자 등에게 초점을 맞추고 그들이 거리에서 자취를 감추게 하기 위해서는 적극적으로 범죄통제 모형에 의한 경찰활동을 전개할 필요성이 있는데, 이러한 경우 필요한 경찰활동이 바로 무관용 경찰활동인 것이다(Taylor, 2006: 107).

장석헌(2002, 24-25)은 무관용 경찰활동의 개념에 대해 다음과 같이 정리하고 있다. 첫째, 경찰은 범죄에 대하여 강경하고 엄격하게 대응해야 한다는 것이다. 즉 법은 엄격하고 신속하게 집행되어야 하고 범죄자는 체포되어 도주하지 못하는 상태가 되어야 하고 죄를 지은 자는 가혹한 형벌을 받아야 한다. 둘째, 경찰은 재량권을 행사하지 말고 법집행을 해야 한다. 셋째, 경찰은 중범죄뿐만 아니라 사소한 무질서나 경미한 범죄에 엄격히 대응해야 한다. 사소한 범죄나 무질서를 방치하지 않고 공공장소에서의 음주, 노상방뇨, 낙서, 재물손괴, 구걸행위, 노숙행위 등 지역주민의 삶의 질을 저해하는 범죄에 관심을 가져야 한다.

테일러에 따르면 켈링(1993: 3)은 반문화행위 모형들이 무관용 경찰활동 전략을 지지하는데 이용되고 있다는 사실을 인식하고 있었다. 그러나 그는 "나는 그런 등식(equation)을 전혀 만든 적이 없다."는 말로 무관용 경찰활동 전략과 반문화행위 모형 사이의 관련성을 부인했다고 한다. 그럼에도 불구하고 많은 사람들은 그들의 마음속에 무관용 경찰활동 전략은 반문화행위 테제에 의해서 정당화된다고 여기고 있다. 오랜 기간 동안 경찰과 주민들은 무관용 경찰활동 전략이 심각한 범죄율을 줄여줄 것으로 기대하고 있다. 경찰 자신들도 이 사실을 믿고 있다고 한다(Taylor, 2006: 107-108). 그의 이러한 지적은 우리나라 경찰실무자들이나 학자들에게도 커다란 시사점을 주고 있다고 여겨진다.

어째든 범죄통제 모형에 의할 때 경찰은 물리적 파괴행위나 무질서한 사회적 행위와 같은 반문화행위를 그냥 방치하거나 미온적으로 대처하지 말고 적극적으로 감소시키는 활동을 전개할 필요가 있다. 그 이유는 경찰이 무질서한 행동을 엄격하게 단속하지 않고 그대로 놔두면 범죄에 대한 두려움이나 중범죄의 증가 그리고 결국에는 도심쇠락의 결과를 가져올 수 있기 때문이다. 여기서 형법범의 예비 또는 음모에 해당하는 기초질서위반사범, 그대로 방치하면 나중에 더 큰 위험 및 결과를 가져올 수 있는 기초질서위반사범, 기타 지역주민과 공동의 협력활동이 어려운 기초질서위반사범에 대해서는 범죄통제 모형에 따른 접근 방안을 고려해 볼 필요가 있다. 경찰에서는 이러한 유형의 기초질서위반사범을 신속하고 엄격하게 단속함으로써 결국에는 지역주민의 범죄에 대한 두려움 완화, 지역사회의 이웃관계의 안정과 회복 그리고 실질적인 범죄 감소를 통한 지역주민의 안전을 확보할 수 있을 것으로 여겨진다.

범죄통제 모형을 통해 접근할 수 있는 기초질서위반사범의 구체적 유형은 <표 8-4>에서 정리했다.

〈표 8-4〉 범죄통제 모형 대상인 기초질서위반사범의 유형

적용법조 및 유형	기초질서위반사범(범칙자 포함)	범칙금
제1조 제1호 빈집 등에의 잠복	다른 사람이 살고 있지 아니하고 또한 지키지 아니하는 집 또는 그 울타리 안이나 건조물, 배, 자동차 안에 정당한 이유 없이 숨어 들어간 사람	
제1조 제2호 흉기의 은닉휴대	칼, 쇠몽둥이 등 사람의 생명 또는 신체에 중대한 해를 입히는 데 사용될 연장이나 쇠톱 등 집 그 밖의 건조물에 침입하는 데 사용될 연장을 정당한 이유 없이 숨기어 지니고 다니는 사람	
제1조 제4호 폭행 등 예비	다른 사람의 신체에 대하여 해를 입힐 것을 공모하여 그 예비행위를 한 사람이 있는 경우 해를 입힐 것을 공모한 사람	
제1조 제5호 허위신고	있지도 아니한 범죄 또는 재해의 사실을 공무원에게 거짓으로 신고한 사람	
제1조 제6호 시체 현장변경 등	죽어 태어난 태아를 감추거나 정당한 이유 없이 변사체 또는 죽어 태어난 태아가 있는 현장을 바꾸어 놓은 사람	
제1조 제7호 요부조자 등 신고불이행	자기가 관리하고 있는 곳에 도움을 받아야 할 노인, 어린이, 불구자, 다친 사람 또는 병든 사람이 있거나 시체 또는 죽어 태어난 태아가 있는 것을 알면서 빨리 이를 관계공무원에게 신고하지 아니한 사람	
제1조 제8호 관명사칭 등	국내외의 관공직·계급·훈장·학위 그 밖에 법령에 의하여 정하여진 명칭이나 칭호 등을 거짓으로 꾸며 대거나 자격이 없으면서 법령에 의하여 정하여진 제복·훈장·기장 그 밖의 표장 또는 이와 비슷한 것을 사용한 사람	
제1조 제9호 출판물의 부당 게재 등	올바르지 아니한 이익을 얻을 목적으로 다른 사람 또는 단체의 사업이나 사사로운 일에 관하여 신문, 잡지 그 밖의 출판물에 어떤 사항을 싣거나 싣지 아니할 것을 약속하고 돈이나 물건을 받은 사람	
제1조 제27호 위험한 불씨사용	상당한 주의를 하지 아니하고 건조물·수풀 그 밖의 불붙기 쉬운 물건 가까이서 불을 피우거나 휘발유 그 밖의 불이 옮아붙기 쉬운 물건 가까이서 불씨를 사용한 사람	
제1조 제29호 공작물 등 관리소홀 (범칙행위)	무너지거나 넘어지거나 떨어질 우려가 있는 공작물 그 밖의 물건에 대하여 관계공무원으로부터 고칠 것을 요구받고도 필요한 조치를 게을리 하여 여러 사람에게 위험을 미칠 우려가 있게 한 사람	50,000원
제1조 제30호 굴뚝 등 관리소홀(범칙행위)	관계공무원으로부터 고칠 것을 문서로 요구받고도 사람의 통행에 불편을 주는 굴뚝, 물받이, 하수도, 냉난방장치, 환풍장치 등을 고치는 등 필요한 조치를 하지 아니한 사람	50,000원
제1조 제36호 공무원 원조불응 (범칙행위)	눈·비·바람·해일·지진 등으로 인한 재해 또는 화재·교통사고·범죄 그 밖의 급작스러운 사고가 발생한 때에 그곳에 있으면서도 정당한 이유 없이 관계공무원 또는 이를 돕는 사람의 현장출입에 관한 지시에 따르지 아니하거나 공무원이 도움을 청하여도 이에 응하지 아니한 사람	50,000원
제1조 제42호 지문채취불응	범죄의 피의자로 입건된 사람에 대하여 경찰공무원이나 검사가 지문조사외의 다른 방법으로 그 신원을 확인할 수 없어 지문을 채취하려고 할 때 정당한 이유 없이 이를 거부한 사람	

적용법조 및 유형	기초질서위반사범(범칙자 포함)	범칙금
제1조 제51호 무임승차 및 무전취식	영업용차 또는 배등을 타거나 다른 사람이 파는 음식을 먹고 정당한 이유 없이 제값을 치루지 아니한 사람	
제1조 제53호 장난전화 등	정당한 이유 없이 다른 사람에게 전화 또는 편지를 여러 차례 되풀이하여 괴롭힌 사람	

4. 결 론

테일러(2006)는 그 동안 우리가 깊이 인식하지 못했던 경찰의 기초질서유지 활동에 대한 새로운 시각을 제시해 주고 있다. 말하자면, 그는 반문화행위 테제를 근거로 이웃에 기반을 둔 지역주민들 사이의 관심과 비공식적 통제를 강조하는 깨진 창의 의미를 경찰과 지역주민들 사이의 신뢰 형성과 협력을 바탕으로 하는 경찰활동에 접목시켜 해석함으로써 그 동안 깨진 창을 바로 무관용 경찰활동으로 연결 짓는 논리적 비약을 어느 정도 해결할 수 있는 실마리를 제시하고 있다.

1973년 '미국 형사사법의 기준과 목적에 관한 국가자문위원회 소속 경찰전문위원회'의 조사보고서[12]에 따르면, 경찰은 질서를 확립하고 유지하기 위한 국민의 도구로서의 기능을 하며, 이러한 기능은 국민에 대한 봉사 그리고 궁극적으로는 국민에 대한 책임의 원칙에 기초하고 있다고 한다(Wrobleski and Hess, 2000: 130).

따라서 경찰에서는 그 동안 기초질서위반사범에 대한 대책으로 늘 제시되던 무관용 경찰활동의 의미와 필요성에 대해서 다시 한 번 고려해 볼 필요가 있다. 이와 관련 하여, 실무적인 측면에서는 기초질서위반사범의 유형에 대해 무관용 경찰활동과 같은 범죄통제 모형을 통해서 경찰활동을 적극적으로 전개할 필요성이 있는 유형과 그렇지 않고 경찰과 지역주민이 공동의 관심과 노력으로 이를 예방하는데 중점을 두는 경찰활동 방안을 함께 고려할 필요가 있을 것으로 여겨진다. 더 나아가 지역사회의 관심과 노력에도 불구하고 기초질서위반사범이 발생한 경우 그대로 방치하지 않고 즉각적으로 경찰과 지역주민이 공동의 노력으로 이를 제지하거나 단속할 수 있는 경찰활동 방

12) the Police Task Force Report of the 1973 National Advisory Commission on Criminal Justice Standards and Goals(p. 9).

안을 모색할 필요가 있다. 이러한 경찰활동 방안은 지역사회에 기반을 둔 협력활동 모형을 통해 접근하는 것이 지역주민에 대한 봉사자로서의 경찰 그리고 지역주민에 대한 경찰의 책임 측면에서 볼 때 더욱 바람직하다고 여겨진다.

참고문헌

‖ 국내문헌 ‖

「경찰백서」. (2004). 경찰청.

______. (2005). 경찰청.

______. (2006). 경찰청.

______. (2007). 경찰청.

김용우. (1998). “경범죄의 범죄성과 과형에 관한 문제”. 「입법조사연구」, 253.

김태계. (2008). “기초질서관련 법률개정을 통한 법적실효성 확보방안”. 「한양법학」. 23: 107-135.

이기춘. (2006). “독일경찰질서법상 공공의 질서개념에 관한 쟁점의 개관과 평가”. 「토지공법연구」. 30: 369-394.

이황우. (2005). 「경찰행정학」. 법문사.

장석헌. (2002). “무관용 경찰활동(Zero Tolerance Policing)에 대한 비판적 검토”. 「한국경찰학회보」. 4: 21-38.

______. (2003). “깨어진 창이론(Broken Window Theory)을 통한 경찰의 대응 방안”. 「한국공안행정학회보」. 16: 177-202.

조병인 · 전영실. (1996). “서울시민의 기초질서 준수에 관한 연구”. 「연구보고서 96-06」. 한국형사정책연구원.

최응렬 · 이재영. (2008). “기초질서 확립을 위한 시민의식 제고방안”. 「한국공안행정학회보」. 17(3): 399-436.

황의갑. (2008). “경찰관들의 지역사회경찰 지향성과 활동정도에 영향을 주는 요인에 관한 연구”.「한국경찰발전연구회 제28회 정기학술세미나 자료집」. 77-105.

‖ 외국문헌 ‖

Bittner, E. (1793). *The Functions of the Police in Modern Society*, Washington, D. C.: National Institute of Mental Health.

Fyfe, J. J., Green, J. R., Walsh, W. F., Wilson, O. W., and McLaren, R. C. (1997), *Police Administration*, New York: McGraw-Hill Companies, Inc.

Garofalo, J. and Laub, J. (1978). “The fear of crime: Broadening our perspective”, *Victimology*, 3: 242-253.

Greene, J. R. and Pelfrey, W. V. (1997). Shifting the balance of power between police and community, In R. G. Dunham and G. P. Alpert (eds.), *Critical issues in policing: contemporary readings*, Prospect Heights, IL: Waveland Press.

Greene, J. R. and Taylor, R. B. (1988). Community-based policing and foot patrol: Issues of theory and evaluation, In J. R. Greene and S. D. Mastrofski (eds.), *Community policing: Rhetoric or reality*, New York: Praeger.

Inciardi, J. A. (1999). *Criminal Justice*, FL: Harcourt Brace & Company.

Kelling, G. L. and Coles, C. M. (1996). Fixing broken windows: *Researching order and reducing crime in our communities,* New York: Free Press.

Kelling, G. L. (1999). *Broken windows and police discretion*, Research Report NCJ17859, Washington, D. C.: National Institute of Justice.

Ostrom, E. (1996). “Crossing the great divide: Coproduction, synergy, and development”, *World Development*, 24, 1073-1088.

Ostrom, E., Parks, R. B., Whitaker, G. P., and Percy, S. L. (1979). The public service production process: A framework for analysing police service, In R. Baker and F. A. Meyer, Jr. (eds.), *Evaluating alternative law enforcement policies*, Lexington: DC Health.

Rosenbaum, D. P. (1986). *Community Crime Prevention: Does it work?*, 22, Beverly Hills: Sage Publications.

______________. (1987). *The theory and research behind neighborhood watch: Is it a sound fear and crime reduction strategy?*, Crime and Delinquency, 33, 103-134.

______________. (1988). *Community crime prevention: A review synthesis of the literature.* Justice Quarterly, 5, 323-395.

Smith, B. (1960). *Police System in the United States*, New York: Harper & Brothers.

Sousa, W. H. and Kelling, G. L. (2006), "Of "broken windows," criminology, and criminal justice", In D. Wiesburd and A. A. Braga (eds.), *Police Innovation: Contrasting Perspectives*, New York: Cambridge University Press.

Taylor, R. B. (2006). "Incivilities reduction policing, zero tolerance, and the retreat from coproduction: weak foundations and strong pressures", In D. Wiesburd and A. A. Braga (eds.), Police Innovation: *Contrasting Perspectives*, New York: Cambridge University Press.

Walker, S. (1993). "Broken Windows and Fractured History: The Use and Misuse of History in Recent Police Patrol Analysis", In R. G. Dunham and G. P. Alpert (eds.), *Critical Issues in Policing: Contemporary Readings*, Illinois: Waveland Press, Inc.

Wilson, J. Q. (1975). *Thinking about crime*, New York: Basic Books.

Wilson, J. Q. and Kelling, G. L. (1982). "Broken Windows", *Atlantic*, 249(3): 29- 38.

Wrobleski, H. M. and Hess, K. M. (2000). *An Introduction to Law Enforcement and Criminal justice*, Belmont, CA: Wadsworth/Thomson Learning.

Zimbardo, P. G. (1969). "The Human Choice: Individuation, Reason, and Order versus Deindividuation, Impulse, and Chaos", In W. J. Arnold and D. Levine (eds.), *Nebraska Symposium on Motivation*, Lincoln: University of Nebraska Press.

9장

민사적 접근을 통한 경찰의 공권력 확보 방안*

1. 서 론

2009년 3월 7일 오후 9시경 서울 종로구 창신1동 서울지하철 1호선 동대문역 구내에서 시위대들에 의해 혜화경찰서 정보과 소속 박 모 경사는 집단 폭행을 당했다. 집단 폭행을 당하는 것도 모자라 몸속에 지닌 지갑까지 강취 당했다.[1] 비단 매 맞는 공무원은 경찰관만이 아니다. 2007년 1월 15일, 서울고등법원의 박 모 부장판사가 자신의 집 앞에서 판결에 불만을 품은 전직 교수 김 모 씨에게 석궁에 맞는 일도 일어났다. 2008년 12월 16일에는 광주지방검찰청 이 모 특수부장 검사가 사건처리에 불만을 품은 민원인 한 모 씨에게 머리와 얼굴 등을 둔기로 폭행당해 8바늘을 꿰매는 사건이 일어났다. 형사사법기관에 근무하는 공무원들의 실정이 이러한데 일반 행정기관의 실상은 더 말할 필요도 없을 것이다. 어쩌면 국가 공권력에 대한 경시 풍조가 이 시대의 커다란 하

---

* 이 장은 2009년 8월 한국경찰학회보에 게재된 논문내용을 일부 수정한 것임

1) 그에 따르면 "계단을 내려가는데 한 무리의 사람들이 갑자기 '짭새(경찰)다'라고 소리를 치며 스크럼을 짜고 앞을 가로막았다"고 했다. 스크럼을 짜며 박 경사를 둘러싼 사람들은 30여명이었고 당시 개찰구 쪽에는 시위대로 보이는 200여명의 사람들이 몰려있었다. '짭새'소리에 계단을 통해 밖으로 나가던 사람들까지 몰려와 박 경사를 에워쌌다. 이때부터 약 10분간 박 경사는 시위대에게 무차별 폭행을 당했다. 또한 그 과정에서 지갑을 도난당했다. 박 경사는 경황이 없어서 뭘 잃어버렸는지도 모르고 있었는데 문자메시지가 도착한 걸 보고 지갑이 없어진 것을 알았으며, 경찰 생활 13년 동안 이런 경우는 처음이라고 말했다(문화일보, 2009년 3월 9일자).

나의 조류인지도 모를 일이다.

경찰이 매를 맞는 일이 벌어지면 정치권, 언론계, 학계, 경찰지휘부, 일반시민 등 너나 할 것 없이 무너져가는 공권력을 바로 세우기 위해 경찰의 엄정한 법집행을 주문한다. 그러다가도 경찰의 과잉진압 논란이 빚어지면 엄격한 법집행은 온데 간데 사라져 버리고 심지어 경찰의 정당한 법집행마저도 과잉진압으로 비난하거나 정치적인 논쟁거리로 몰아붙이곤 한다. 이렇듯 공권력 행사의 내용과 한계에 대한 국민의 합의된 의사를 도출하지 못한 채 시간만 흘러 보내고 있는 사이에 공권력 행사 과정에서 경찰은 더욱 더 힘을 잃어갔고 어느덧 범죄자들의 조롱거리가 되고 심지어 매 맞는 것이 일상화 된지 오래다.

우리나라에서 경찰의 공권력 행사가 얼마나 허약하고 만만하게 인식되고 있는가를 보여주는 극단적인 두 가지 사례들이 있다. 첫 번째 사례는 2006년 한 · 미 FTA ((Free Trade Agreement)를 반대하기 위해 불법 · 폭력 시위를 일삼던 한·미 FTA저지 범국민운동본부 소속 시위대가 엄격한 법집행을 강조하는 미국에 가서는 과거의 행태는 벗어 버리고 철저하게 평화적이고 준법적인 시위를 벌인 일이다.[2] 두 번째 사례는 2008 베이징 올림픽 성화 봉송 행사와 관련하여 일부 중국인들이 자신의 나라도 아닌 남의 나라 대한민국에서 그것도 수도 서울의 시내 한복판에서 집단적으로 폭력사태를 벌인 것이다.[3]

어느 때인가부터 집회 · 시위에 경찰을 투입하는 경우 '공권력을 투입했다'는 표현을 쓴다. 이러한 표현은 과거 권위주의 정권 하에서 정부의 물리력 행사에 따른 충격과 거부감을 다소나마 줄여보자는 궁여지책으로 만들어진 것으로 볼 수 있다. 경찰이 들어가 국회의원들을 끌어냈다고 하면 정부가 야당을 탄압한다는 사실이 너무 자극적으로 비칠 것 같으니까 이런 애매모호한 표현을 썼고 정부의 눈치를 살피는 언론도 이를 그대로 수용한 결과 이러한 표현을 쓰는 관행이 생긴 것이라고 한다. 이와 같이 국민들의 반발을 무마하기 위해 사용되는 미사여구로는 각종 공공요금 등의 물가를 인상하는

---

2) 원정시위에 참석한 성공회대 조 모 교수는 "변호사를 대동하고 법을 잘 준수하면서 시위하고 있다"면서 "경찰 옷깃도 스치지 말고 폴리스 라인 잘 지키고, 경찰이 연행하면 절대 반항하지 말고 순순히 연행돼라, '경찰과 대치하거나 이야기를 하는 경우에는, 두 손을 경찰이 볼 수 있는 위치에 두고 너무 갑작스런 행동을 하지 마라' 등의 행동규칙을 교육받았다"고 했다(오마이뉴스, 2006년 6월 7일자).

3) 전국 각지에서 모여든 중국인 시위대는 국내 탈북자 인권단체 회원들을 집단 폭행하는가 하면 철제공구 등을 내던졌다. 도망가는 시민을 쫓아 호텔 안으로 난입해 폭행하기도 했으며 진압에 나선 경찰까지 폭행했다(세계일보, 2008년 4월 28일자).

경우 '현실화 한다'거나 특정 기업이나 금융기관의 부채를 탕감해주거나 저리로 이자를 빌려주는 경우 '금융을 지원한다'라는 표현이 있다(우병동, 1995: 96).

여기서 공권력의 의미와 그 사용에 대한 시시비비를 떠나 한 가지 분명한 사실은 경찰은 한 나라의 공권력을 행사하는 대표적인 기관이라는 것이다. 그러나 과거 권위주의 정권 하에서 국가 공권력 행사의 표상이던 경찰은 민주화시기를 지난 지금은 '매 맞는 경찰'이 되었다. 그만큼 세월이 많이 변했다는 것이다.

그 동안 경찰의 공권력 확보를 위해서 주로 논의된 것은 각종 경찰활동의 강화, 엄정한 법집행, 관련 법률 개정을 통한 처벌의 강화 등 형사정책인 측면의 접근 방안이 주류를 이루었다. 이와 관련하여 실제로 법집행과정에서 공무집행사범에 대한 입건 현황은 증가 추세에 있는 것이 사실이다. 그러나 재판과정에서 법원의 미온적이고 관대한 태도로 인해 공무집행사범 대부분의 구속영장이 기각되거나 실형이 선고되지 않아서 실질적으로 경찰의 공권력 확보 노력은 그 한계에 부딪히고 있는 것이 현실이다. 따라서 이 연구에서는 그 동안 경찰의 공권력 확보 방안으로 주로 논의되었던 형사정책인 접근방안보다는 상대적으로 연구가 미진했던 배상명령제도나 소액사건심판제도와 같은 민사적인 접근방안을 중심으로 논의를 전개하고자 한다.

2. 연구의 배경

1) 공권력의 개념

행정법의 영역에서 보면 공권력 행사의 개념은 흔히 경찰권의 발동과 동일시되곤 한다. 전통적인 공행정의 내용들은 이른바 '침해행정'에 의해 대표되었고 침해행정의 대표적인 수단들은 공권력의 행사로 여겨졌기 때문이다(박종수, 2002: 330).

우리가 흔히 쓰고 있는 '공권력'이란 말은 학술용어인 동시에 법률용어[4]이다. 공권력의 개념은 그 표현이 조금씩 다를 수는 있어도 헌법, 행정법, 정치학, 행정학 등의 여

4) 공권력의 행사 또는 불행사로 인하여 헌법상 보장된 기본권을 침해받은 자는 법원의 재판을 제외하고는 헌법재판소에 헌법소원심판을 청구할 수 있다. 다만, 다른 법률에 구제절차가 있는 경우에는 그 절차를 모두 거친 후가 아니면 청구할 수 없다(헌법재판소법 제68조).

러 학문 분야에서 사용되는 개념이다. 따라서 공권력의 개념을 어떻게 이해할 것인가 하는 것은 다소 복잡한 문제이다. 예를 들어, 공권력 이외에 일상적으로 사용되고 있는 '권력'이나 '국가권력'의 개념과 비교해서도 그 의미상의 차이를 명확히 구분하는 것은 쉬운 일이 아니다.[5)]

더 나아가 우리나라에 영향을 준 독일의 법체계에서의 공권력 개념과는 달리,[6)] 미국 법체계에 있어서 공권력의 개념은 또 다른 차이점을 갖는다. 즉 미국 헌법상우리나라의 공권력과 유사한 개념인 경찰권능(state power; police power)의 개념은 협의로는 치안을 유지하기 위하여 경찰을 설치하고 그것을 운용하기 위한 법령을 제정하는 권능을 의미하는 것으로 각 주의 권한으로 부여되어 있다. 그러나 광의로는 정부가 공공의 복지 증진을 위하여 비록 개인의 권리에 제한을 가하여서라도 행사할 수 있는 권능을 의미한다. 광의의 공권력은 주 정부 뿐만이 아니라 비록 헌법에 명시적으로 기술되지는 않았지만 연방정부에게 부여된 통상규제권이나 우편권에 당연히 포함되는 것으로 이해된다(이상도, 2002: 443-444).

공권력의 개념을 어떻게 이해하는가에 대해서는 논란이 있을 수 있지만, 이 연구에서는 공권력의 개념을 넓은 의미에서 국가나 공공단체가 우월한 의사의 주체로서 국민에게 명령하고 강제할 수 있는 권능을 의미하는 것으로 보고, 협의로는 경찰권 행사를 통하여 경찰이 우월한 의사의 주체로서 국민에게 명령하고 강제할 수 있는 권능을 의미하는 것으로 이해하고자 한다.

2) 공권력 침해의 현황 및 실태

(1) 공권력 침해 사례

요즈음 우리는 언론보도를 통해서 또는 일상생활 속에서 공권력이 침해당하는 것을 자주 목격할 수 있다. 공권력을 침해하는 유형은 단순한 명령의 불이행에서부터 형법

5) 「대한민국헌법」 제1조 제2항은 "대한민국의 주권은 국민에게 있고, 모든 권력은 국민으로부터 나온다."라고 규정하고 있다. 또한 우리 헌법은 '견제와 균형'의 원리를 통해서 권력남용을 막고 법치주의의 실질적 내용을 실현하기 위해서 권력분립제도를 채택하고 있다. 즉 국가권력을 입법권, 사법권, 행정권으로 나누고 이를 각각 국회, 행정부, 법원에 맡김으로써 서로가 권능행사에 있어서 협동적인 통제관계를 유지케 하고 있다(허영, 2005: 148).

6) 공권력의 개념 형성 및 변천에 관한 자세한 내용은 박종수(2002) 참조.

상 공무집행방해에 이르기까지 여러 유형들이 있을 수 있다. 그러나 일반적으로 심각하게 공권력을 침해하는 유형으로는 공무집행 중인 경찰관에 대한 폭행이나 상해, 협박, 모욕, 명예훼손 등을 들 수 있다. 다음에서는 언론보도에 나타난 몇 가지 경찰의 공권력 침해 사례들을 살펴보고자 한다.

① 조직폭력배에 의한 집단폭행

조직폭력배를 잡는 광역수사대 경찰 2명이 조폭 등 8명에게 집단 폭행당한 사실이 드러나 공권력이 실추됐다는 우려의 목소리가 높다. 경기지방경찰청 광역수사대 소속 A경사와 B경장 등 2명은 2008년 7월 28일 새벽 1시쯤 폭력조직 관련 첩보수집 과정에서 수원시 팔달구 매산동 모 술집에서 수원 Y파 조직 8명과 동석했다. A경사 등은 폭력조직의 최근 동향에 대해 대화를 나누다 Y파 간부 H씨가 자리를 비운 뒤 돌아오지 않자 새벽 1시30분쯤 술값을 계산하고 술집을 나섰다. A경사는 H씨에게 "서로 잘 모르니 오늘은 가겠다"고 말하고 떠나려 하자 Y파 조직원들이 갑자기 옆에 있던 B경장의 양팔을 붙잡고 움직이지 못하도록 한 뒤 H씨가 구타하기 시작했다. 또 다른 조직원들은 A경사를 붙잡아 움직이지 못하도록 한 뒤 B경장을 30여분 동안 대로변 200여 미터를 끌고 다니며 무릎을 꿇으라고 강요하며 발로 밟는 등 폭행을 계속했다. 이 과정에서 A경사는 주변 사람들에게 "112에 신고해 달라"고 소리쳤으며 조직원들은 뒤늦게 B경장을 풀어주고 유유히 자리를 떠났다. 하지만 B경장은 얼굴을 꿰매는 등 중상을 입은 것으로 알려졌다. 경기지방경찰청 관계자는 "수원역 일대에 조직폭력배 간 이권개입 첩보가 접수돼 수사를 벌이다 봉변을 당했다"며 "공권력 확립 차원에서 강력 대응할 것"이라고 밝혔다. 이와 함께 경기도 수원남부경찰서 인계지구대 직원들도 수원 N파 조직원에게 멱살을 잡히는 등 폭행당한 것으로 알려져 공권력의 실추와 함께 시민들이 불안에 떨고 있다(노컷뉴스, 2008년 7월 2일자).

② 허위사실 유포에 의한 명예훼손

미국산 쇠고기를 '미친 소'라고 주장하며 나라를 뒤흔든 촛불시위가 한창이던 5~7월 인터넷에는 사실과 다른 유언비어가 범람했다. 포털 사이트 다음의 토론방 아고라에는 "촛불시위 현장에서 경찰이 20대 여성 참가자의 목을 졸라 숨지게 한 뒤 시신을 승합차에 싣고 갔다"는 글과 함께 관련 사진들이 떴다. 실제로는 서울지방경찰청 소속

방모 상경이 호흡곤란 증세를 보여 심폐소생술을 받는 모습을 찍은 사진이었고, 글 내용도 거짓이었다. 인터넷에 이를 퍼뜨린 최 모 씨가 2008년 12월 12일 징역 10개월의 실형을 선고받았다. 최 씨가 경찰에 구속되자 일부 세력은 '촛불세력에 대한 탄압'이라며 여대생 사망 현장의 목격자를 찾는 신문 광고까지 냈다. 이러한 집단인식의 착오 속에서 주요 언론의 사실 보도가 돌팔매질을 당하고, 인터넷 괴담이 '진실'로 받아들여지는 혼란스러운 상황이 벌어진 것이다. 서울중앙지방법원 김민기 판사는 "최 씨가 인터넷에 올린 글과 사진은 제3자가 볼 때 전경이 시위 참가자를 살해했다고 잘못 믿기에 충분하며 현장에서 시위 진압을 수행한 전경대의 명예를 훼손했다"고 실형 선고 이유를 밝혔다. 김 판사는 "최 씨가 사실을 확인하려는 노력을 하지 않았고, '살인경찰', '무자비', '무차별' 같은 악의적이며 선동적인 문구를 반복 사용했다"고 지적했다. 구속 당시 최 씨는 "뜨고 싶어서 그랬다"고 어처구니없는 이유를 댔다. 인터넷에는 이처럼 근거 없는 괴담을 쏟아내는 누리꾼이나 사회 불만 세력이 날조한 허위사실들이 검증되지 않은 채 떠돌아다닌다(동아일보, 2008년 12월 15일자).

③ 욕설, 침뱉기, 모욕적 언사 등

광주지방경찰청 북부경찰서는 경찰관을 폭행한 57살 한 모 씨에 대해 공무집행방해 혐의로 구속영장을 신청했다. 한씨는 2005년 4월 25일 새벽 1시 30분쯤 광주북부경찰서에서 전 남편에게 상해를 입힌 혐의로 조사를 받던 중담 당 경찰관인 35살 조모 경장에게 욕설을 하고 세 차례에 걸쳐 얼굴에 침을 뱉는 등 공무집행을 방해한 혐의를 받고 있다. 북부경찰서는 또한 지난 24일 밤 11시 30분쯤 중흥2동 치안센터에서 택시요금 문제로 신고를 받고 출동한 우산지구대 소속 44살 유모 경사를 폭행한 혐의로 37살 안 모 씨에 대해서도 구속영장을 신청했다(노컷뉴스, 2009년 4월 25일자).

경남지방경찰청 하동경찰서는 2005년 4월 23일 술에 취한 자신을 집까지 데려다 준 경찰관을 욕설하며 폭행한 혐의(공무집행방해 등)로 C씨를 구속했다. 경찰에 따르면 C씨는 지난 21일 자정께 자신의 집에 데려다 준 하동경찰서 읍내지구대 소속 P(45) 경사에게 "아내가 현관문을 잠갔으니 열어 달라"고 요구했으나 P 경사가 "경찰도 강제로 문을 열 수 없다"고 설명하자 심한 욕설과 폭력을 휘두른 혐의를 받고 있다. P 경사는 이날 C씨가 만취된 채 읍내지구대로 찾아와 "우리 집까지 보내 달라"고 부탁해 순찰차를 이용하여 귀가시켜 주었으나 오히려 봉변을 당했다(연합뉴스, 2009년 4월 23일자).

2009년 4월 23일 택시요금 시비 끝에 대전의 한 경찰지구대에 온 이모(30)씨는 택시기사와 시민들이 지켜보는 상황에서 갑자기 경찰관에게 가운데 손가락을 들며 심한 욕을 했다. 그 하루 전 대전에 사는 조모(45)씨는 대전의 한 술집에서 행패를 부리다 주인의 신고를 받고 출동한 경찰에게 "술집주인에게 얼마를 받아 먹었냐?"는 등의 모욕적인 말을 마구 했다. 앞서 같은 달 4일과 14일에도 경찰은 거리에서 소리를 지르고 지나는 시민들에게 시비를 걸던 한모(46)씨, 강모(43)씨에게 "집에 돌아가라!"고 권하다 멱살을 잡히고 심한 욕설을 들었다(아세아경제, 2009년 6월 25일자).

④ 집회 · 시위과정에서의 폭력

민주노총 조합원 6000여 명은 16일 오후 6시30분부터 대전시 대덕구 동부경찰서 인근 도로에서 1시간50여 분간 격렬한 시위를 벌였다. 민주노총 조합원들이 당초 신고 내용과 달리 중앙병원에서 약 1.7km 떨어진 대한통운까지 행진을 강행하면서 경찰과 충돌이 빚어졌다. 시위대는 "2개 차로만 이용해 행진하겠다"던 약속과 달리 왕복 6차로를 완전히 점거한 채 만장(輓章) 1000여 개를 들고 중앙병원까지 행진했다. 오후 6시 30분쯤 중앙병원에 도착한 시위대는 읍내동 대한통운까지 불법 행진에 나섰다.

이에 경찰은 불법 시위로 규정하고 저지했다. 경찰 5000여 명은 경찰 버스를 이용해 바리케이드를 친 뒤 물대포를 쏘며 행진을 막아보려 했지만 6000여 명의 시위대를 막기에는 역부족이었다. 시위대 사이에서는 경찰 쪽으로 돌이 난무했고, 이를 방패로 막던 경찰도 물대포와 경찰봉으로 응수했다. 거센 몸싸움도 벌어졌다. 일부 시위대는 만장을 떼어내고 대나무 깃대를 시위도구로 사용했다. 충돌 과정에서 시위대 차량에 치여 다리가 부러지고, 대나무에 찔려 각막 손상을 입는 등 경찰 104명이 부상했다. 시위대 40여 명도 다쳤다. 전 · 의경 버스 등 경찰 차량 99대는 유리창과 철망, 문짝이 크게 부서졌다(중앙일보, 2009년 5월 18일자).

(2) 관련 통계자료

① 공상 경찰관 통계자료

2008년 11월 3일 경찰청에서 김유정 의원에게 제출한 <표 9-1>의 자료를 보면, 지난해인 2008년 8월말 현재 공무수행 중 부상한 전체 경찰관 1,022명 중 329명(32.2%)이 범죄자에 의한 폭행, 상해 등의 폭력 행사로 인해 다쳤으며, 시위진압 도중에도 39명

(3.8%)의 경찰관이 부상을 입은 것으로 나타났다. 특히 2003년부터 2008년 8월말까지 6년 동안 공무를 수행하다 범죄자로부터 폭력 피해를 당하거나 시위진압 도중 부상을 입은 경찰관은 전체 공상 경찰관 7005명 중 1934명으로 27.6%를 차지하고 있다.

여기서 중요한 사실은 공무수행 중 범죄자로부터 폭력 피해를 당하는 경찰관의 숫자가 2003년 166명에서 2004년 231명, 2005년 266명, 2006년 354명, 2007년 382명, 2008년 8월말 현재 329명으로 해마다 증가하는 추세에 놓여 있다는 점이다. 이러한 통계는 그동안 우리사회에 만연된 경찰 공권력에 대한 경시 풍조를 잘 보여 주는 자료라고 할 수 있다. 특히 경찰 부상자 수가 증가 추세를 보이는 원인은 한미 FTA관련 시위나 미군기지 이전관련 시위 등에서 볼 수 있듯이 각종 이익집단의 시위 양상이 폭력적으로 변화한데서 찾을 수 있다. 이것은 지난 정권하에서 정부 정책의 기조가 국민의 권리 신장에 보다 무게를 둠으로써 공권력이 상대적으로 약화된 현상과 무관하지 않다고 볼 수 있다(김상겸, 2008: 17).

〈표 9-1〉 공상 경찰관 현황

(단위 : 명)

구 분	’03	’04	‘05	'06	‘07	‘08. 8. 31
총 계	896	1,088	1,187	1,399	1,413	1,022
범인피격	166	231	266	354	382	329
과 로	92	56	52	49	50	26
교통사고	228	293	274	374	361	233
인명구조	2	-	-	-	-	-
시위진압	22	36	27	63	19	39
안전사고	386	472	564	559	601	395
기 타	-	-	4	-	-	-

- 자료 : http://www.police.go.kr/assembly/pds/pds_01_list.jsp?div=1/2009.05.10.

② 공무집행방해사범 통계자료

2008년 11월 3일 경찰청에서 정갑윤 의원에게 제출한 자료, 즉 <표 2> 경찰의 공무집행방해사범 처리 현황에서는 최근 5년간 경찰에서 입건한 공무집행사범의 현황 및 증가 추이를 보여주고 있다. 이 통계자료에 따르면 공무집행방해사범의 유형을 공무집행방해, 위계에 의한 공무집행방해, 특수공무집행방해, 특수공무집행방해치상 및 특수공무집행방해치사로 구분하고 있다.

좀 더 자세히 살펴보면, 경찰에 입건된 전체 공무집행방해사범의 수는 2004년 8,106명, 2005년 7,623명, 2006년 9,783명, 2007년 13,803명, 2008년 7월말 현재 8,442명으로 나타났다. 2004년 8,106명이던 전체 공무집행방해사범의 수는 2005년에는 잠시 감소하였다가 2006년부터 급격히 증가하고 있음을 알 수 있다. 또한 위계에 의한 공무집행방해사범을 제외한 다른 공무집행방해사범의 수 또한 전체 공무집행방해사범의 증가 추이와 유사한 형태를 보이고 있다.

<표 9-2>에서의 공무집행방해사범은 물론 경찰관만을 대상으로 하는 것이 아니라 직무를 집행하는 전체 공무원을 대상으로 한 범죄를 의미하는 것이다. 따라서 이 통계자료만으로는 공무집행방해죄의 피해당사자를 경찰관만으로 한정하여 따로 추출할 수 없는 한계가 있다. 그럼에도 불구하고 이 통계자료를 통해 경찰관을 포함한 직무를 집행중인 공무원, 즉 공권력을 행사하는 공무원에 대한 폭행이나 협박, 더 나아가 상해를 가하는 사례들이 전반적으로 해마다 증가하고 있는 추세임을 알 수 있다.

〈표 9-2〉 경찰의 공무집행방해사범 처리 현황

(단위 : 명)

구분		공무집행방해		위계에 의한 공무집행방해		특 수 공무집행방해		특수공무집행 방해치상		특수공무집행 방해치사	
		구속	불구속	구속	불구속	구속	불구속	구속	불구속	구속	불구속
년도	계	4,939	36,061	165	2,554	488	1,793	672	1,081	3	1
2004	8,106	1,474	5,403	40	412	137	282	182	175	1	0
2005	7,623	957	5,657	70	317	85	249	145	143	0	0
2006	9,783	765	7,230	31	599	88	626	134	309	0	1
2007	13,803	1,061	10,873	21	843	108	433	144	318	2	0
2008.7.	8,442	682	6,898	3	383	70	203	67	136	0	0

- 자료 : http://www.police.go.kr/assembly/pds/pds_01_list.jsp?div=3/2009.05.10.

(3) 법원의 관대화 경향

경찰과 검찰이 공무집행사범에 대한 엄격한 법집행을 하는 것만으로는 공권력을 확보하는 데 일정한 한계가 있다. 그것은 공무집행방해사범에 대한 법원의 관대화 경향에서 찾을 수 있다.

경찰관을 폭행 협박하거나 공무집행을 방해하는 사람들에 대해 법원이 영장을 발부하는 비율이 일반 형사사건의 3분의 1에 불과한 것으로 나타났다. 서울중앙지검이 지난해 4월부터 12월까지 공무집행방해 사범 439명에 대해 구속영장을 청구했으나 이 중 105명(23.9%)만 영장이 발부됐다. 이는 지난해 서울중앙지법의 전체 구속영장 발부율(67.7%)의 절반에도 못 미치는 수치다. 전국 평균 발부율(75.7%)의 3분의 1도 안 된다고 한다. 일반적인 구속영장 발부율도 2002년 87%, 2004년 85.1%, 2006년 83.5%, 2007년 78.2%로 해마다 감소 추세다. 하지만 경찰관 폭행사범이 일반 형사사건에 비해 2~3배나 관대한 처분을 받고 있는 현실은 법관들이 문제의 심각성을 인식하지 못하기 때문이라고 볼 수밖에 없다(동아일보, 2009년 3월 19일자).

이에 대해 법원행정처 정책총괄심의관 김소영 부장판사는 공무집행방해사범에 대한 법원 판결의 관대화 경향에 대해 다음과 같은 반론을 제기하고 있다. 우리나라 형사소송법은 구속영장 발부 사유를 범죄사실의 소명이 있는지 여부와 도망 및 증거인멸의 염려가 있는 경우로 엄격히 제한하고 있고, 아울러 불구속수사와 불구속재판이 형사소송의 기본원칙임을 천명하고 있다. 공무집행방해사범의 경우에도 이런 기준을 준수하여야 하고, '공권력 확립' 등 법에 명시되어 있지 않은 다른 기준을 적용할 수는 없다. 증거인멸이나 도망의 염려가 없음에도 사회적으로 지탄받는다거나 징벌적 효과가 필요하다는 이유로 영장을 청구하는 것은 수사권을 남용하는 것으로서 지양해야 한다. 공무집행방해사범에 대한 영장발부율이 저조하다는 지적도 짚어볼 점이 있다. 검찰은 지난해 6월경 서울지역 5개 지검 차장검사들이 모이는 실무협의회를 열어 112신고를 받고 출동한 경찰관이나 제복을 입은 경찰관을 폭행하는 경우 술에 취했는지 여부, 동종 전과 유무, 피해 정도를 따지지 않고 사실상 무조건 구속영장을 청구하고, 특히 멱살을 잡는 정도의 행위까지도 구속영장을 청구한다는 지침을 정했다고 한다. 그 후 술에 취한 상태에서 단순히 출동 경찰의 멱살을 잡고 욕설을 하였다는 혐의로 영장이 청구되었다가 피의자가 죄를 모두 인정하고 주거가 일정해 증거인멸이나 도망의 염려가 없다는 이유로 기각되고, 또한 직업이 확실하고 전과도 없는 사람에 대하여 폭력의 정도가 상당히 가벼움에도 영장을 청구하였다가 기각되는 등의 사례가 있었다. 법원 통계에 의하면 지난해 6월부터 12월까지 서울지역 5개 지방법원에 청구된 공무집행방해사범에 대한 영장건수는 2007년도 같은 기간 청구건수보다 무려 2배 이상 늘었다. 사안의 경중이나 구속기준을 제대로 고려하지 않고 과도하게 영장을 청구하는 것은 아닌가 우려되는 바가 있고, 바로 이 점이 공무집행방해사범에 대한 영장발부율이 낮아진 주된 원인이라고도 볼 수 있다(조선일보, 2009년 3월 18일자).

그러나 법원 측의 이러한 부인에도 불구하고 법원의 행태가 공무집행방해사범에 대해 관대화 경향을 보이는 것은 부정할 수 없는 사실인 듯하다. 이러한 사실은 '전국 18개 지방법원의 공무집행방해사범의 판결 현황'과 '2008년 촛불시위 관련 구속자 44명에 대한 법원의 처벌 현황'을 통해서 찾아 볼 수 있다.

먼저 <표 9-3> 전국 18개 지방법원의 공무집행방해사범의 판결 현황을 살펴보면, 징역 등 자유형을 선고 받은 경우는 전체의 9.7% 정도의 수준에 불과한 것으로 나타났다. 반면에 나머지 78. 7%에 달하는 공무집행방해사범이 상대적으로 가벼운 형벌인 집행유예(32.3%), 재산형(45.3%), 선고유예(1.2%) 등의 선고받은 것으로 나타나 1심 단계에서 실형을 선고 받는 비율이 상당이 저조한 것으로 보인다.

〈표 9-3〉 전국 18개 지방법원의 공무집행방해사범의 판결 현황

(단위 : 명)

구분	접수	처리						
		계	자유형	집행유예	재산형	선고유예	무죄	기타
2006	3,383	2,828	288	851	1,372	32	15	270
2007	5,398	4,885	480	1,650	2,140	45	37	533
2008.6	2,706	2,735	245	866	1,216	52	17	339
합계	11,487	10,448	1,013	3,367	4,728	129	69	1,142
비율			9.7%	32.2%	45.3%	1.2%	0.7%	10.9%

- 자료 : 2008년도 법원행정처 정보화심의관실 국회제출자료; 이상훈. "공무집행방해사범에 대한 공권력 확보방안". 「한국공안행정학회보」. 18(1). 2009: 247 재구성.

다음으로 2008년 촛불시위 관련 구속자 29명에 대한 법원의 처벌 현황을 살펴보고자 한다. <표 9-4>에서는 위헌법률심판 제청으로 아직 1심에 계류 중인 15명을 제외한 29명에 대한 법원의 처벌 현황이 정리되어 있다. 여기서 눈여겨볼 점은 경찰관을 직접적으로 폭행한 혐의를 받은 8명은 아무도 실형을 선고받지 않았다는 사실에 있다. 그 밖에 경찰버스를 손괴하거나 방화하려 한 5명도 마찬가지였다. 경찰을 향해 염산 병을 던지거나 새총으로 쇠구슬을 쏜 혐의로 구속된 9명 중 5명만 징역 10월을 선고 받았다.

법원은 대체로 ① 동종 전과가 없고, ② 피해가 경미하며, ③ 반성하고 있다는 이유를 들어 집행유예 판결을 내렸다. 그러나 법원의 판결이 납득하기 어려운 경우도 적지 않

았다. 일용직 노동자인 서모(46)씨는 2008년 6월 20일 서울 세종로사거리에서 폴리스라인을 설치한 40대 여경에게 욕설을 퍼붓고 얼굴을 때렸다. 재판부는 집행유예 2년(징역 6월)에 보호관찰 1년을 선고하고 서씨를 풀어줬다. 그러나 서씨는 이 사건 말고도 공무집행방해 전과가 여러 건 있는 상습범이었다. 같은 달 25일, 도로점거를 하다 경찰에 연행된 전교조 간부 윤 모 씨는 유치장에서 경찰관을 폭행하고 화장실 문까지 부쉈다. 윤씨 역시 상습적인 공무집행방해사범이었지만 집행유예를 선고받았다. 법원이 스스로 "죄질이 나쁘다"고 밝히고도 집행유예를 선고한 경우도 있었다. 김모(48·퀵서비스 기사)씨는 작년 6월 26일 시위대와 함께 코리아나 호텔을 습격해 호텔 현관을 난장판으로 만들었다. 김씨는 경찰관이 자신을 체포하려 하자 시위대를 불러 도주했다. 김씨를 쫓던 경찰은 시위대에 붙잡혀 곤욕을 치렀다. 김씨는 범행 당시 경찰이 자기 얼굴을 알아보기 어렵게 마스크와 선글라스, 모자를 착용했다. 그런데도 법원은 "김씨가 즉흥적으로 범행을 했다"며 집행유예를 선고했다. 헬멧과 보호장구를 착용한 채, 망치를 들고 다니며 전경버스를 마구 부숴서 일명 '망치남'으로 불린 유모(24·대학생)씨는 "병역의 의무를 수행하는 등 선량하게 생활해왔다"는 이유로 집행유예 판결을 받았다(조선일보, 2009년 3월 11일자).

〈표 9-4〉 2008년 촛불시위 관련 구속자 29명의 처벌 현황

인적사항	주요 혐의	판결(*)[7]
이모(45 · 노동)	쇠파이프 등으로 경찰관 폭행	징역 1년6월 · 집유 3년 벌금 20만원 · 사회봉사 200시간
윤모(51 · 무직)	쇠파이프 · 밧줄로 경찰버스 손괴	징역 10월 · 집유2년 벌금 30만원 · 사회봉사 160시간*
서모(46 · 노동)	여경 폭행	징역 6월 · 집유 2년 · 보호관찰 1년
연모(31 · 무직)	경찰버스 방화 시도	징역 2년 · 집유3년 · 벌금 20만원
윤모(25 · 무직)	경찰 폭행하고 경찰버스 손괴	징역 10월 · 집유 2년 벌금 30만원 · 사회봉사 160시간
윤모(51 · 시민단체 간부)	도로 점거하다 체포된 뒤 경찰서 유치장 손괴	징역 1년 · 집유 2년 사회봉사 80시간
김모(48 · 퀵서비스)	코리아나 호텔 정문 부수며 난동	징역 1년 · 집유 3년 벌금 30만원 · 사회봉사 120시간*
마모(33 · 용접공)	봉걸레로 경찰 폭행	징역 10월 · 집유 2년 벌금 30만원 · 사회봉사 160시간

7) * 표시는 상급심 계류 중

인적사항	주요 혐의	판결(*)[8]
유모(24 · 대학생)	망치로 경찰버스 손괴	징역 10월 · 집유 2년 · 벌금 30만원
박모(48 · 농업)	코리아나 호텔 정문 부수고 지배인 폭행	징역 10월 · 집유 2년 사회봉사 160시간
이모(28 · 고시원 총무)	경찰 폭행	벌금 300만원
김모(28 · 무직)	경찰 폭행	징역 1년2월 · 집유 2년 벌금 30만원 · 사회봉사 80시간*
문모(36 · 식당종업원)	쇠파이프로 경찰버스 손괴	징역 1년 · 집유 2년 벌금 30만원 · 사회봉사 120시간*
최모(18 · 무직)	망치 · 쇠톱으로 경찰버스 손괴	징역 8월 · 집유 2년 · 벌금 30만원
김모(33 · 무직)	경찰에 새총으로 쇠구슬 발사	징역 8월 · 집유 2년 · 벌금 30만원
김모(33 · 무직)	경찰 폭행	징역 10월 · 집유 2년 · 벌금 30만원
양모(38 · 무직)	경찰에 염산 병 던져	징역 8월 · 집유 2년 · 벌금 30만원
우모(42 · 액세서리 세공)	경찰에 새총으로 쇠구슬 발사	징역 6월 · 집유 2년 · 벌금 30만원
김모(41 · 무직)	경찰에 염산 병 던져	징역 10월 · 벌금 30만원*
김모(46 · 무직)	경찰에 염산 병 던져	징역 10월 · 벌금 30만원
최모(41 · 경륜선수)	경찰에 염산 병 던져	징역 10월 · 벌금 30만원*
송모(38 · 노동)	경찰에 염산 병 던져	징역 8월 · 집유 2년 · 벌금 30만원
여모(21 · 대학생)	경찰 무릎 꿇리고 폭행	벌금 200만원*
전모(27 · 무직)	쇠파이프로 경찰버스 부수고 경찰에 염산 병 던져	징역 10월 · 벌금 30만원
권모(38 · 무직)	경찰에 염산 병 던져	징역 10월 · 벌금 30만원
최모(48 · 지방지 기자)	경찰이 여학생 살해했다는 헛소문 유포	징역 10월*
김모(35 · 인쇄소 직원)	경찰이 여성 시위대 성폭행했다는 헛소문 유포	징역 10월 · 집유 2년 사회봉사 80시간
강모(42 · 대학강사)	경찰이 진압 거부했다는 헛소문 유포	벌금 700만원*
윤모(여 · 32 · 시민단체 간부)	집회 사회를 보며 구호 선창	징역 1년 · 집유 2년*

- 자료 : 조선일보, 2009년 3월 11일자 재구성.

3. 공권력 확보와 민사적 접근

최근 치안현장에서는 정당한 공권력을 행사하는 경찰관을 폭행, 협박하거나 욕설,

8) * 표시는 상급심 계류 중

침뱉기 등으로 공권력을 침해하는 사례들이 계속해서 빈발하고 있다. 일반적으로 경찰관이 시민들을 처우하고 대응하는데 있어서 경찰관은 시민들의 태도에 대해 보다 많은 인내심을 가지는 것이 필요하다(Gaines, Worrall, Southerland, & Angell, 2003: 63). 그러나 그 한도를 벗어난 경우가 주로 문제되는데, 지금까지의 대책은 주로 형사적인 측면에서의 접근에만 치중한 측면이 있었고 민사적인 측면에서는 소홀한 측면이 없지 않았다.

1981년 제정된「소송촉진등에관한특례법」(이하 소촉법)에 근거를 두고 있는 배상명령제도는 독일 형사소송법의 부대소송을 선례로 한 것이라고 할 수 있다. 배상명령제도는 형사절차에서 피해자의 재산상의 손해를 변상케 함으로써 피해자를 신속하게 구제하고자 하는 취지에서 만들어 졌다. 즉 범죄행위로 인하여 손해배상청구권이 발생한 경우에 형사절차에서 손해배상까지 판단하게 함으로써 피해자가 민사소송에 의한 번잡과 위험을 부담하지 않고 신속히 피해를 변상 받게 하는 것이 피해자에게 이익이 될 뿐만 아니라 소송경제를 도모하고 판결의 모순을 피할 수 있는 결과를 가져오는 장점이 있다(이재상, 2008: 810-811).

소액사건심판은 1973년「소액사건심판법」(이하 소심법)의 제정으로 도입되었다. 소액사건심판은 소송의 경제성과 신속성이라는 민사소송제도의 이상을 달성하기 위해 마련된 중요한 제도적 장치이다. 이러한 소액심판제도는 소액의 민사사건을 간편한 절차에 따라 신속히 처리하기 위해 민사소송 일반에 요구되는 여러 가지 절차와 요구사항들을 면제함으로써 국민들이 적은 비용으로 손쉽게 분쟁을 해결하는데 기여하고 있다(김두얼, 2007: 198). 아울러 소송의 당사자가 소송절차에 익숙지 않은 일반인들이라는 점과 법률전문가의 조력을 받기 어려운 실정을 감안하여 실체적 진실 발견을 위한 법원의 직권주의와 후견적 역할을 강조하고 있다(이재철, 2000: 10).

따라서 이 연구에서는 민사적인 측면에서 경찰의 공권력을 행사를 공고히 하고 공권력 행사과정에서 피해를 입은 경찰관을 구제할 수 있는 방안으로 '배상명령 신청'과 '소액사건심판 청구'를 제시하고자 한다.

1) 배상명령 신청

(1) 배상명령의 요건 및 범위

배상명령이란 법원이 직권 또는 피해자나 그 상속인의 신청에 의하여 피고인에게 피고사건의 범죄행위로 인하여 발생한 직접적인 물적 피해, 치료비 손해 및 위자료의 배상을 명하는 것을 말한다.

법원은 제1심 또는 제2심의 형사공판절차에서「형법」제257조 제1항(상해), 제258조 제1항 및 제2항(중상해), 제259조 제1항(상해치사), 제262조(폭행치사상, 존속폭행치사상의 죄를 제외),「형법」제26장(과실치사상의 죄), 제38장(절도와 강도의 죄), 제39장(사기와 공갈의 죄)[9], 제40장(횡령의 죄) 및 제42장(손괴의 죄)에 규정된 죄에 관하여 유죄판결을 선고할 경우에 배상명령을 할 수 있다(소촉법 제25조 제1항). 그러나 살인, 유기, 명예훼손, 모욕, 업무방해, 비밀침해, 주거침입, 권리행사방해, 강요 등의 범죄에 대해서는 배상명령을 신청할 수 없다(백형구, 2008: 22).

법원은 소촉법 제25조 제1항에서 열거한 범죄 및 그 이외의 죄에 대한 피고사건에 있어서 피고인과 피해자 사이에 합의된 손해배상액에 관하여도 제1항의 규정에 따라 배상을 명할 수 있다(동조 제2항). 다만 법원은 ① 피해자의 성명·주소가 분명하지 아니한 때, ② 피해금액이 특정되지 아니한 때, ③ 피고인의 배상책임의 유무 또는 그 범위가 명백하지 아니한 때,[10] ④ 배상명령으로 인하여 공판절차가 현저히 지연될 우려가 있거나 형사소송절차에서 배상명령을 함이 상당하지 아니하다고 인정한 때에 해당하는 경우에는 배상명령을 해서는 아니 된다(동조 제3항).

대법원은 배상명령에 관한 소촉법 제25조 제1항, 제3항 제2호 및 제3호 규정의 취지

---

9) 기망에 의한 의사표시는 민법상 당연히 무효가 아니라 취소의 대상이 되는 것뿐이므로 피해자가 피고인들과의 토지매매계약을 기망에 의한 의사표시임을 이유로 취소 또는 해제하지 않는 한, 그 계약의 효력은 그대로 존속하는 것으로서 특단의 사정이 없는 한 그 대금전액의 반환을 구하거나 대금전액 상당의 손해배상을 구할 수는 없다(대법원 1985. 11. 12, 85 도 1765).

10) 배상명령은 피고인의 범죄행위로 피해자가 입은 직접적인 재산상 손해에 대하여 그 피해금액이 특정되고, 피고인의 배상책임의 범위가 명백한 경우에 한하여 피고인에게 그 배상을 명함으로써 간편하고 신속하게 피해자의 피해회복을 도모하고자 하는 제도로서, 법원은 피고인의 배상책임의 유무 또는 그 범위가 명백하지 아니한 때에는 배상명령을 하여서는 아니 되고 결정으로 배상명령 신청을 각하하여야 한다고 판시하였다(대법원 1996. 6. 11, 96 도 945).

는 피고인의 범죄행위로 피해자가 입은 직접적인 재산상 손해에 대하여 그 피해금액이 특정되고 피고인의 배상책임의 범위가 명백한 경우에 한하여, 피고인에게 그 배상을 명함으로써 간편하고 신속하게 피해자의 피해회복을 도모하고자 하는 데에 있다고 판시하고 있다(대법원 1985. 11. 12, 85 도 1765).

소촉법 제25조 제1항에서는 배상의 범위를 피고사건의 범죄행위로 인하여 발생한 직접적인 물적 피해, 치료비 손해 및 위자료로 한정하고 있다. 따라서 배상명령을 할 수 있는 채권이 사실상 금전채권에 제한된다는 점에 대하여는 의문이 없지만, 정신적 손해에 대한 위자료의 배상은 물론 간접적인 손해의 배상을 배상명령에 의해 명할 수는 없다고 본다. 또한 생명과 신체를 침해하는 범죄에 의하여 발생한 기대이익의 상실도 배상명령의 범위에는 포함되지 않는다고 본다(이재상, 2008: 811).

(2) 배상명령의 절차

① 배상명령의 신청

배상명령의 절차비용은 특히 그 부담할 자를 정한 경우를 제외하고는 국고의 부담으로 한다(소촉법 제35조). 배상명령의 신청권자는 피해자 또는 그 상속인이다(동법 제25조 제1항). 피해자는 법원의 허가를 얻어 그 배우자, 직계혈족, 형제자매에게 배상신청에 관하여 소송행위를 대리하게 할 수 있다. 또한 피고인의 변호인은 배상신청에 관하여 피고인의 대리인으로서 소송행위를 할 수 있다(동법 제27조).

피해자는 제1심 또는 제2심 공판의 변론 종결시까지 사건이 계속된 법원에 피해배상을 신청할 수 있다. 이 경우 인지의 첩부는 요하지 아니한다. 피해자가 배상신청을 함에는 신청서와 상대방 피고인의 수에 상응한 신청서 부본을 제출하여야 한다. 신청서에는 ① 피고사건의 번호·사건명 및 사건이 계속된 법원, ② 신청인의 성명·주소, ③ 대리인이 신청할 때에는 그 성명·주소, ④ 상대방 피고인의 성명·주소, ⑤ 배상의 대상과 그 내용, ⑥ 배상을 청구하는 금액을 기재하고 신청인 또는 대리인이 서명·날인하여야 한다. 신청서에는 필요한 증거서류를 첨부할 수 있다. 배상명령은 서면신청이 원칙이나 피해자가 증인으로 법정에 출석한 때에는 구술로 배상을 신청할 수 있다. 이때에는 공판조서에 신청의 취지를 기재하여야 한다. 신청인은 배상명령이 확정되기까지는 언제든지 배상신청을 취하할 수 있다. 배상신청은 민사소송에 있어서의 소의 제기와 동일한 효력이 있다. 따라서 피해자는 피고사건의 범죄행위로 인하여 발생한 피해에 관하여 다른 절차에 의한 손해배상청구가 법원에 계속 중인 때에는 배상신청을 할 수 없다(동법 제26조).

② 법원의 심리 및 재판

법원은 서면에 의한 배상신청이 있는 때에는 지체 없이 그 신청서 부본을 피고인에게 송달하여야 한다(동법 제28조). 배상신청이 있는 때에는 신청인에게 공판기일을 통지하여야 한다. 신청인이 공판기일의 통지를 받고도 출석하지 아니한 때에는 그 진술 없이 재판할 수 있다(동법 제29조). 신청인 및 그 대리인은 공판절차를 현저히 지연시키지 않는 범위 안에서 재판장의 허가를 받아 소송기록을 열람할 수 있고 공판기일에 피고인 또는 증인을 신문할 수 있으며 기타 필요한 증거를 제출할 수 있다. 이 경우 재판장이 허가를 하지 아니한 재판에 대하여는 불복을 신청하지 못한다(동법 제30조).

배상명령은 유죄판결의 선고와 동시에 하여야 한다. 배상명령은 일정액의 금전지급을 명함으로써 하고 배상의 대상과 금액을 유죄판결의 주문에 표시하여야 한다. 배상명령의 이유는 특히 필요하다고 인정되는 경우가 아니면 이를 기재하지 아니한다. 배상명령은 가집행할 수 있음을 선고할 수 있다. 배상명령을 한 때에는 유죄판결서의 정본을 피고인과 피해자에게 지체 없이 송달하여야 한다(동법 제31조).

배상신청이 부적법한 때 또는 그 신청이 이유 없거나 배상명령을 함이 상당하지 아니하다고 인정될 때에는 결정으로 이를 각하하여야 한다. 유죄판결의 선고와 동시에 각하 결정을 할 때에는 이를 유죄판결의 주문에 표시할 수 있다. 신청을 각하하거나 그 일부를 인용한 재판에 대하여 신청인은 불복을 신청하지 못하며, 다시 동일한 배상신청을 할 수 없다(동법 제32조). 그러나 신청인은 소액심판 청구 등 다른 민사소송 절차에 의하여 손해배상을 청구할 수 있다.

유죄판결에 대한 상소의 제기가 있는 때에는 배상명령은 피고사건과 함께 상소심에 이심된다. 상소심에서 원심의 유죄판결을 파기하고 피고사건에 대하여 무죄·면소 또는 공소기각의 재판을 할 때에는 원심의 배상명령을 취소하여야 한다. 이 경우 상소심에서 원심의 배상명령을 취소하지 아니한 때에는 이를 취소한 것으로 본다. 상소심에서 원심판결을 유지하는 경우에도 배상명령에 대하여는 이를 취소 변경할 수 있다. 피고인은 유죄판결에 대하여 상소를 제기함이 없이 배상명령에 대하여만 상소제기 기간 내에 「형사소송법」 의 규정에 의한 즉시항고를 할 수 있다. 다만, 즉시항고 제기 후 상소권자의 적법한 상소가 있는 때에는 즉시항고는 취하된 것으로 본다(동법 제33조).

③ 배상명령의 효력

확정된 배상명령 또는 가집행 선고가 있는 배상명령이 기재된 유죄판결서의 정본은 「민사집행법」에 의한 강제집행에 관하여는 집행력 있는 민사판결 정본과 동일한 효력이 있다. 배상명령이 확정된 때에는 그 인용금액 범위 안에서 피해자는 다른 절차에 의한 손해배상을 청구할 수 없다(동법 제34조 제1항 및 제2항).

2) 소액사건심판 청구

(1) 소액심판사건의 요건 및 범위

법원은 소송절차가 공정하고 신속하며 경제적으로 진행되도록 노력해야 하는 책임을 지고 있다. 소액사건심판은 지방법원 및 지방법원지원에서 소송물가액이 2,000만 원 이하인 소액의 민사사건을 간편한 절차에 따라 신속히 처리하기 위하여 민사소송법에 대한 절차상의 특례를 인정한 것을 말한다.

「소액사건심판규칙」 제1조에 나타난 소액심판사건의 요건을 살펴보면 다음과 같다. 첫째, 제1심 민사사건이어야 한다. 둘째, 소송물가액이 2,000만 원 초과하지 않아야 한다. 셋째, 소액사건으로 청구하는 대상이 금전 기타 대체물이나 유가증권의 일정수량의 지급을 목적으로 하는 사건이어야 한다. 다만, 소의 변경으로 본문의 경우에 해당하지 아니하게 된 사건이나 당사자참가, 중간확인의 소 또는 반소의 제기 및 변론의 병합으로 인하여 본문의 경우에 해당하지 않는 사건과 병합심리하게 된 사건은 소액심판사건에 해당되지 않는다. 넷째, 금전 기타 대체물이나 유가증권의 일정한 수량의 지급을 목적으로 하는 청구에 있어서 채권자는 「소액사건심판법」의 적용을 받을 목적으로 청구를 분할하여 그 일부만을 청구할 수 없다.

여기서 "소송물가액"이란 소송의 당사자가 소송에 의하여 청구하는 금액이나 물건의 가치를 말한다. 이를 줄여서 '소가'라고 칭하기도 한다. 소를 제기할 당시에는 2,000만 원 이하를 청구하였다가 나중에 청구를 확장하여 3,000만원을 청구하는 경우에는 소의 변경으로 소액사건의 범위를 벗어나 단독 재판부로 사건을 이송한다. 반면에 소송물가액이 3,000만원이어서 단독사건으로 소를 제기한 경우에는 나중에 청구를 줄여서 2,000만 원 이하가 되었다고 하더라도 제소 당시의 소송물가액 기준으로 볼 때 소액사건에 해당되지 않아 계속 단독사건으로 심리된다. “금전의 지급을 목적으로 하는 사건”이란 소송을 제기하는 원고가 상대방인 피고에 대하여 돈을 달라고 청구하는 경우를 말한다. 그러나 이외에도 대체물이나 유가증권의 일정한 수량의 지급을 목적으로 하는 것도 소액사건이 될 수 있다. 따라서 소액사건의 대상은 금전, 대체물, 유가증권에 한하므로 이와 달리 토지소유권이나 건물 등 특정한 권리나 물건의 이전 또는 지급이나 인도를 청구하는 소송은 소액사건에 해당되지 아니한다(김재용 · 김종철, 2001: 24-26).

(2) 소액심판사건의 절차

① 소의 제기

소액심판사건은 소장을 전국 시군법원에 제출하는 것뿐만 아니라 구술에 의한 소 제기가 인정된다. 구술로써 소를 제기하는 때에는 법원서기관·법원사무관·법원주사 또는 법원주사보의 면전에서 진술하여야 한다. 이 경우에 법원사무관등은 제소조서를 작성하고 이에 기명날인하여야 한다(소심법 제4조). 또한 당사자쌍방은 임의로 법원에 출석하여 소송에 관하여 변론할 수 있다. 이 경우에 소의 제기는 구술에 의한 진술로써 행한다(동법 제5조).

② 송달 및 기일지정

소장부본이나 제소조서등본은 지체 없이 피고에게 송달하여야 한다. 다만, 피고에게 이행권고결정서의 등본이 송달된 때에는 소장부본이나 제소조서등본이 송달된 것으로 본다(동법 제6조).

소의 제기가 있는 경우에 판사는 「민사소송법」 제256조 내지 제258조의 규정에 불구하고 바로 변론기일을 정할 수 있다. 이 경우 판사는 되도록 1회의 변론기일로 심리를 마치도록 하여야 한다. 이를 위해 판사는 변론기일전이라도 당사자로 하여금 증거신청을 하게 하는 등 필요한 조치를 취할 수 있다. 또한 판사는 필요한 경우 근무시간외 또는 공휴일에도 개정할 수 있다(동법 제7조 및 제7조의2).

③ 이행권고결정

법원은 심리를 진행하기에 앞서 이행권고결정을 할 수 있다. 이행권고결정이란 소액사건의 소가 제기된 경우에 법원이 결정으로 소장부본이나 제소조서등본을 첨부하여 피고에게 청구취지 대로 이행할 것을 권고하는 결정을 송달하고 이에 대하여 피고가 이의신청을 하지 않으면 곧바로 변론 없이 원고에게 집행권원을 부여하는 것으로 확정 판결과 같은 효력을 가진다. 다만, 독촉절차 또는 조정절차에서 소송절차로 이행된 때, 청구취지나 청구원인이 불명한 때, 그 밖에 이행권고를 하기에 적절하지 아니하다고 인정하는 때에는 이행권고결정을 할 수 없다(동법 제5조의3 제1항). 이행권고결정은 지급명령과 화해권고결정의 개념을 함께 반영한 것으로 변론 및 증거조사를 생략하여 소액채권자에게 신속하게 권리구제를 받을 수 있도록 하는 것을 목적으로 하고 있다(김홍규 · 강태원, 2008: 900).

피고는 이행권고결정서의 등본을 송달받은 날부터 2주일 내에 서면으로 이의신청을 할 수 있다. 다만, 그 등본이 송달되기 전에도 이의신청을 할 수 있다. 이의신청이 있는 때에는 지체 없이 변론기일을 지정하여야 한다. 이의신청을 한 피고는 제1심 판결이 선고되기 전까지 이의신청을 취하할 수 있다. 피고가 이의신청을 한 때에는 원고가 주장한 사실을 다툰 것으로 본다(소심법 제5조의4). 법원은 이의신청이 적법하지 아니하다고 인정되는 경우에는 그 흠을 보정할 수 없으면 결정으로 이를 각하하여야 한다. 법원의 각하 결정에 대하여는 즉시항고를 할 수 있다(동법 제5조의5).

④ 소액심판사건 절차상의 특칙

• 소송대리에 관한 특칙

당사자의 배우자 · 직계혈족 또는 형제자매는 법원의 허가 없이 소송대리인이 될 수 있다. 소송대리인은 당사자와의 신분관계 및 수권관계를 서면으로 증명하여야 한다. 그러나 수권관계에 대하여는 당사자가 판사의 면전에서 구술로 소송대리인을 선임하고 법원사무관등이 조서에 이를 기재한 때에는 그러하지 아니하다(동법 제8조).

• 심리절차상의 특칙

법원은 소장 · 준비서면 기타 소송기록에 의하여 청구가 이유 없음이 명백한 때에는 변론 없이 청구를 기각할 수 있다. 판사의 경질이 있는 경우라도 변론의 갱신 없이 판결할 수 있다(동법 제9조).

• 증거조사에 관한 특칙

판사는 필요하다고 인정한 때에는 직권으로 증거조사를 할 수 있다. 그러나 그 증거조사의 결과에 관하여는 당사자의 의견을 들어야 한다. 증인은 판사가 신문한다. 그러나 당사자는 판사에게 고하고 신문할 수 있다. 판사는 상당하다고 인정한 때에는 증인 또는 감정인의 신문에 갈음하여 서면을 제출하게 할 수 있다(동법 제10조).

• 판결에 관한 특칙

판결의 선고는 변론종결 후 즉시 할 수 있다. 판결을 선고함에는 주문을 낭독하고 주문이 정당함을 인정할 수 있는 범위 안에서 그 이유의 요지를 구술로 설명하여야 한다. 판결서에는 「민사소송법」 제208조의 규정에 불구하고 이유를 기재하지 아니할 수 있다(동법 제11조의2).

4. 결 론

경찰에 대해서 부정적인 태도를 취하는 사람들은 과거 범죄의 피해자였거나 경찰에 대한 불만족스런 경험을 가진 경우가 많았다는 한 연구 결과가 있다(Hader & Snortum, 1975: 50). 과거 권위주의 정권 하에서 경찰은 국가 공권력을 상징하는 기관으로서 국민의 자유와 권리를 제한하는 악역을 맡기도 했다. 그렇기 때문에 경찰의 공권력 행사는 국민 입장에서 보면 전형적인 권리 침해적 행정작용으로 인식될 여지가 많았다. 그러나 지금은 경찰의 정당한 공권력의 행사까지도 위축되고 침해당하는 실정이 된 듯하다.

그 동안 엄정한 법집행을 통해 공권력을 확립하고자하는 경찰의 정책적 노력이 여러 가지 벽에 부딪혀 별 성과를 거두지 못하고 지지 부진한 사이 '매 맞는 경찰' 문제는 점점 더 사회적으로 큰 이슈가 되어 왔다. 이러한 와중에 2009년 3월 26일 원유철 의원은 '매 맞는 경찰' 문제에 대처하기 위해 「폭력행위 등 처벌에 관한 법률」개정안을 대표 발의하였다.[11] 이 개정안은 가중 처벌되는 범죄에 공무집행방해죄를 추가함으로써 상습적이고 집단적인 불법·폭력시위단체에 의한 공무집행방해에 대하여 처벌규정을 명확히 하고, 정당한 공권력 행사에 대한 권위를 확립하려는 등의 입법 목적을 담고 있

11) http://won21.or.kr/images/legislation.gif/2009.5.12.

다.[12] 그러나 다른 한편에서 이 개정안이 발의된 이면에는 상습적으로 또는 집단적으로 공무수행 중인 경찰관을 폭행하는 행위에 엄정한 법집행이 이루어지고 있지 못하고 있는 지금의 현실이 자리하고 있다.

'매 맞는 경찰'로 상징되는 공권력 경시 풍조를 보더라도 더 이상 형사정책적인 측면의 접근만으로는 일상이 되어버린 경찰의 공권력의 약화 현상을 막아 낼 수는 없다고 생각된다. 결국 공권력 침해관련 처벌 규정 강화, 엄격한 법집행, 공무집행방해사범에 대한 구속 및 양형 기준 완화와 같은 형사정책인 접근뿐만이 아니라 정당한 공권력 행사 과정에서 불법행위로 인해 신체의 피해나 재산상의 손해를 입은 경찰관에 대한 구제 방안, 즉 배상명령제도나 소액사건심판제도와 같은 민사적인 접근방안이 함께 제시 될 때 시너지 효과를 통해 경찰의 공권력을 보다 엄정하게 확보할 수 있을 것으로 여겨진다.

민사적인 문제는 경찰관 개개인이 알아서 스스로 판단할 사안이라는 소극적인 태도보다는 경찰조직 차원에서 능동적으로 개별적인 기준과 방향을 명확하게 제시하고 필요한 지원방안을 모색할 필요가 있다. 비록 일부이기는 하지만 어느 한 지방경찰청에서는 공무수행 중인 경찰관을 아무 이유 없이 폭행하거나 욕설을 하는 사람에 대해선 형사처벌과 함께 '배상명령신청 및 소액심판청구' 등 민사적 대응수단을 동원하여 엄정하게 대응할 방침이라고 공개적으로 밝혔다고 한다. 따라서 경찰 조직적 차원에서 보다 적극적인 모습을 보여 줄 때 민사적인 접근을 통한 공권력 확보 방안이 활성화되고 국민들의 의식에도 변화가 찾아올 것이라고 여겨진다. 아울러 이 연구는 공권력의 약화 현상에 대한 민사적인 접근 방안을 제시하는데 초점을 두고 논의를 전개하였기 때문에 지금까지 형사정책적인 대응 방한이 실패한 이유를 설명하는 데는 부족한 측면이 있었음은 이 연구의 한계로 남겨두고자 한다.

---

12) 상습적 또는 집단적으로 공무집행방해죄를 범하거나 흉기 그 밖의 위험한 물건을 휴대하여 공무집행방해죄를 범한 자 등을 가중 처벌하도록 함(안 제2조 제1항 제2호).

참고문헌

‖ 국내문헌 ‖

김두얼. (2007). “소액사건심판제도의 개선방안: 재판 외 분쟁해결제도 활성화안과 법무사 소송대리권 부여안의 비판적 검토”.「한국법경제학회」. 4(2): 197-213.

김상겸. (2008). “불법폭력시위로 인한 사회적 비용추정 연구”.「치안논총」. 24: 1- 132.

김상영. (1998). “소액사건의 범위확대에 대한 비판적 고찰”.「고시연구」. 297: 66- 81.

김재용·김종철. (2001).「혼자서 쉽고 빠르게 할 수 있는 소액재판」. 서울: 가림M&B.

김홍규·강태원. (2008).「민사소송법」. 서울: 삼영사.

박종수. (2002). “행정법상 공권력행사 개념의 재해석: 공공주체의 경제활동에 관한 독일에서의 논의를 중심으로”.「공법연구」. 30(5): 329-353.

백형구. (2008). “형사절차상 범죄피해자의 보호: 형사소송법 개정 법률의 해설을 중심으로”.「고시계」. 617: 18-29.

우병동. (1995). “경찰을 공권력으로 쓰는 속뜻”.「신문과 방송」. 292: 96-97.

이상도. (2002).「법률영어사전」. 서울: 청림출판.

이상훈. (2009). “공무집행방해사범에 대한 공권력 확보방안”.「한국공안행정학회보」. 18(1): 235-271.

이재상. (2008).「신형사소송법」. 서울: 박영사.

이재철. (2000). “소액사건심판의 현황과 당사자의 권리”.「한국법학원보」. 85: 10-20.

허 영. (2005).「한국헌법론」. 서울: 박영사.

‖ 외국문헌 ‖

Gaines, L. K., Worrall, J. L., Southerland, M. D., and Angell, J. E. (2003). *Police Administration*, New York, The McGraw-Hill Companies, Inc.

Harder, I. and Snortum, J. R. (1975). "The eye of the beholder: Differential perceptions of police and the public", *Criminal Justice and Behavior* 2: 37-54.

‖ 기타자료 ‖

노컷뉴스. 2008년 7월 2일.

________. 2009년 4월 25일.

동아일보. 2008년 12월 15일.

________. 2009년 3월 19일

문화일보. 2009년 3월 9일.

세계일보. 2008년 4월 28일.

아세아경제. 2009년 6월 25일.

연합뉴스. 2009년 4월 23일.

오마이뉴스. 2006년 6월 7일.

중앙일보. 2009년 5월 18일.

조선일보. 2009년 3월 11일.

________. 2009년 3월 18일.

http://won21.or.kr/images/legislation.gif

http://www.police.go.kr/assembly/pds/pds_01_list.jsp?div=1

http://www.police.go.kr/assembly/pds/pds_01_list.jsp?div=3

대법원 1985. 11. 12, 85 도 1765

대법원 1996. 6. 11, 96 도 945

10장

지역사회 대테러활동에 관한 연구*

1. 서 론

지금까지 테러리즘은 적어도 국내에서만큼은 크게 문제되지 않았다. 그러나 우려스러운 것은 우리나라가 더 이상 테러로부터 안전지대가 아니라는 사실이다. 지난 9월 국정원에서 국회 정보위 소속 원혜영 의원에게 제출한 자료에 따르면 탈레반 등 국제 테러단체의 연계세력들이 국내에 잠입해 암암리에 활동하고 있던 것으로 밝혀졌다. 알 카에다 등 국제 테러단체들이 미국의 대테러전에 동참했다는 이유로 한국을 테러 대상국으로 지목한 적은 있으나, 국내에서 테러 세력들이 암약하고 있다는 정보가 확인된 사례는 이번이 처음이라고 한다(최응렬, 2008).

2001년 9월 11일 미국에서 발생한 9 · 11 테러 사건과 2005년 7월 7일과 21일 영국에서 일어난 일련의 테러사건 등은 전 세계에 커다란 충격을 주었고 세계 각국에서는 테러리즘을 방지하기 위한 여러 가지 노력들을 경주하는 계기를 마련하였다. 비단 영국과 미국에서 뿐만 아니라 세계 각국의 여러 노력들에도 불구하고 테러리즘에 대한 뚜렷한 해결책을 제시하고 있지 못하고 있는 것이 현실이며 현재에도 테러리즘은 세계 도처에서 일어나고 있다.

미국에서는 9 · 11 테러사건 이후 2001년 10월 「애국자법(Patriot Act)」을 제정하였다. 이 법에는 테러용의자 색출을 위해서라면 정부 당국은 상당한 증거 없이 테러범죄 혐

* 이 장은 2009년 6월 한국경호학회지에 게재된 논문내용을 일부 수정한 것임

의만으로도 종교단체와 정치단체를 감시할 수 있고 각종 기록을 수시로 열람하거나 제출을 요구할 수 있으며 물건이나 가택 등을 압수·수색할 수 있는 등의 조항을 두었다(박준석, 2007: 197). 영국의 경우 폭탄 테러사건이 발생한 이후, 토니 블레어(T. Blair) 총리는 국내에서의 테러 위협에 대처하기 위해 경찰과 정보기관의 대테러 능력을 강화시키고 그들에게 광범위한 강제력을 부여하는 보다 강력한 조치를 취할 것임을 천명하였다. 이에 따라 테러범죄 피의자를 기소 전 90일까지 구금할 수 있는 등의 내용을 담은 「테러방지법(the Prevention of Terrorism Bill)」 개정안이 제출되었다가 부결되는 등의 우여곡절 끝에, 결국 2008년 6월 11일 테러범죄 피의자에 대한 기소 전 구금기간을 종전 28일에서 48일로 늘리는 것으로 하여 개정안이 하원을 통과하였다.

홀건(J. Horgan, 2005: 51)은 테러리즘은 본질적으로 비단 군대나 경찰이 일순간에 해결할 수 있는 문제는 아니며, 과거에서부터 지금까지 역사 속에서 존재해 왔던 것처럼 앞으로도 우리가 살아갈 사회 속에서 계속 남아있을 문제로 보고 있다. 이러한 홀건의 주장은 사회적 맥락에서 테러리즘에 대한 대응 전략을 제시할 수 있다는 점을 시사해준다(Pickering, McCulloch and Wright-Neville, 2008: 1-2).

테러리즘은 지역사회 구성원들 사이에 존재하는 계층, 신념, 종교, 빈부 등의 차이를 증폭시킴으로써 사회적 분열과 긴장관계를 조장하는 역할을 한다. 따라서 이 연구에서는 지역사회 구성원들에 의해 일어나는 테러리즘과 그 대응 방안으로 연구의 범위를 한정하여 연구를 진행하고자 한다. 여기서 지역사회 구성원들에 의한 테러리즘이란 지역사회 구성원들이 그 지역사회의 관습적인 규범에 순응하거나 동화되지 못하고 여러 가지 사회적 제반 요인들에 기인하여 테러리즘을 일으키는 경우를 의미한다.

아울러 이 연구에서는 테러리즘을 지역사회 구성원들의 점점 커져만 가는 소외와 분노의 결과로 이해하고 지금까지의 억압 및 범죄화의 접근방식에 기반을 둔 국가 주도의 테러대응 전략이 오히려 테러리즘의 발생 및 진행 과정을 계속해서 악화시키는 결과를 가져왔다는 사실을 통해서 지금까지의 대테러활동에 대한 문제점을 고찰해 보고자 한다. 이와 관련하여 피커링 등(Pickering et al., 2008)이 제시한 지역사회 경찰활동에 기반을 둔 대테러활동 모형은 이 연구의 핵심 축이 되었다. 그러나 이 연구에서는 대테러활동의 주체를 경찰에만 한정하지 않고 경찰, 군대, 정보기관 등을 통칭하는 대테러기관으로 보고 우리나라에 적합한 새로운 대테러활동의 접근방식에 대해서 논의하고자 한다.

2. 이론적 배경

1) 테러리즘과 대테러활동

(1) 테러리즘

대테러활동을 좀 더 이해하기 위해서는 테러리즘의 개념부터 살펴볼 필요가 있다. 그러나 지금까지 많은 학자와 연구가들이 테러리즘의 개념을 정의하여 왔지만, 테러리즘의 상대적인 성격 때문에 그것이 옳던 그르던 테러리즘을 하나의 개념으로 명확하게 정의한다는 것은 어려운 일이고 어느 한 쪽 당사자의 입장을 충분히 고려하지 못할 개연성이 있을 수 있다.

사전적인 의미에서 테러리즘이란 특히 강압적인 수단으로써 테러를 조직적으로 활용하는 활동을 의미한다.[1] 그 밖에 테러리즘의 개념에 대한 몇몇 학자들의 견해를 살펴보면, 래커(W. Laqueur)는 테러리즘이란 무고한 사람들을 대상으로 삼아 정치적 목적을 획득하기 위한 비합법적인 힘의 사용을 의미한다고 보았다. 팰크(R. A. Falk)는 테러리즘이란 행위자가 어느 정부나 혁명집단의 소속인 것과 관계없이 적절한 도덕심과 법적 정당성을 결여한 일종의 정치적 폭력이라고 정의하였다. 젠킨스(B. Jenkins)는 테러리즘이란 정치적 변화를 야기하기 위해 계획된 힘 또는 위협적인 힘의 사용을 의미한다고 주장하였다(Davies, 2003: 14).

지금까지 학자들이 정의한 테러리즘의 개념을 토대로 테러리즘의 특징을 요약하면 첫째, 테러리즘의 주체는 국가, 준국가기관 및 특정 정치단체라는 점이고, 둘째, 테러리즘은 정치적, 사회적, 종교적, 민족적 목적을 가지고 있고, 셋째, 테러리즘의 수단으로는 지속적인 폭력이나 협박을 사용한다는데 있다(김진혁, 2007: 112-113).

미국 CIA 대테러센터의 전 부국장 필라(P. Pillar)는 테러리즘의 핵심적인 요소를 네 가지로 설명하고 있다. 첫째, 테러리즘은 즉흥적인 분노에 의해서 일어나는 행동이 아니라 미리 사전에 계획된 것이다. 둘째, 테러리즘은 마피아와 같은 범죄단체처럼 돈을 벌기 위해 폭력을 행사하는 것 같이 범죄적인 성격을 갖는 것이 아니라 정치적인 성격을 갖는다. 따라서 현존하는 정치적 질서를 변화시키고자 하는 의도를 가지고 있다. 셋째, 테러리즘은 군사적 목표나 전투부대를 대상으로 하는 것이 아니라 민간인들을 목

1) 위키피디아 백과사전 : http://en.wikipedia.org/wiki/Terrorism/2009.1.20.

표로 한다. 넷째, 테러리즘은 군대와 같은 국가 단위의 집단이 아닌 보다 소규모의 집단들에 의해 실행된다(Davies, 2003: 14-15).

(2) 대테러활동

대테러활동(counter-terrorism)이란 사전적 의미로는 정부, 군대, 경찰 및 관련기관이 테러리스트들의 위협이나 행동에 대응하기 위해 사용하는 통상적 활동이나 전술 또는 전략을 뜻한다.[2] 그 밖에 테러활동에 대하여 사전적 예방, 예견, 대응, 저지, 진압하는 모든 활동을 대테러활동이라고 보는 견해도 있다(김창호 · 주철현 · 장예진, 2008: 183). 실무적으로는 대테러 대응기관에서 사용하는 실무적인 의미로는 테러 관련 정보의 수집, 테러혐의자의 관리, 테러에 이용될 수 있는 위험물질 등 테러수단의 안전관리, 시설·장비의 보호, 국제행사의 안전 확보, 테러위협에의 대응 및 무력 진압 등 테러예방·대비와 대응에 관한 제반활동을 의미한다(「국가 대테러활동 지침 제2조」).

따라서 대테러활동의 개념을 좀 더 명확하게 정의하면, 테러리즘에 대응하는 정부, 경찰, 군대 및 정보기관 등(이하 대테러기관)의 모든 활동을 의미하는 것으로 테러리즘 관련 정보의 수집, 테러리즘 혐의자의 관리, 테러리즘에 이용될 수 있는 위험물질 등 테러수단의 안전관리, 시설 · 장비의 보호, 국제행사의 안전 확보, 테러리즘 위협에의 대응 및 무력 진압 등 테러예방 · 대비와 대응에 관한 제반활동을 의미한다고 할 수 있다.

역사적으로 살펴볼 때, 9 · 11 테러 사건 이후 각 나라의 정책결정자들이 테러리즘에 대응하는 방식, 즉 대테러활동의 접근방식은 크게 화해(accommodation), 범죄화(criminalization), 억압(suppression)의 세 가지 경향으로 나타나고 있다(Pickering, McCulloch and Wright-Neville, 2008: 13).

첫째, 화해는 테러리즘 활동에 관계된 사람들을 보다 관대하게 처우하는 것으로 정치적 동기를 배제한 채 유사한 범죄를 저지른 일반 범죄자들처럼 취급하는 것이다. 화해 접근방식은 종종 좌파(the Left)의 대테러활동에서 찾아볼 수 있다. 국가가 테러리스트들의 주장에 대해서 어느 정도의 정당성을 부여하는 반면에 그러한 주장을 달성하기 위해 사용한 폭력적 수단에 대해서는 합법성을 부여하지 않는 입장을 견지한다. 그러나 이러한 접근방식에 대해서 비판론자들은 테러리스트들의 주장에 대해 정당성을 부여함으로써 다른 테러리스트들에게 새로운 동기를 부여하는 결과를 초래하여 오히

2) 위키피디아 백과사전 : http://en.wikipedia.org/wiki/Counter-terrorism/2009.1.20.

려 또 다른 테러리즘의 발생을 조장할 수 있다고 주장한다.

둘째, 범죄화는 테러리스트들을 일반 범죄자들과 동등하게 처우하는 것이다. 그러나 이러한 접근방식은 국가의 대테러활동이 본질적으로 응보적인 정책에 편향되어 있기 때문에 테러리즘을 일으키는 근본적인 원인들의 해결은 도외시 한 채, 테러리스트들만을 처벌 대상으로 삼는다는 데 그 한계가 있다.

셋째는 억압이다. 억압적인 접근방식은 테러집단의 구성원들이나 그 공범자들을 일반적인 범죄집단의 구성원들이나 그 공범자들에 비해 엄격하게 처우하는 것이다. 이러한 접근방식의 옹호론자들은 국가가 테러리스트들의 주장에 대해 정당성을 부여하는 것은 있을 수 없는 일이며, 테러리스트들이 폭력을 사용하는 방법으로는 정부로부터 어떠한 양보를 이끌어 낼 수 있다는 한 가닥의 희망도 남겨 두지 말아야 한다고 주장한다. 그러나 상대적으로 비판론자들은 국가가 테러리즘을 예방하거나 진압하기 위해서 억압에 의한 접근방식에 주로 의존하는 것은 오히려 폭력을 무분별하게 행사할 수 있는 위험성이 있고 테러리스트들에게 뜻하지 않은 반국가활동의 혐의를 씌우는 결과를 가져 올 개연성이 있다고 주장한다.

2) 지역사회에서의 테러리즘과 그 대응 : 영국의 사례

2005년 7월 7일 목요일 오전 4명의 젊은 영국 청년들이 집에서 만든 수제 폭탄으로 런던의 지하철역과 버스 정류장 등 네 곳에서 동시다발적으로 폭탄테러를 일으켜 시민들을 살상하고 대중교통 시스템을 파괴시켰다. 이 사건으로 52명이 죽고 700여명이 부상을 당하였다. 범인들은 모두 영국에서 태어난 이슬람교도들(Muslim)[3]로서 그들은 단지 다수의 인명을 살상하기 위해서라기보다는 세계의 금융과 정치의 중심지인 영국의 대중교통 시스템을 붕괴시키는 것을 테러의 목표로 삼았다.

런던 지하철 폭탄 테러사건이 있은 후 정확히 2주일 뒤인 7월 21일, 영국에 거주하는 동 아프리카 출신의 정치적 망명자들이 런던 지하철 폭탄 테러사건을 모방하여 대중

3) 런던 지하철 테러사건의 범인 4명 모두 파키스탄계 이민 2 · 3세 '영국인'이었다. 한편, 잇단 국내 · 국제테러에 영국 무슬림 2 · 3세들이 연루된 것이 드러나면서 사회통합을 간과한 영국의 '다문화주의' 정책이 테러리즘 자양분이 됐다는 지적이 다시 제기되고 있다. 또 영국학교들이 파키스탄·방글라데시 등 무슬림 학생들에게 정체성에 대한 고민을 해소한다는 명분으로 몇 개월씩 출신 나라의 방문을 허용하는 정책이 다시 도마에 올랐다(내일신문, 2008년 12월 4일자).

교통 시설 등을 대상으로 폭탄 테러사건을 다시 일으키려고 하였다. 그러나 이 사건은 범인들이 사용한 기폭장치의 고장으로 폭탄을 폭파시키는 데 실패하여 미수에 그쳤다. 그러나 다음날인 7월 22일 또 다른 비극적인 사건이 일어났다. 영국에서는 7월 7일과 21일 연이은 테러사건들로 테러경보가 계속됐다. 이런 가운데 테러 용의자로 지목당한 브라질 출신 청년 제안 샤를레스 데 메네제스(Jean Charles de Menezes)가 경찰관들의 오인 사격으로 사망한 일이 발생하였다. 이 사건은 브라질 이민사회에 커다란 충격을 주었다. 브라질계 지역주민들은 여전히 그들이 영국에서 '이방인들(outsiders)'에 불과한 존재이고 자신들도 언젠가는 대테러 활동의 무고한 희생양이 될 수 있다는 불신과 공포가 지역사회에 퍼졌다(Pickering, McCulloch and Wright-Neville, 2008: 38).

이후 나중에 밝혀진 이 사건의 실체와 진행 경과는 다음과 같다. 7월 21일 폭탄테러 미수사건이 발생하자 영국 수도경찰청 소속 경찰관들은 '후세인 오스만'을 용의자로 보고 그의 거주지로 추정되는 연립주택 앞에서 잠복근무에 들어갔다. 다음날 아침인 7월 22일, 그 건물에서 메네제스가 나오자 영국 경찰은 그를 용의자후세인 오스만으로 오인하고 미행하기 시작했고 스톡웰 역에 정차한 객차 안에서 그를 검거하던 도중 메네제스의 머리 등에 총알 7발을 쏘게 된 것이다. 이 사건을 심리한 런던 중앙형사법원은 당시 총기를 소지한 경찰관들이 미국 항공기 보안요원들이 사용하는 것과 같은 종류의 "목표물을 즉시 무력화시키는" 특수탄환으로 무장했다는 증언을 확보했다. 즉 영국 경찰에서는 7월 21일 자살폭탄 테러에 실패한 뒤 도주 중이었던 용의자의 추격을 위해 특수탄환을 사용하도록 하는 결정을 내렸고 또한 특수탄환을 사용해 테러범들이 기폭장치를 만질 수 없도록 즉사시키는 강경 대응방안을 마련했던 사실이 밝혀지게 되었다(연합뉴스, 2007년 10월 16일자).[4)]

3) 지역사회 대테러활동

지역사회 대테러활동은 대테러활동과 지역사회 경찰활동이 결합된 모형으로 정의할 수 있다. 간략히 설명하면, 지역사회 대테러활동은 지금까지 국가, 좀 더 자세히 말하

---

4) 결국 2007년 11월 1일 브라질 청년의 오인 사격으로 인한 사망사건과 관련, 런던 중앙형사법원 배심원단은 런던 수도경찰청이 당시 시민의 안전을 지킬 의무를 위반했다며 유죄를 인정했다. 이에 따라 판사는 런던 수도경찰청에 17만5000파운드의 벌금을 부과하는 한편 소송비용 38만 5000파운드를 지불하라는 명령을 내렸다(뉴시스, 2007년 11월 2일자).

면 대테러기관 주도의 대테러활동에서 벗어나 지역주민의 참여를 통해 대테러활동을 전개함으로써 지역사회의 안전이라는 공동의 목표를 달성하자는데 그 의의가 있다.

일반적으로 세계 여러 나라에서 실시되고 있는 대테러활동 모형은 준군사적인 모형에 기반을 두고 있다. 준군사적인 모형은 "억압" 모형 및 "범죄화" 모형으로부터 기인한 것으로 볼 수 있는데, 국가가 "테러와의 전쟁"에 있어서 예외적인 힘의 사용을 인정하는 것이다. 그러나 억압 및 범죄화 접근방식에 의한 준군사적인 대테러활동은 지역사회 대테러활동에 대한 반명제(antithesis)로 널리 인식되고 있다(McCulloch, 2001: 3-4).

지역사회 경찰활동은 1980년대 초반 미국과 영국 등에서 처음 등장한 이래로 세계 각국에서 선구적인 경찰활동 모형으로 자리 잡았다. 그러나 지역사회 경찰활동은 하나의 경찰활동 프로그램으로 정의할 수도 없고 그렇다고 국제적으로 인증되거나 수용되는 개념적 정의도 없는 것이 현실이다. 그렇지만 일반적으로 지역사회 경찰활동은 경찰관들과 일반 시민들이 함께 동반자 관계를 유지하면서 범죄, 범죄에 대한 두려움, 사회적·개인적 무질서 그리고 이웃 쇠락(neighbourhood decay) 등과 같은 현시대의 지역사회 문제들을 공동의 노력으로 함께 해결해 나가는데 중점을 두는 경찰활동의 새로운 철학으로 이해되고 있다(Trojanowicz and Bucqueroux, 1990: 5).

지역사회 경찰활동은 수많은 형태로 나타나고 있지만, 일반적으로 경찰활동에 있어서 강제적인 접근 방식보다는 회유적인 접근 방식을 사용하는 특징을 보인다. 테러리즘을 실제적 위협으로 인식하는 사람들은 대테러기관의 정책 결정과정에 보통의 시민들이 참여하는 것을 상당히 우려하기 때문에 대테러활동 전략이나 전술이 대테러기관의 관심사항만이 아닌 지역사회의 요구도 함께 고려해야 한다는 점에 대해서는 유약한 대응 방식이라거나 심지어는 테러리스트들의 술책에 놀아나는 것이라고 비판한다. 그러나 이러한 비판적 견해는 지역사회 경찰활동에 근거한 대테러활동, 즉 지역사회 경찰활동에 대한 충분한 이해 없이 이루어진 부적절한 인식에 불과하다. 보다 장기적인 관점에서 보면, 대테러기관이 테러리즘의 위협을 감소시키거나 통제하기 위해 지역사회의 요구를 배제한 채 과도하게 강력한 공권력을 행사하는 것은 결국 그 위협을 가라앉히기 보다는 오히려 더 증가시키게 될 가능성이 크다(Pickering, McCulloch and Wright-Neville, 2008: 20).

강경책 위주의 대테러활동은 실질적으로 그 효과성이 제한적일 뿐이었고 오히려 점증하는 테러리즘의 폭력성에 제대로 대응하지 못하는 결과를 가져왔던 것이 사실이다. 따라서 전통적인 준군사적 대테러활동 전략은 지역사회 경찰활동과의 접목으로 통해 새로운 변화를 모색하게 된다. 다음에서는 대테러활동 모형들을 지역사회와의 관계를 기준으로 정리하였다(Pickering, McCulloch and Wright- Neville, 2008: 26).

(1) 전통적인 대테러활동 모형

1970년대와 80년대, 대표적으로 북아일랜드와 같은 지역에서는 국가 주도의 대테러활동이 강화되면서 상당 기간 동안 준군사적인 대테러활동 전략이 유지되었다. 이러한 전통적인 대테러활동 전략은 범죄화 및 억압을 통해 강압적으로 테러리즘을 일소하겠다는 군국주의적인 접근 방식이라고 할 수 있다. 이 기간 동안에는 대테러기관과 지역사회는 매우 부정적인 관계가 형성되었다.

(2) 지역사회 정보 모형(community intelligence model)

지역사회 정보 모형이란 설득(persuasion), 협상(negotiation) 그리고 의사 형성(agenda setting)의 과정들을 통해서 형성되는 일종의 '온건책(soft power)'이라고 할 수 있다. 대테러기관과 지역주민들 사이에서 오랜 세월에 걸쳐 형성된 신뢰관계는 지역사회 정보 모형의 근원이 된다.

지역사회 정보 모형은 전통적인 대테러활동에 지역사회 구성원들의 참여를 향상시키는 모형으로 주로 유럽이나 북미 지역에서 찾아 볼 수 있다. 이러한 접근방식은 경찰 등 대테러기관의 목표를 달성하기 위해 지역주민과 대테러기관 사이의 의사소통 수준을 높이는데 주안점을 두었다.

(3) 소속감 모형(belonging model)

지역사회 구성원들의 소속감을 고취시킴으로써 테러리즘의 문제를 해결하려는 것이 소속감 모형의 핵심이다. 소속감 모형은 지역사회 정보 모형에 비해 보다 민주적인 접근방식이다.

특히 경찰 등 대테러기관이 지역사회에서 목소리가 크고 열성적인 구성원들에 의한 독점적인 참여를 일정 부분 배제하고 그 동안 상대적으로 지역사회에서 소외되었던 구성원들과의 접촉과 유대관계를 증대시킴으로써 지금까지의 부정적인 관계를 개선하고 다수의 지역사회 구성원들이 대테러활동에 참여할 수 있도록 노력을 기울인다.

(4) 사회적 통합 모형(social cohesion model)

사회적 통합 모형은 지역사회 정보 모형과 소속감 모형을 결합시킨 지역사회 대테러활동 모형이다. 이 모형은 지역사회 정보 모형과 소속감 모형을 통해 향상된 지역사회 주민들과 경찰 등 대테러기관 사이의 신뢰와 합법적인 관계를 바탕으로 대테러기관이 지역사회 주민들에게 투명한 대테러활동을 전개할 수 있도록 대테러기관과 지역사회를 유기적으로 연결하는 접근방식이다.

사회적 통합 모형은 지역사회 주민들의 통합과 소속감 증진을 위해 대테러 활동을 담당하는 경찰관들이 자신의 역할을 어떻게 설정하고 있으며 어떠한 방식으로 그 역할과 책임을 수행하고 있는가를 먼저 고려한다. 이러한 활동을 통해서 대테러기관이 지역사회 주민들과 통합적인 연결 관계를 형성하고 그 수준을 향상시킬 수 있는 방법을 찾아내는데 중점을 두고 있다.

3. 지역사회 대테러활동 방안

1) 우리나라 대테러활동의 현황

우리나라의 테러대응 활동은 1988년 서울올림픽 개최를 계기로 1982년 대통령훈령 제47호인 「국가 대테러활동 지침」이 제정된 이래로 이 지침에 근거한 테러 대응시스템을 구축하고 추진하여 왔다. 「국가 대테러활동 지침」에는 국무총리가 위원장인 테러대책회의와 그 산하에 테러대책상임위원회, 테러정보통합센터 등 5개 상설 또는 비상설 대책기구를 운영하도록 규정하고 있다. 그리고 테러사건 발생시에는 협상팀, 대테러특공대 및 지원팀을 운영하도록 하고 있다(국가정보포럼, 2007: 152-153).

먼저 테러대책회의는 국가 대테러정책의 심의 · 결정 등을 위하여 대통령 소속하에 두고 있다. 테러대책회의의 의장은 국무총리가 되며, 위원은 다음과 같다. 1) 교육과학기술부장관 · 외교통상부장관 · 통일부장관 · 법무부장관 · 국방부장관 · 행정안전부장관 · 지식경제부장관 · 보건복지가족부장관 · 환경부장관 및 국토해양부장관, 2) 국가정보원장, 3) 국무총리실장, 4) 대통령실 경호처장 · 대통령실 외교안보수석비서관 · 관세청장 · 경찰청장 · 소방방재청장 및 해양경찰청장, 5) 그 밖에 의장이 지명하는 자. 테러대책회의는 국가 대테러정책 및 그 밖에 테러대책회의의 의장이 부의하는 사항을 심의한다. 의장이 부득이한 사유로 직무를 수행할 수 없는 때에는 제8조의 규정에 의한 테러대책상임위원회의 위원장이 그 직무를 수행한다.

관계기관[5] 간 대테러업무의 유기적인 협조·조정 및 테러사건에 대한 대응대책의 결정 등을 위하여 테러대책회의 밑에 테러대책상임위원회(이하 "상임위원회"라 한다)를 두고 있다. 상임위원회의 위원은 다음과 같고 위원장은 위원 중에서 대통령이 지명한다. 1) 외교안보정책조정회의 상임위원(외교통상부장관 · 통일부장관 · 국방부장관, 국가정보원장, 국무총리실장 · 대통령실 외교안보수석비서관) 및 행정안전부장관, 2) 경찰청장, 3) 그 밖에 상임위원회의 위원장이 지명하는 자. 상임위원회의 임무는 1) 테러사건의 사전예방 · 대응대책 및 사후처리 방안의 결정, 2) 국가 대테러업무의 수행실태 평가 및 관계기관의 협의 · 조정, 3) 대테러 관련 법령 및 지침의 제정 및 개정 관련 협의. 4) 그 밖에 테러대책회의에서 위임한 사항 및 심의 · 의결한 사항의 처리 등의 임무를 수행하고 있다.

테러관련 정보를 통합적으로 관리하기 위해 국가정보원에 관계기관 합동으로 구성되는 테러정보통합센터를 두고 있다. 테러정보통합센터의 장(이하 "센터장"이라 한다)을 포함한 테러정보통합센터의 구성과 참여기관의 범위 · 인원과 운영 등에 관한 세부사항은 국가정보원장이 정하되, 센터장은 국가정보원 직원 중 테러 업무에 관한 전문적 지식과 경험이 있는 자로 임명한다. 국가정보원장은 관계기관의 장에게 소속공무원의 파견을 요청할 수 있으며, 테러정보통합센터의 조직 및 운영에 관한 사항은 공개하지 아니할 수 있다. 관계기관은 테러 관련 정보(징후 · 상황 · 첩보 등을 포함)를 인지한 경우에는 이를 지체 없이 센터장에게 통보하여야 한다. 센터장은 테러정보의 통합관리 등 업무수행에 필요하다고 인정하는 경우에는 관계기관의 장에게 필요한 협조를 요청할 수 있다. 테러정보통합센터의 임무는 1) 국내외 테러 관련 정보의 통합관리 및 24시간 상황처리체제의 유지, 2) 국내외 테러 관련 정보의 수집 · 분석 · 작성 및 배포, 3) 테러대책회의 · 상임위원회의 운영에 대한 지원, 4) 테러 관련 위기평가 · 경보발령 및 대국민 홍보, 5) 테러혐의자 관련 첩보의 검증, 6) 상임위원회의 결정사항에 대한 이행점검, 7) 그 밖에 테러 관련 정보의 통합관리에 필요한 사항 등으로 규정되어 있다.

지역의 관계기관 간 테러예방활동의 유기적인 협조 · 조정을 위하여 지역 테러대책

5) 대테러 활동을 담당하는 중앙행정기관 및 그 소속기관

협의회를 두고 있다. 지역 테러대책협의회는 그 임무를 수행하기 위하여 의장이 필요하다고 인정하거나 위원이 회의소집을 요청하는 때에 의장이 이를 소집한다. 지역 테러대책협의회의 의장은 국가정보원의 해당지역 관할지부의 장이 되며, 위원은 다음과 같다. 1) 교육과학기술부 · 법무부 · 보건복지가족부 · 환경부 · 국토해양부 · 국가정보원 · 관세청 · 대검찰청 · 경찰청 · 소방방재청 · 식품의약품안전청 · 해양경찰청의 지역기관, 지방자치단체, 지역 군 · 기무부대의 대테러업무 담당 국 · 과장급 직위의 자, 2) 그 밖에 지역 테러대책협의회의 의장이 지명하는 자. 지역 테러대책협의회는 1) 테러대책회의 또는 상임위원회의 결정사항에 대한 시행방안의 협의, 2) 당해 지역의 관계기관 간 대테러업무의 협조 · 조정, 3) 당해 지역의 대테러업무 수행실태 분석 · 평가 및 발전방안 강구 등의 임무를 수행하고 있다.

공항 또는 항만 내에서의 테러예방 및 저지활동을 원활히 수행하기 위하여 공항 · 항만별로 테러 · 보안대책협의회가 있다. 테러·보안대책협의회의 의장은 당해 공항 · 항만의 국가정보원 보안실장(보안실장이 없는 곳은 관할지부의 관계과장)이 되며, 위원은 다음과 같다. 1) 당해 공항 또는 항만에 근무하는 법무부 · 보건복지가족부 · 국토해양부 · 관세청 · 경찰청 · 소방방재청 · 해양경찰청 · 국군기무사령부 등 관계기관의 직원 중 상위 직위자, 2) 공항 · 항만의 시설관리 및 경비책임자, 3) 그 밖에 테러 · 보안대책협의회의 의장이 지명하는 자. 테러 · 보안대책협의회는 당해 공항 또는 항만 내의 대테러 활동에 관하여 1) 테러혐의자의 잠입 및 테러물품의 밀반입에 대한 저지대책, 2) 공항 또는 항만 내의 시설 및 장비에 대한 보호대책, 3) 항공기 · 선박의 피랍 및 폭파 예방 · 저지를 위한 탑승자와 수하물의 검사대책, 4) 공항 또는 항만 내에서의 항공기 · 선박의 피랍 또는 폭파사건에 대한 초동(初動) 비상처리대책, 5) 주요인사의 출입국에 따른 공항 또는 항만 내의 경호 · 경비 대책, 6) 공항 또는 항만 관련 테러첩보의 입수 · 분석 · 전파 및 처리대책, 7) 그 밖에 공항 또는 항만 내의 대테러대책을 심의 · 조정한다.

테러사건에 대한 무력진압작전의 수행을 위하여 국방부 · 경찰청 · 해양경찰청에 대테러특공대를 두고 있다. 특히, 우리나라 최초의 대테러 부대는 경찰특공대로 지난 1983년 10월 5일 치안본부 소속으로 창설되었다. 이후 경찰특공대는 조직 개편으로 지금은 서울지방경찰청 소속으로 편제되어 있다. 현재 우리나라의 경찰특공대는 모두 7개이다. 7개 경찰특공대는 각각 서울, 인천, 대전, 대구, 부산, 광주 및 제주지방경찰청의 경비과 소속으로 각 경찰특공대는 소속 지방경찰청장의 지휘·감독을 받는다. 경찰특공대는 1) 각종 테러사건 예방 및 진압, 2) 인질사건 발생시 진압 및 인질구출, 3) 총기 · 폭발물 · 화생방 사건, 4) 국제조직범죄 등 특수범죄 진압, 5) 건물 불법점거 난동 진압, 6) 각종 재해 · 재난 등 긴급상황 발생시 인명구조, 7) 요인경호 및 대테러협의회 결정사항 수행, 8) 중요사건 예방 · 진압과 중요범죄 발생시 긴급배치 및 범죄권 집중단속, 9) 기타 지방경찰청장이 지정하는 임무 등을 수행한다(정우일, 2008: 386-387).

그러나「국가 대테러활동 지침」은 정부 기관 사이의 역할 분담을 규정한 내부 지침에 불과한 훈령으로 한치 앞을 내다볼 수 없는 국제 테러상황 하에서 범정부 차원의 종합적이고 체계적인 대테러 활동을 기대하기는 어려운 실정이다. 또한 최근에는 국가정보원 산하에 대테러센터를 설치하는「국가 대테러활동에 관한 기본법(가칭 테러방지법)」제정 추진과 관련, 정치권에서 찬반 논란이 일고 있다. 특히 국정원의 권한 강화를 통해 인권침해를 우려하는 인권단체의 반대 목소리도 거센 실정이다(최응렬, 2008).

2) 지역사회 대테러활동 접근방안

전술한 바와 같이 우리나라에서의 대테러 활동은「국가 대테러활동 지침」상 현재 국가정보원에서 주도권을 행사하고 있고 경찰청은 다소 보조적인 위치에 있는 감이 없지 않다. 그러나 여기서 다시 한 번 짚고 넘어가야 할 사실은 테러리즘에 대응하기 위해서 관계기관 사이의 주도권 다툼에 얽매일 것이 아니라 보다 본질적인 측면에서 테러리즘에 대한 대응책을 마련하는 것이 필요하다는 것이다. 즉 사회적인 맥락에서 테러리즘의 본질적인 측면을 이해한다면 지금까지의 조직적이고 형식적인 접근방식에서에서 벗어나 경찰이나 국가정보원 등 대테러기관이 지역사회에 중심을 두고 보다 실질적인 대테러활동 방안을 찾는 것이 중요하다고 여겨진다. 따라서 다음에서는 전술한 지역사회 대테러활동 모형을 기초로 우리나라의 실정에 알맞은 대테러활동을 전개하는 방안에 대해서 논의하고자 한다.

(1) 지역사회 정보 모형에 의한 접근

지역사회 정보 모형의 대표적인 사례는 이웃 경찰활동(neighborhood policing)이다. 이웃 경찰활동이란 지역사회의 진정한 요구를 파악하기 위해 경찰과 주민 사이의 의사소통 관계를 만드는 모든 활동을 의미한다. 이웃경찰활동에서는 공동생산(coproduction) 또는 협력기능(coactivity function)이 강조되는데, 말하자면 범죄와 무질서라는 문제들을 발견하고 신고하기 위한 경찰과 시민 적극적인 활동 또는 체계화된 약속이라고 할 수 있다. 이론적으로 경찰관들은 관할 구역에서 오랫동안 근무하면 근무할수록 그 지역의 사정을 더 많이 알게 되는 것이다. 경찰관들은 지역주민들과 접촉하고 그들의 요구사항을 파악하여 문제해결에 도움을 준다. 그 과정 속에서 경찰과 지역사회가 함께 조화를 이루는 방법을 배우게 된다(이황우, 2005: 625-626).

인스(M. Innes, 2006: 222-224)는 이웃 경찰활동이 지역사회의 정보를 생산하고 유통시키는 기능을 수행함으로써 테러리즘을 예방하고 억제하는데 활용될 수 있다고 보고 다음과 같은 대테러활동 방안을 제시하고 있다.

첫째, 그는 경찰이 기존에 수행하던 정보 수집 및 활용 방식은 더 이상 새로운 테러리즘에 대응하는 방법으로 사용될 수 없기 때문에 대테러 업무를 이웃 경찰활동에 통합시키는 것이 필요하다고 주장하였다. 둘째, 지역사회와 경찰 사이에서 신뢰 관계를 구축하는 것은 경찰이 지역사회의 정보를 보다 원활하게 획득하는데 도움을 줄 수 있다고 보았다. 왜냐하면 경찰은 이웃 경찰활동 과정 속에서 지역주민들이 지역사회에서 테러리즘과 관련 있다고 느끼는 의심스런 동향들을 쉽게 탐지할 수 있기 때문이다. 셋째, 경찰과 지역사회의 연결망은 광범위하면서도 피상적인 관계를 유지하는 것이 바람직하기 때문에 경찰관들은 보다 가시적인 외근 순찰활동을 전개하는 것이 필요하다고 보았다. 즉 경찰관들은 지역사회의 다양성, 지역사회의 구성원의 동향 그리고 지역사회의 긴장을 이해하기 위해서는 지역사회와의 관계를 상당 기간 유지해야 하는데, 경찰관들이 순찰활동을 통해 지역주민들을 빈번하게 접촉하는 활동을 전개함으로써 주민들의 동향을 파악하고 적정한 수준의 경계 활동을 유지하는 기능을 수행할 수 있다고 보았다.

우리나라에서도 대테러기관이 그동안 기관별로 수행하던 정보 수집 및 활용 방식을 개선하여 통합된 하나의 기관에서 대테러활동 업무를 수행하는 것을 고려해 볼 필요가 있다. 그리고 무엇보다도 대테러기관은 지역사회와의 신뢰 관계를 구축하는 것이 필요하다. 영미의 이웃 경찰활동은 우리나라에도 좋은 사례가 될 수 있다. 따라서 대테러기관은 신뢰관계를 바탕으로 지역주민들의 자발적이고 합법적인 참여를 통해 테러리즘과 관련된 지역사회의 의심스런 동향들을 쉽게 탐지할 수 있고 지역사회에서 필요한 테러리즘 정보를 보다 원활하게 생산·전달할 수 있을 것으로 본다.

(2) 소속감 모형에 의한 접근

로우더(I. Loader, 2006: 204-209)는 9 · 11 사건 이후 지역사회에 광범위하게 전개된 경찰활동으로 인해 오히려 지역주민들의 불안감만 커지게 되었다는 이유로 이웃 경찰활동 중심의 대테러활동 전략을 비판하고 소속감 모형에 의한 경찰활동을 제시하였다. 특히 그는 이웃 경찰활동에서 지역사회 업무를 수행하는 “광범위하고 피상적인(wide and shallow)” 접근방식을 비판하였다. 그 이유는 다수 지역사회의 관심사에 대한 세심한 배려 없이 (그냥 피상적으로) 가시성이 높은 순찰 위주의 경찰활동을 전개함으로써 발생하는 부정적 결과, 즉 지역사회의 불안감 유발과 같은 문제에 대한 적절한 고려가 없었다는 것이다. 그는 경찰활동의 접근 방식은 ‘소비자인 시민들’ 입장에서 전개되어야 하며 그들의 욕구를 충족시킬 수 있는 수준에 이르러야한다고 주장했다. 따라서 일상적인 순찰활동 위주의 경찰활동으로는 지역사회 주민들의 관심사들을 충족시킬 수 없고 오히려 시민들의 안전을 방해하고 불안감만을 조성하는 결과만을 가져오는 것으로 보았다.

소속감 모형은 지역사회 정보 모형과 비교해 볼 때, 상대적으로 “심도 있고 한정된(deep and narrow)” 경찰활동 이라고 할 수 있다. 이러한 접근방식은 지역사회를 하나의 정치적 공동체로 인식하고 경찰이 비록 지역사회의 소수자라고 할지라도 그 목소리 하나하나에 귀 기울여 그에 알맞은 경찰활동을 전개하는 것을 특징으로 한다. 소속감 모형을 통해 경찰은 지역사회 소수집단에 속하는 구성원과의 신뢰관계와 친밀도를 향상시킬 수 있고 이로 인해 지역사회에 대한 소속감도 또한 높일 수 있다.

우리나라에서도 대테러기관이 지역사회의 주류적 구성원들의 목소리에만 귀 기울이지 않고 계층, 출신지역, 학력, 학벌, 빈부, 종교, 민족 등에 있어서 사회적 소수자의 위치를 차지하는 지역사회 구성원들과의 의사소통 통로를 마련하고 이들과 협조체제를 유지할 수 있는 프로그램을 마련할 필요가 있다. 대테러기관의 핵심 기능은 서로 다른 사람들이 살아가는 지역사회 속에서 하나의 구심점 역할을 수행함으로써 지역사회를 보다 안전하게 유지하는 것이다. 대테러기관이 다양한 지역사회들의 구성원들과 심도 있고 한정된 신뢰 관계를 형성하고 발전시키게 될 때, 그에 따른 긍정적인 결과로서 당연히 테러리즘의 발생과 진행을 통제하고 관리할 수 있을 것이라 생각된다.

(3) 사회적 통합 모형에 의한 접근

사회적 통합 모형은 소속감 모형과 지역사회 정보 모형을 절충시킨 접근 방안이다. 이 모형은 지역사회 정보 모형의 실행과정에서 발생하는 부정적인 결과를 예방하고 소속감 모형의 가설적인 방향 제시의 문제를 극복하는 접근방안이라고 할 수 있다.

과거 전통적인 경찰활동에 있어서 경찰은 중립적인 법집행자로서의 역할에 충실했다 주장하지만 그 이면에는 오히려 경찰이 빈번하게 인종, 민족, 계층 그리고 성별의 차이에 따라 사회적 분열을 조장하거나 강제하는 경찰활동을 전개했다는 사실은 부인할 수는 없다. 따라서 사회적 통합 모형에 따른 접근방안에서는 경찰의 핵심적 기능은 지역주민의 인권을 소중히 하고 지역사회에 대한 공공의 책임을 구현하고 실행하는 것이어야 한다는 점을 명백히 하고 있다(McCulloch, 2001: 32-52).

사회적 통합 모형은 경찰이 다양한 지역사회와 장기간에 걸쳐 쌓은 신뢰와 합법성을 그 전제로 하고 있다. 이 모형의 목적은 경찰과 지역사회의 이해 및 의사소통 증진과 장기간에 걸친 사회적 통합의 향상에 있다. 긍정적인 효과로는 보다 광범위한 지역사회의 민주적인 참여를 증진시킴으로써 다양한 지역사회로부터 정보가 끊임 없이 유입되기 때문에 그 과정에서 테러리즘을 미연에 예방하거나 이미 발생한 테러리즘에 시의 적절하게 대응할 수 있다는 점을 들 수 있다. 사회적 통합 모형에 의한 대테러활동은 지역사회 내에서 형성된 네트워크들을 중심으로 이루어진다. 이 네트워크를 중심으로 경찰과 지역사회의 관계가 계속해서 갱신되고 새롭게 연결되는 기반이 형성되는 것이다. 아울러 대테러활동은 사회적 통합과 인권 보호의 목표를 모두 달성할 수 있도록 지역사회의 다양한 문화에 대한 인식과 존중을 기초로 해야 한다(Pickering, McCulloch and Wright-Neville, 2008: 31-33).

우리나라에서도 국제결혼이 급증하면서 이른바 '다문화 시대'로 접어들었다. 법무부 통계에 따르면 국제결혼 이민자는 2003년 4만4000여 명에서 2007년 10만6000여 명으로 크게 늘었다. 2006년 한 해에 결혼한 농어촌지역 남성의 41%가 외국여성과 가정을 꾸렸다. 국내 체류 외국인은 지난해 100만 명을 넘어섰다. 안산의 '국경 없는 마을'이나 이태원 '무슬림 거리'처럼 전국에 걸쳐 50여 개 이상의 외국인 집단거주지역이 형성돼 있다. 삼성경제연구소가 올해 초 발표한 2008 국내 10대 트렌드의 하나로 '가정과 사회의 다문화 및 글로벌화'가 선정될 정도로 국경을 초월해 다양한 문화를 즐기는 것이 이제는 자연스러운 라이프스타일로 자리 잡았다(정경원, 2008).

따라서 우리나라에서도 대테러기관은 지역사회의 인종, 민족, 계층 그리고 성별의 차이에 따른 차별적이고 강압적인 대테러활동을 지양하고 사회적 통합과 인권을 중시하는 민주적인 대테러활동을 전개할 필요가 있다. 이러한 과정 속에서 다양한 지역사회의 정보가 끊임없이 대테러기관에 유입되고 그러한 정보를 바탕으로 테러리즘에 효과적으로 대응할 수 있는 사회적 장치가 마련될 수 있을 것이다.

4. 결 론

9·11 테러 이후 선진 국가들에서는 자국의 재산과 인명을 보호하기 위해서 테러에 대한 대응 전략을 소극적인 반테러(anti-terrorism)에서 적극적인 대테러(counter-terrorism)로 변화시키고 있는 실정이다(이상원, 2008: 193). 그러나 대테러활동의 성공 여부는 적극적인 측면에서 테러범들을 강력하게 진압하는데 있지 않고 지역사회와의 협력 관계를 통해 테러리즘으로 발전할 수 있는 여러 가지 사회적 원인들을 밝혀내고 적절하게 대응하는데 그 성패가 달려 있다고 할 수 있다.

지난 2005년 7월 영국에서 일어난 지하철 폭탄테러 사건 등 일련의 테러사건들은 지역사회에서 보통의 평범하게 살아가는 시민들이 한 순간 테러리즘으로 인해 뜻하지 않게 피해를 당하고 헤어 나올 수 없는 심각한 고통에 시달릴 수 있다는 사실을 우리에게 시사해 주고 있다. 2004년 국제연합(UN)에서 발행한 한 보고서에 따르면, 테러리즘을 일으키는 근본적인 원인들로 외세의 지배, 빈곤, 실업 등을 제시하고 있다(Untied Nations, 2004: 48). 이러한 원인들은 어느 사회에서나 늘 존재하여 왔고 앞으로 우리가 살아갈 사회 속에서 계속 야기될 문제들이기 때문에 이에 대한 완벽한 해결책이 제시될 수 없다는데 그 문제점이 있다. 그러나 이러한 현실에도 불구하고 우리는 지금까지 논의한 지역사회 대테러활동을 통해서 좀 더 안전한 삶을 추구할 수 있으리라고 본다.

새롭게 다가오는 안보 환경은 대테러기관으로 하여금 시의 적절하게 테러리즘을 통제할 수 있는 방안들을 개발하는데 필요한 도전과 변화를 요구하고 있다. 그러나 과거에서부터 내려오는 준군사적인 대테러활동 모형으로는 테러리즘에 대처하는데 그 한계가 있다. 따라서 대테러기관이 현존하는 위협에 대처하기 위해서는 지금까지의 방식과는 다른 다양한 유형의 사회적 네트워크를 형성하고 발전시킴으로써 새로운 대테러활동 방안을 전개하는 것이 필요하다. 따라서 지금까지 논의한 지역사회 대테러활동을 위한 세 가지 접근방안을 요약하면 다음과 같다.

첫째, 대테러기관은 지역사회와 신뢰관계를 구축해야만 한다. 이러한 신뢰관계를 바탕으로 대테러기관은 지역사회의 정보를 생산하고 유통시키는 기능을 수행함으로써 테러리즘을 예방하고 억제하는 기능을 수행할 수 있다.

둘째, 대테러활동을 위해서는 지역사회 주민들, 즉 '소비자인 시민들' 의 입장에서 그들의 욕구를 충족시킬 수 있을 정도의 수준에 이르러야 한다. 이를 위해서는 대테러기관이 비록 지역사회 소수자의 목소리라고 할지라도 그 목소리 하나하나에 관심을 기울여 소외감을 느끼게 하지 않고 지역사회에 소속감을 높이는 활동을 전개해야 한다. 대테러기관은 언어와 민족이 서로 다른 사람들이 살아가는 지역사회 속에서 하나의 구심점 역할을 수행함으로써 지역사회를 안전하게 계속 유지하는 기능을 수행함으로써 테러리즘의 발생을 통제하고 관리할 수 있다.

셋째, 대테러기관 지역사회의 분열을 조장하거나 강제하는 차별적이고 강제적인 활동을 전개해서는 안 되고 사회적 통합과 인권 보호의 목표를 모두 달성할 수 있는 대테러활동을 전개해야 한다. 또한 지역사회 네트워크를 중심으로 지역주민의 인권을 소중히 하고 지역사회에 대한 공공의 책임을 구현하고 실행해야 한다. 이를 통해 지역사회의 민주적인 참여가 광범위해지고 향상됨으로써 지역사회의 다양한 정보가 계속해서 대테러기관에 유입되고 순환되는 과정 속에서 테러리즘을 적절하게 예방하거나 통제할 수 있다.

참고문헌

‖ 국내문헌 ‖

국가정보포럼. (2007). 「국가정보학」. 박영사.

김진혁. (2007). "대중교통테러의 대응방안". 14: 109-123.

김창호 · 박철현 · 장예진. (2008). "대테러 범죄 유형과 발생에 대한 대응". 「한국경찰학회보」, 10(4): 181-198.

박준석. (2007). "한국의 테러리즘의 대테러전략과 민간시큐리티의 역할증대방안". 「한국경호경비학회지」. 14: 195-214.

이상원. (2008). "Counter-terrorism에 있어서 경찰의 전문화 방향". 「대테러연구」. 31: 159-195.

이황우. (2005). 「경찰행정학」. 법문사.

정경원. (2008). "차별 없는 '열린 다문화사회'를 위해". 아시아경제. 12월 10일.

정우일. (2008). "인질협상팀 구성방안에 관한 연구". 「한국공안행정학회보」. 17(3): 369-398.

최응렬. (2008). "'테러방지법' 제정 더 미뤄서는 안 된다". 서울신문. 11월 28일.

‖ 외국문헌 ‖

Davies, Barry. (2003). *Terrorism*, London: Virgin Books, Ltd.

Horgan, J. (2005). *The Psychology of Terrorism*, London: Routlege.

Innes, M. (2006). "Policing Uncertainty: Counter Terror through Community Intelligence and Democratic Policing", *ANNALS, AAPS*, 605: 222- 241.

Loader, I. (2006). "Policing, Recognition and Belonging", *ANNALS, AAPS*, 605: 202-221.

McCulloch, J. (2001). Blue Army: *Paramilitary Policing in Australia*, Carlton: Melbourne University Press.

Pickering, S., McCulloch, J., and Wright-Neville, D. (2008). *Counter-Terrorism Policing: Community, Cohesion and Security*, Spring Street, New York: Springer Science+Business Media, LLC.

Trojanowicz, R. and Bucqueroux, B. (1990). *Community Policing: A Contemporary Perspective*, Ohio: Matthew Bender & Co.

United Nations. (2004). "A More Secure World: Our Shared Responsibility", *Report of the Secretary-General's High-level Panel on Threats, Challenges and Change*, New York: the United Nations Department of Public Information.

|| 기타자료 ||

내일신문, 2008년 12월 4일

뉴시스, 2008년 11월 2일

아세아경제, 2008년 10월 28일

연합뉴스, 2007년 10월 16일

http://en.wikipedia.org/wiki/Counter-terrorism

http://en.wikipedia.org/wiki/Terrorism

11장

학교폭력의 실태 및 대응방안*

1. 서 론

오늘날 학교폭력은 저연령화, 집단화, 광역화되어가고 있으며, 그 양상도 성인범죄를 모방하고 있어 시간이 지날수록 흉포화, 교묘화, 지속화되어 가고 있는 추세에 있다. 이러한 학교폭력을 치료하기 위해서는 우선 정확한 원인을 알아야 한다. 학교폭력의 원인은 과연 어디에 있는가? 안타깝게도 대부분의 대책은 학교폭력을 가해학생과 피해학생의 개인적인 문제로만 몰고 가고 있다. 안타깝게도 교육당국은 물론이고 사법당국에서도 주로 가해학생의 문제로만 치부해 교육당국에서는 가해학생에 대해서 학생부 등에 기록하여 입학사정 등의 자료로 활용하도록 하겠다고 하고 사법당국에서도 가해학생들에 대한 강력한 사법적 대응을 강조하고 있다. 이러한 대책들은 잘못된 진단에 근거한 잘못된 처방전일 수 있다. 그와 같은 가해학생들에 대한 엄중한 대응은 그들에게 지울 수 없는 '낙인'만 가해 사회적 낙오자로서 범죄적 인생 또는 직업적 범죄자의 길로 내몰 수 있다. 그들을 범죄자로 몰아 사회로부터 배척하는 것만이 능사는 아니다. 그들도 언젠가는 우리 사회로 돌아와야 한다. 그렇다면 왜 이런 대책만 나오는 것인가. 이유는 간단하다. 원인의 진단이 잘못되었기 때문이다. 학교폭력은 가해학생과 피해학생만의 문제는 아니라는 것이다. 가해학생도 피해학생도 우리 사회가 보호하고 육성해야 할 대상이지 그 누구도 비난의 대상이 돼서는 안 되기 때문이다. 일반적

* 이 장은 2012년 4월 한국범죄심리연구에 게재된 논문내용을 일부 수정한 것임

으로 비행 청소년들도 사실은 비난하기보다는 우리 사회가 제대로 보호 육성하지 못한, 그래서 우리 사회가 만들어 낸 피해자라고 보는 것이다. 그래서 흔히 피해자학에서는 이를 가해자비난(offender blame)도 아니요 피해자비난(victim blame)도 아닌 체제나 제도비난(system blame)이라고 한다. 이는 학교폭력도 가해학생과 피해학생이 아니라 우리 사회 제도와 체제의 잘못에 기인한 것이고 비난의 대상도 바로 그 체제와 제도라는 것이다. 이것이 학교폭력을 개인적 폭력의 문제가 아니라 제도적 폭력의 문제로 보아야 하는 이유인 것이다(이윤호, 2012).

학교는 극심한 경쟁사회에 적응하여 살아갈 수 있도록 지식 획득을 강조하는 교육이 중심이 되고 이러한 문제를 해결할 수 있는 기본생활습관, 도덕성의 함양, 자신의 충동을 조절하는 방법 그리고 갈등해결방법 등에 관한 체계적인 교육은 부족한 실정이다(양미진 외, 2009: 206). 학교폭력은 학교라는 환경적 특성상 일 년 동안 같은 학급 학생들과 지속적으로 생활하기 때문에, 피해 경험은 일회성인 경우보다 한 학기 이상 지속적인 경우가 많다(정지선 외, 2008: 146). 이러한 학교폭력 문제의 심각성을 인지하고 학교폭력의 예방과 대처를 위하여 경찰에서는 학교담당경찰제, 학교폭력근절대책협의회, 학교폭력 위험지역의 등급구분과 특별관리를 시행하고 있다. 검찰에서는 자녀안심하고 학교보내기 운동을, 민간에서도 청소년폭력예방재단 등 여러 단체를 만들어 학교폭력에 대해 다양한 방법으로 대처해 왔다(김창군 외, 2010: 174-175).

또한 2004년에는 피해학생의 보호, 가해학생의 선도·교육 및 피해학생과 가해학생 간의 분쟁조정을 통하여 학생의 인권을 보호하고 학생을 건전한 사회구성원으로 육성함을 목적으로 「학교폭력예방 및 대책에 관한 법률」이 제정되어 시행 중에 있지만, 여전히 학교폭력 문제에 있어 괄목할만한 성과를 거두지 못하고 있는 실정이다. 실제로 2004년 「학교폭력예방 및 대책에 관한 법률」 제정된 이후에 학교폭력 사건이 감소되거나 발전적인 방향으로 처리된 것은 아니다. 또한 학교폭력의 가해자와 피해자 모두 아직 사회화가 덜 된 교육의 대상이 되는 학생이므로 사법 일변도의 처리가 늘 타당한 것은 아니라는 의견도 팽배하다(김현철, 2010: 70).

결국 학교폭력 문제해결에 대한 논의는 법집행을 통한 해결뿐 아니라 다양한 상담, 교육을 병행할 필요가 있다. 따라서 이 연구에서는 그동안 학교폭력과 관련하여 학계에서 진행되어 온 연구에 대해 살펴보고 학교폭력의 실태를 분석한 후, 학교폭력의 해결방안에 대해 논의하고자 한다.

2. 이론적 배경

1) 학교폭력의 개념

2012년 1월 26일에 일부 개정된 「학교폭력예방 및 대책에 관한 법률」 제2조 제1항에 의하면 "학교폭력"이란 학교 내외에서 학생 간에 발생한 상해, 폭행, 감금, 협박, 약취·유인, 명예훼손·모욕, 공갈, 강요·강제적인 심부름 및 성폭력, 따돌림, 정보통신망을 이용한 음란·폭력 정보 등에 의하여 신체·정신 또는 재산상의 피해를 수반하는 행위를 말한다. 또한 제1항의 2에서 "따돌림"에 대해서도 정의하고 있는데, "따돌림"이란 학교 내외에서 2명 이상의 학생들이 특정인이나 특정집단의 학생들을 대상으로 지속적이거나 반복적으로 신체적 또는 심리적 공격을 가하여 상대방이 고통을 느끼도록 하는 일체의 행위를 말한다. 이번 개정안에서는 학교폭력의 범주에 강제적인 심부름을 추가하고, 기존에는 막연하게 나열되어 있었던 따돌림의 정의를 따로 상세하게 분류함으로써 학교폭력의 범주를 더욱 구체화하고 현실화하였다고 평가된다.

학교폭력에 대한 정의는 접근하는 방식과 주체에 따라 다양하게 규정되고 있으며, 발생장소 및 대상과 유형에 따른 다양한 접근을 보이고 있다. 1997년 학교사회사업학회에서 발행한 「학교폭력과 사회복지의 과제」에 따르면, 자기보다 약한 처지에 있는 상대에게 불특정 다수의 학생이 남에게 보이지 않는 장소에서 신체·심리적인 폭력을 반복하여 행하거나 심각한 공격을 가하는 문제행동을 학교폭력이라 보고 있으며, Fulong(2000)은 학교에서 진행되는 학습을 방해하거나 환경을 저해하는 모든 범죄적 행동과 공격적 행동까지 포함시키는 광의적 정의를 내리고 있다.

Smith(1991)는 학교폭력을 체계화된 힘의 남용 또는 오용으로 설명하여 비교적 포괄적인 정의를 내린 반면, Olweus(1993)는 학교폭력을 학생 개인 또는 또래집단 간의 반복적이고 부정적인 행동으로 정의하였다. Kim(1999)은 학교폭력을 학생 개인 간의 문제뿐만 아니라 교사에 의한 체벌, 부적절한 행위, 성추행 등을 모두 포함하여야 한다고 주장하였고, 손능수 등(2010: 431-432)의 연구에서는 학교폭력을 학교 내에서 발생하는 폭력이나 학교 주변과 등하교길에서 학생 간에 발생되는 폭력으로 정의하였다.

한편, 학교근처 및 학교 내에서 발생하며, 또래 집단 간에 발생한 폭력에서의 가해행동을 학교폭력이라고 정의하고, 여기에는 욕설과 같은 언어폭력, 위협·협박·인격무시 · 따돌림과 구타나 집단폭행 같은 신체적 폭력, 재화를 갈취하는 행위를 발하는 금품 갈취행위 등을 포함하는 것으로 보는 견해도 있으며(김재엽 외, 2010: 256), 학교폭력을 학교 내 · 외에서 학생들 간에 발생하는 신체적 폭력, 심리적 폭력, 언어적 폭력, 괴롭힘, 금품갈취로 정의하였으며, 이에 더하여 학교폭력의 피해경험과 가해경험을 동시에 가지고 있는 경우를 학교폭력 중복경험으로 보는 견해도 있다(도기봉 외, 2010: 38).

2) 선행연구

(1) 학교폭력의 원인 연구

2007년 한국교육개발원에서 작성한 「학교폭력 예방 프로그램 개발연구」에 따르면, 학교폭력의 발생과 관련된 원인을 개인적 · 환경적 요인으로 나누어 살펴보면, 첫째, 학교폭력의 개인적 요인에 대해 가해자에 대해서는 공격성, 공감능력의 부족, 자기통제 능력부족, 학교 부적응 등을 제시하고 있다.

학교폭력 가해 청소년은 높은 수준의 공격성을 가지고 있는 것으로 지속적으로 보고되고 있다. Salmivalli와 Nieminen(2002) 및 Ireland와 Archer(2004)는 가해 청소년은 일반 청소년에 비해 더 높은 수준의 공격성을 나타냈고 공격성은 가해행동과 유의미한 정적 상관관계를 보고하였다. Hoover, Oliver와 Hazler(1992)는 학교폭력 가해 청소년은 대부분 상대방의 권리와 감정을 무시하고 친구를 지배하려는 강한 공격욕구를 가지고 있다고 보고하였다. 또한 학교폭력 가해 청소년은 높은 수준의 충동성을 가지고 있는 것으로 나타났는데, Olweus(1994)는 가해 청소년은 일반 청소년에 비해 더 높은 수준의 충동성을 나타냈고 충동성은 가해행동에 정적인 영향을 미치는 것으로 보고하였다(김지영 외, 2011: 143-144).

가정폭력 경험과 관련해서 청소년의 가정폭력 노출경험은 학교폭력 가해행동에 유의미한 영향력을 가지고 있는 것으로 나타났으며, 청소년의 가정폭력 노출경험은 자기통제력에 유의한 결과로 검증되었다. 청소년의 자기통제력은 가정폭력 노출경험과 학교폭력 가해행동의 관계에서 부분매개효과로 검증되었다(조춘범 외, 2011). 그리고 부모간 폭력 목격 경험은 학교폭력 가해에 유의한 영향을 미쳤으며, 부모간 폭력 목격 경험이 많을수록 학교폭력 가해가 증가하는 것으로 나타났다(김재엽 · 이순호, 2011).

(2) 학교폭력의 영향 연구

한 연구는 청소년 학교폭력을 복합 외상(complex trauma) 측면에서 접근하였다. 이 연구에 따르면, 피해 학생들 중 반복적으로 장기간 피해를 당했을 경우 복합 외상의 특성을 확인할 수 있었고 이들 중 상당수가 자기조절기능과 성격문제를 수반하는 것으로 나타났다(정지선 · 안현의, 2008).

학교폭력 피해경험이 청소년의 정신건강에 미치는 영향을 분석한 연구에 따르면, 학교폭력 피해 청소년들의 정신건강 수준이 비피해청소년들에 비해 유의미하게 나쁜 것으로 나타났다. 이는 불안, 우울, 사회부적응에 영향을 미쳤으며, 사회부적응 요인 중 성적, 주관적 건강상태, 친구보호, 통제력, 문제해결능력 등에 부정적 영향을 미치는 것으로 나타났다(이은희 · 손정민, 2011).

학교폭력 피해가 중학생의 자살성(자살생각 혹은 행동의 존재 여부)에 미치는 영향을 분석한 결과, 학교폭력 피해는 남자 중학생에 더욱 유의한 영향을 미쳤고, 비신체적 학교폭력 피해는 남녀 중학생 모두의 자살성에 유의미한 영향요인인 것으로 나타났다(남석인 외, 2011). 반면에 학교폭력이 청소년 우울 및 자살 모두에 정적 영향을 미치나 여학생이 남학생보다 더 큰 영향을 받는 것으로 나타난 경우도 있으며(박재연, 2010). 학교폭력 피해가 청소년의 우울과 자살 생각에 정적으로 영향을 미치며 통계적으로 유의미한 결과를 보이는 것으로 나타났다(김재엽 · 이근영, 2010).

인터넷 게임의 폭력성이 청소년 학교폭력 가해행동에 미치는 영향과 관련하여, 인터넷 게임중독이 폭력생각을 매개하여 학교폭력 가해행동에 이르게 된다는 사실을 제시하는 연구결과도 있었다(김재엽 외, 2010). 또한 많은 연구들이 학교폭력 가해원인과 가해자에 대한 연구 위주로 진행되어 온 반면, 학교폭력 피해자 및 피해경험에 대한 연구도 진행하였는데, 부모로부터 학대 경험이 증가할수록 학교폭력 피해경험도 증가하고, 자존감이 높은 학생일수록 학교폭력 피해경험이 줄어들었으며, 부모학대가 자존감과 학교폭력 피해경험을 매개로 하여 공격성에 영향을 주는 것으로 나타났다(김재철 외, 2011).

3. 학교폭력의 실태

1) 학교폭력의 특징

우리나라 학교폭력의 특징은 학교폭력 피해율 및 가해율의 지속화, 학교폭력 피해경험의 저연령화, 학교폭력의 심각성에 대한 체감도 증가, 폭력의 둔감화, 학교폭력으로 인한 일상생활의 어려움 등으로 설명할 수 있다. 다음에서는 2011년 청소년폭력예방재단에서 실시한 「2010년도 학교폭력 실태조사」결과를 토대로 학교폭력의 특징을 요약 · 정리하였다.

(1) 학교폭력 피해율 및 가해율의 지속화

<표 11-1> 연도별 피해율과 가해율을 살펴보면, 2010년 학교폭력 실태조사에서 학교폭력 피해율은 11.8%, 가해율은 11.4%로 조사되었다. 피해율의 경우 2009년 9.4%와 비교해 볼 때 증가한 것으로 나타났으나, 가해율은 2009년 12.4%로 비슷한 경향을 나타났다. 우려스러운 것은 학교폭력 가해율이 2008년 8.5%, 2009년 12.4%, 2010년 11.4%처럼 계속 증가하는 것으로 나타나고 있다는 점이다.

학교폭력 가해율은 지속적으로 증가하는 것으로 나타나고, 피해율 또한 비슷하게 반복적으로 나타나는 것은 신종 학교폭력의 등장과 저연령화, 폭력의 잔인화 경향 등 학교폭력이 다른 양상으로 계속 학생들의 사이에서 심각한 문제로 발생하는 것으로 볼 수 있다. 또한 가해학생들의 학교폭력에 대한 인식이 무뎌지고, 일상화 되어 폭력으로 인식하지 못할 수 있다고 볼 수 있다.

〈표 11-1〉 연도별 피해율과 가해율

	피해율	가해율
2008년	10.5%	8.5%
2009년	9.4%	12.4%
2010년	11.8%	11.4%

- 자료 : 청소년폭력예방재단. 「2010년도 학교폭력 실태조사」. 2011.

(2) 학교폭력 피해경험의 저연령화

재학기간 동안의 학교폭력 피해 경험을 묻는 질문에 대해 22.6%가 학교폭력 피해 경험이 있는 것으로 응답하여, 10명 중 2명은 학교폭력 피해경험이 있는 것으로 드러났으며, 응답자 중 기타의견을 제외한 991명 중 53.6%는 초등학교 때 처음으로 학교폭력을 당한 것으로 나타났다. 재학기간 동안의 학교폭력 가해 경험을 묻는 질문에 대해 20.9%가 학교폭력 가해 경험이 있는 것으로 응답하여, 10명중 2명은 학교폭력의 가해 경험이 있는 것으로 드러났으며, 응답자 중 기타의견을 제외한 523명 중 57.3%는 초등학교 때 처음으로 학교폭력을 가한 것으로 나타났다.

(3) 학교폭력 심각성에 대한 체감도 증가

<표 2> 연도별 학교폭력 심각성인식도를 살펴보면, 2010년 학교폭력 실태조사에서 조사에 참여한 학생 중 38.1%가 학교폭력 문제를 심각하게 생각하고 있는 것으로 나타났다. 이것은 2008년 28.6%, 2009년 32.8%에 비해 계속적으로 증가한 수치로 보다 많은 학생들이 학교폭력을 계속해서 심각하게 인식하고 있음을 보여주고 있다.

〈표 11-2〉 연도별 학교폭력 심각성인식도

연 도	심각성 인식도
2008년	28.6%
2009년	32.8%
2010년	38.1%

- 자료 : 청소년폭력예방재단. 「2010년도 학교폭력 실태조사」. 2011

학교폭력을 체감하고 있는 학생들이 느끼는 고통에 대하여 자살생각 여부에 대해 3,560명 중 415명(11.65%)이 응답한 것을 분석한 결과, ‘전혀없다’(69.2%)를 제외하고 ‘일년에 1~2번’(14.7%), ‘한달에 1~2번’(4.6%), ‘일주일에 1~2번’(3.9%), ‘지속적으로(10회 있다)’(7.7%)로 나타났다. 성별에 따라 보면, 남학생은 ‘전혀없다'(74.2%)를 제외하고 자살생각을 최소 ‘일년에 1~2번 이상’(25.8%), 여학생은 ‘전혀없다’(55.6%)를 제외하고 자살생각을 최소 일년에 ‘1~2번 이상’(44.4%)로 나타나 학교폭력을 당한 피해자의 고통의 수준이 심각한 수준이라고 볼 수 있다.

(4) 폭력의 둔감화

최근 이슈화된 졸업빵, 계급문화, 빵셔틀에 대해 심각성 증가와 관심이 높아지고, 사이버 폭력이 널리 이슈화 되어 큰 사회적 문제가 되고 있음에도 불구하고, 학생들 사이에서는 이것이 이미 일상화 되어 폭력으로 인식하지 못하고 있는 것으로 나타났다. 인식도가 낮은 항목별로 살펴보면, 빵셔틀(46%), 졸업빵(35.7%), 홈피욕설과 악성댓글을 다는 것 (34.9%), 성적인 모욕감을 주는 것 (20.7%), 원하지 않는 행동을 강요하는 것 (30.9%)이 학교폭력인지 모르는 것으로 나타났다. 이는 학생들이 자신의 행동이 학교폭력인지 아닌지 조차 모르는 상태로 학교폭력을 가하고 있음을 보여준다. 본 실태조사 결과 학교폭력 예방교육은 인식도 개선의 효과가 큰 것으로 나타났으며, 따라서 인식도의 개선을 위해 더 많은 학교폭력 예방교육과 인식전화에 대한 근본적 대책이 필요할 것으로 보인다.

그리고 학교에 학생간의 권력을 구분짓는 귀족, 양민, 천민 등의 계급이 존재하는지에 대한 질문에 '그렇다'(15.2%), '아니다'(47.3%), '모르겠다'(37.5%)로 나타났다. 권력과 계급 존재여부에 대해 15.2%의 학생들이 서로간의 계급이 존재한다고 생각한다는 이 결과는 학생 사이에 나타나는 폭력의 색다른 양상과 지속적으로 반복되는 저변문화를 나타낸다고 볼 수 있다.

(5) 학교폭력으로 인한 일상생활의 어려움

학교폭력 피해로 인한 고통에 대한 분석결과 3560명 중 416명이 응답한 내용 중, '죽고 싶을 만큼 고통스러웠다 · 많이 고통스러웠다 · 고통스러웠다'(60.8%)로 나타나 학교폭력 피해로 인한 고통이 심각한 것으로 나타났다. 2009년의 결과 64.4%와 비슷한 수준으로 나타나, 여전히, 학교폭력이 심각한 것을 알 수 있다. 성별에 따른 고통정도를 살펴보면, 남학생의 경우 '죽고싶을 만큼 고통스러웠다'(10.4%), '많이 고통스러웠다'(19.7%), '고통스러웠다(29.8%)', 여학생의 경우 '죽고싶을 만큼 고통스러웠다'(23.3%), '많이 고통스러웠다'(20.7%), '고통스러웠다(19.8%)'로 나타나 여학생이 남학생에 비해 학교폭력 이후에 훨씬 고통스러워하고 있음을 알 수 있었다.

학교폭력 피해로 인한 등교거부 충동여부에 대한 분석결과, 3,560명 중 416명이 응답하였다. 등교거부에 대한 분석결과, '전혀없다'(47.8%)를 제외하고 '일년에 1~2번'(23.1%), '한달에 1~2번'(9.1%), '일주일에 1~2번'(8.4%), '지속적으로(10회 있다)'(11.5%)로 나타났다. 학교폭력피해에 대한 심각성을 나타내고 있으며, 학교폭력에 대해 학교에서 학생에 대한 일차적 보호와 상담, 지원 및 개입이 필요하고, 가정, 학교, 학교폭력 전문기관의 유기적 위기개입 및 지원체계를 더욱 강화할 필요가 있어 보인다.

2) 학교폭력의 현황

(1) 학교폭력 피해유형

학교폭력 피해유형을 살펴보면 '맞았다'(1위), '욕설이나 모욕적인 말을 들었다'(2위), '말로 협박이나 위협을 당했다'(3위)순으로 나타났다. 이러한 피해유형은 전년도 조사에서도 마찬가지로 '맞았다'(1위), '욕설인 모욕적인 말'(2위), '돈이나 금품갈취'(3위)순으로 비슷한 순위를 나타났다. 덧붙여 2010년도의 성별 차이 분석에서 남학생의 경우 '맞았다'(48.3%)가 가장 높은 분포를 보인 반면, 여학생의 경우 '욕설이나 모욕적인 말을 들었다'(33.6%)가 가장 높은 분포를 보여 남학생과 여학생의 학교폭력 피해 유형이 다른 것으로 나타났다.

(2) 학교폭력 피해와 가해경험 현황

전체학생의 3,560명에서 피해와 가해를 모두 경험한 학생은 366명으로 분석되었다. 이러한 결과를 토대로 학교폭력 실태에서 피해와 가해 경험이 모두 있는 학생의 비율이 10.28%라고 추정해볼 수 있다. 성별로 나누어 보면 남학생(71.2%)이 여학생(28.8%)보다 많았다.

학교폭력 피해시 도움 요청여부를 살펴보면 '요청함'(42.5%), '요청안함'(57.5%)로 요청안함이 더 높게 나타났다. 성별에 따른 학교폭력 피해 후 가장 도움이 컸던 유형을 보면, 남녀모두 '부모님께 알려 도움을 요청했다'(36.8%, 38.9%)가 가장 많았고, 남학생의 '학교 담임선생님께 알려 도움을 요청했다'(24.0%)가 2순위였으나, 여학생의 경우 '친구들에게 알려 도움을 요청'(20.8%)로 2순위를 나타냈다. 특히 학교폭력피해이후 자살생각을 '지속적(10회 이상)있다' 한 학생 중 도움을 '요청'(5.7%)한 학생보다 '요청하지 않음'(9.3%)의 비율이 높아 자살을 지속적으로 생각할 정도로 심각하지만 주변의 도움을 요청하지 않는 것으로 나타났다. 도움 요청하지 않은 이유로 '일이 커질 것 같아서'(1위), '이야기해도 소용없을 것 같아서'(2위), '보복당할 것 같아서'(3위)로 주변에 도움을 요청하여도 학교폭력이 적절히 해결되지 못할 것 같다고 인식하는 것으로 볼 수 있다.

학교폭력의 가해이유에서 '장난'(1위), '상대학생이 잘못해서'(2위), '오해와 갈등'(3위)로 나타났는데, 지속적으로 나타나는 학교폭력 가해행동에 대한 결과는 학교폭력이 학생 서로간의 기본적인 인권종중과 배려의식이 부족이 부족하며, 장난으로 타인을 괴롭히거나, 상대학생이 잘못하더라도 폭력을 당연시하는 잘못된 인식이 학생들 사이에도 크게 작용하는 것으로 보인다. 따라서 향후 예방교육 및 가해학생 선도프로그램에서 이러한 잘못된 인식에 대한 교정교육과 타인에 대한 배려심을 키울 수 있는 프로그램이 개발되어야 할 필요성이 있다.

학생들이 학교폭력 목격시 '모른척함'(62.0%), '함께 말렸음'(17.1%), '선생님께 알림'(9.9%)으로 나타났으며, 그 이유에 대해서는 27%가 같이 '피해를 당할 것 같아서'라고 응답해 타인에 대한 관심부족과 함께 생활하는 학생사이의 개인화가 심각한 것으로 나타났다. 학생들에게 학교폭력 전문상담기관의 필요성 여부에 대하여 '필요하다·매우필요하다'(61.6%)는 의견이 많았다. 학교폭력과 관련하여 전문기관의 필요성에 대하여 느끼고 있는 것으로 나타났다.

3) 학교폭력의 예방대책

청소년기본법 제49조, 제50조, 제52조, 청소년복지지원법 제15조~18조를 사업근거로 하여 여성가족부에서는 청소년 비행 · 폭력 예방 및 교육적 선도 사업을 추진하고 있다. 이 사업의 목적은 첫째, 폭력 피해 청소년 · 가족을 대상으로 치유 · 회복 프로그램을 실시하는 것이고 둘째, 비행을 할 우려가 있는 청소년과 비행 · 범죄경험이 있는 청소년들의 비행 및 재범을 예방 · 방지하고 학교 · 사회로의 안정적인 복귀를 지원하는 것이다.

청소년비행 · 폭력 예방은 현재 민간경상보조사업으로 진행되고 있으며 2008년 2억 6천 2백 191만 원, 2009년 2억 2백만 원이 투입되었고, 폭력예방전문가 양성교육을 받은 인원은 2008년 216명, 2009년 232명이다. 학교폭력 피해자 · 가족 치유 및 회복 프로그램 운영의 경우 2008년 172명, 2009년 75명이 참여하였다.

교육적 선도의 경우, 2005년 교육부 주관 하에 9개 부처 합동 범정부 종합기본계획이 수립되었으며(2011년 교과부에서는 관계부처 합동으로 '폭력 · 따돌림 없는 학교 만들기'계획을 수립하여 추진 중임), 2008년 지역 청소년상담지원센터에서 시범사업이 실시되었다. 연도별 투입 예산은 국고의 경우 2008년 1억 5천, 2009년 1억, 2010년 1억 원이 투입되었다(국조보조금 50%, 지자체보조금 50%). 예방적 보호지원에 참여한 인원수는 2008년 613명, 2009년 149명, 2010년 119명이며 회복적 보호지원에 참여한 인원수는 2008년 450명, 2009년 364명, 2010년 118명이다(「청소년백서」, 2011: 337-338).

4. 학교폭력의 대응방안

1) 학교폭력 프로그램의 개발 및 실시

학교폭력 예방프로그램을 통해 인터넷게임의 폭력성을 알리는 집중적인 교육이 필요하다. 이를 위해 전문적 교육을 받은 학교사회복지사, 청소년상담사 등의 정기적인 학교폭력예방교육이 필요하며, 청소년들이 자주 접하는 인터넷 환경을 고려하여 폭력적 게임의 유해성을 인터넷을 통해 꾸준히 홍보하는 노력을 기울여야 할 것이다. 또한 바람직한 인터넷 사용과 폭력적 인터넷게임의 폐해에 대한 지속적인 교육을 통해 인터넷게임 중독예방교육을 강화하고 청소년이 이용 가능한 인터넷게임에 대한 심의기준을 강화해야 할 필요가 있다.

학교폭력 예방프로그램은 일방적인 지식전달식의 프로그램도 실시할 수 있으나 학생들 스스로 간접경험을 통한 체득이 더욱 용이하도록 역할극을 활용할 수도 있다. 역할극은 다른 사람의 입장이 되어 역할 수행을 해 봄으로써 타인을 이해하고 받아들일 수 있게 한다. 또한 일상에서 일어날 수 있는 여러 가지 갈등상황을 경험하고 주어진 갈등상황을 해결해 봄으로써 다양한 문제 상황에서도 문제해결력을 높일 수 있다는 장점이 있다. 그러나 비용과 시간의 문제가 따르므로 그 실효성을 높이기 위해서는 회기를 줄여 단회성의 프로그램을 적용하여 학급단위의 학교폭력 예방프로그램으로 역할극을 활용하여 진행하되, 게임이나 퀴즈 형식을 빌어서 학교폭력에 대한 지식 전달만의 예방교육보다는 학생들의 심리적인 특성을 변화시키거나 학급 분위기를 개선하는 프로그램(허미경, 2008: 39)의 개발 및 실시가 필요하다.

그 외에도 학교폭력 예방 프로그램이 실효를 거두기 위해서는 발달수준을 고려한

예방프로그램이 구성될 필요가 있다. 즉 연령에 따라 학교폭력 예방 교육에서 다루어지는 내용이 달라야 할 것이다. 또한 교사용 훈련 내용이 체계적으로 구성되어져야 한다. 많은 학교폭력 관련 프로그램이 현장에서 활용되지 못하는 이유 중 하나는 프로그램 운영에 대한 교사의 부담이 크기 때문이라고 한다(양미진 외, 2009: 209). 따라서 교사들이 프로그램을 효율적으로 운영할 수 있도록 구체적인 지침과 교육연수가 필요하다. 이러한 학교폭력 예방 프로그램은 수업시간과 연계되어 지속적으로 이루어지는 예방교육 프로그램으로 실시되어야 할 것이다.

이와 관련 하여 핀란드에서 실시하고 있는 KiVa(끼바) 프로그램은 우리에게 많은 시사점을 준다. 각 나라의 문화와 교육 상황이 상이하므로 반드시 이 프로그램이 한국의 문제 상황에 적합하다고 할 수는 없으나 다양한 프로그램 개발에 참고사항이 될 수 있을 것이라 본다. KiVa 프로그램의 특징은 ① 학생, 교사, 학부모를 위한 광범위한 지원체계, ② 따돌림 방지 컴퓨터게임과 같은 인터넷과 시각 학습 환경의 적극적 활용, ③ 따돌림에 대응하고 피해학생을 도와주는 일에 제3자 학생들을 적극적으로 참여시킴으로 요약할 수 있다. 다음에서는 KiVa 프로그램에 대해서 간략하게 살펴보고자 한다.[1)]

KiVa는 핀란드 교육문화부에서 Turku대학교에 연구 발주하여 개발한 따돌림 방지 프로그램이다. 핀란드 내 여러 사법관할 내에서 KiVa 프로그램의 효과가 입증되었으며, 이 프로그램을 현재 핀란드 내 90%의 학교에서 필수프로그램으로 채택하고 있다. KiVa 프로그램에는 따돌림이나 따돌림의 전조증상을 예방하기 위해 일반적·구체적 지침 모두 포함되어 있다.

일반적 지침은 학교 내 모든 학생들을 대상으로 한다. 이 지침은 집단 규범에 대한 내용과 모든 학생들이 건설적인 방식으로 행동할 수 있는 역량을 쌓을 수 있는 방안을 담고 있으며, 이를 통해 따돌림을 조장하지 않게끔 책임감을 느끼게 하고 피해자를 배려할 수 있도록 하고 있다. KiVa 프로그램은 체험에 기반을 둔 학습을 기본 원리로 채택하고 있으며, 교사 가이드, 단편 영상물, 여타 부수교재 등을 포함한 교육 내용은 크게 프레젠테이션 자료, 웹사이트, 따돌림 방지 컴퓨터 게임, 학교폭력 예방 감독관 등으로 이루어져 있다. 프레젠테이션 자료는 학생 교육이나 학교 교직원, 그리고 학부 면담용으로 활용되며, 웹사이트 역시 학교 교직원, 학생, 학부모를 위해 제공된다. 따돌림 방지 컴퓨터는 시각적 교육 효과를 극대화하기 위해 제작되며, 학교폭력 예방 감독관은

1) http://www.kivakoulu.fi/there-is-no-bullying-in- kiva-school/2012. 2. 28.

쉬는 시간에 눈에 띄는 조끼를 입고 감독을 수행한다.

KiVa 프로그램의 구체적 지침은 따돌림이 발생했을 때 교사들이 어떻게 대처하는가에 관한 것이다. 각 사건은 학생들이 포함되어 있는 교내 KiVa팀 내에서 개별·집단토론을 실시한 후 처리된다. 피해학생에게는 피해학생을 지지해주는 친구집단이 형성되어 피해학생을 도와주는 역할을 수행하게 된다. 이러한 KiVa의 활동은 단기적인 것이 아니라 학교 내 따돌림 방지 업무를 수행하는 영구적인 것이다. 실제 핀란드에서 KiVa 프로그램은 따돌림을 줄이는데 매우 효과적이라고 한다. 관련 평가연구에서 핀란드 내에서 무작위로 추출된 KiVa 프로그램 실시 중인 117개 학교와 대조군인 프로그램 미실시 117개 학교를 비교하였는데, 실시한 학교에서 자기보고식 조사 결과, 자신에 대한 것과 주변 친구에 대한 따돌림과 피해 모두 현저히 감소한 것으로 나타났다. 이는 언어적, 신체적, 사이버를 이용한 따돌림 등 다양한 형태의 학교폭력 피해에 효과적이었을 뿐만 아니라 학교에 대한 호감도, 학습 동기, 성취감 모두 상승한 것으로 나타났다.

2) 집단상담 프로그램의 실시

집단상담 프로그램(group counseling)이란 일반적으로 5~8명의 내담자를 소집단으로 묶어서 행하는 상담을 의미한다. 상담자는 비슷한 문제를 안고 있는 내담자를 그룹으로 만듦으로써, ① 동시에 많은 사람에 대한 카운슬링(상담)을 할 수 있고, ② 카운슬러 대 내담자의 관계뿐만 아니라, 내담자 끼리에도 역학관계가 생기며, 이에 따라 원조적 효과를 거둘 수 있으며, ③ 내담자가 지닌 문제의 대부분은 대인관계의 어려움에서 생긴 것이므로, 그 해결도 복잡한 대인관계가 있는 집단장면에서 터득하는 것이, 1대 1의 카운슬링보다 현실에 가까워지는 등의 이점이 있다.[2)]

집단상담 프로그램을 통해 학교폭력이 직접적 가해자나 피해자가 아닌 제3자 학생들을 적극적으로 참여시키는 것은 당면한 문제를 해결하는 것뿐만 아니라 추후의 따돌림이나 학교폭력을 예방하기 위한 것이라 할 수 있다. 중학생들을 대상으로 한 연구를 살펴보면, 학교폭력 가해행동 재발방지 집단상담 프로그램을 실시한 결과 참가자들의 학교폭력 가해행동, 공격성, 충동성이 감소하였다는 결과를 보였다(김지영 · 정정숙, 2011).

---

2) http://100.naver.com/100.nhn?docid=25697/2012.02.24.

현재 청소년폭력예방재단의 학교폭력 예방교육프로그램이 가장 널리 사용되고 있고, 타당성이 높은 예방프로그램이지만, 일반 청소년을 대상으로 한 학교폭력 예방을 위한 프로그램이라는 점, 학교폭력 예방을 위한 인성적 측면에 초점을 맞추고 있다는 점, 청소년 학교폭력 가해학생의 심리적 특징을 반영하고 있지 못하다는 점의 한계를 가지고 있다(김지영 · 정정숙, 2011: 147). 따라서 학교폭력 가해학생에 적합한 프로그램의 수정·보완이 필요하다. 또한 이러한 프로그램은 대개 전문 상담교사, 상담심리 전공자 등 전문인력이 필요하고 상담 시간이 대개 장시간을 요하는 만큼 공간 · 시간 · 인력 · 예산의 확보가 뒷받침되어야 할 필요성이 있다.

3) 학교 현장에서의 대처능력 향상

학교폭력 예방을 위해 지금까지 학교 현장에서 이루어진 학교폭력 예방 교육이 주로 캠페인이나 외부 강사에 의한 일회적인 강의 등으로 이루어져 그 효과가 지속적이지 못하였다(이미형 외, 2009: 182). Arora와 Thompson(1987)은 학생을 담당하는 교사가 학교폭력에 대한 어떤 접근을 취하는지와 학교폭력은 관련이 있다고 하였다. 또한 Gilmartin(1987)은 교사들이 학대나 피해를 무시하고 간과할 때 이것이 그 학생에게 전달하는 자신의 존재에 대한 무가치함은 이후 성장발달에 지속적인 영향을 미치며, 다른 학생에게도 역시 영향을 줄 수 있다고 하였다(윤소영 외, 2011: 61).

안타깝게도 교육당국은 물론이고 사법당국에서도 주로 가해학생의 문제로만 치부해 교육당국에서는 가해학생에 대해서 학생부 등에 기록하여 입학사정 등의 자료로 활용하도록 하겠다고 하고 사법당국에서도 가해학생들에 대한 강력한 사법적 대응을 강조하고 있다. 이러한 대책들은 잘못된 진단에 근거한 잘못된 처방전일 수 있다. 그와 같은 가해학생들에 대한 엄중한 대응은 그들에게 지울 수 없는 낙인만을 가해, 사회적 낙오자로서 범죄적 인생 또는 직업적 범죄자의 길로 내몰 수 있다. 범죄자를 사회로부터 배척하는 것만이 능사는 아니다. 그들도 언젠가는 우리 사회로 돌아와야 한다(이윤호, 2012).

따라서 향후 바람직한 학교폭력 예방을 위해서는 학생들이 직접 참여하는 상시적인 교육이 운영되어야 한다. 교사가 학교 현장에서 학교폭력을 예방하기 위해서는 학교폭력 예방 프로그램 운영의 상설화와 학교폭력 상담 프로그램의 개발과 적용, 그리고 학교폭력 근절을 위한 사회적 네트워크 구축의 매개체로서의 역할을 수행해야 하며, 이를 위한 체계적인 준비를 갖추어져야 할 것이다.

4) 경찰의 적극적 개입

학교폭력에 대한 적극적인 개입은 신중한 접근이 필요함을 전제로 하고 의견을 제시하고자 한다. 교권을 침해하고 이와 상충할 우려가 있기 때문이다. 현재 학교폭력신고센터 전화의 관할은 교육과학기술부·여성가족부·경찰청 등 3개 기관으로 나눠어져서 관할이 명확하지 않고 유기적인 협조체계의 구축에도 어려움을 겪고 있다. 그러므로 경찰청으로 기관을 통일하여 학교폭력신고센터를 운영할 필요가 있다. 경찰청의 경우 현재 운영하고 있는 '117학교폭력신고센터'가 1개 밖에 없으므로 전국으로 확대설치하고 운영을 내실화할 필요가 있다.

사안이 중대한 경우 피해학생에 대해서는 경찰동행 보호나 가해학생에 대한 경찰의 감독 권한도 부여하여 개입할 수 있도록 하여야 한다. 특히 일진 등 학교폭력을 조장하는 서클 활동에 엄정하게 대응할 수 있도록 학생들의 인식을 기초로 포착이 어려운 일진회의 존재여부를 주기적으로 탐색 · 대응하는 '일진경보제'를 도입하고, 일진회 문제는 관할 경찰서장이 직접 지휘하여 철저하게 대처할 필요가 있다. 무엇보다도 중요한 것은 학생들에게 "사소한 괴롭힘도 폭력"이고 "학교폭력은 범죄"라는 것을 인식시켜 경찰이 적극적 범죄예방 활동을 수행해나가야 할 것이다. 이와 관련하여, 최근 2012년 3월 7일 한국교원단체총연합회와 경찰청은 '학교폭력의 예방 및 근절을 위한 전략적 교류 협력 협약'을 체결했다고 한다. 이번 업무협약 내용은 ① 학교폭력의 예방 교육(학생 언어문화 개선 포함), 정보 공유, 피해학생 보호, 가해학생 선도, 상담 · 수사, 기타 상호간 필요한 사항 등 학교폭력 근절을 위한 일련의 과정에 상호 적극 협력, ② 각자 업무영역의 고유성과 특수성 등을 최대한 존중하면서, 업무수행 과정에서 사전 협의 등 제반 절차에 유의, ③ 단위학교의 '학교폭력대책 자치위원회'에 관할 경찰서 소속 경찰공무원을 위촉·참여토록 하고, 기타 학교폭력 공동 대응을 위해 상호 협조 요청 시 적극적으로 지원, ④ 설문조사 등을 통해 학교폭력 사례 접수 시, 교육적 해결을 우선으로 하되, 상호 의견을 교환하여 적절한 대응 방안에 대해 협의, ⑤ 우리의 자녀들이 안전하게 학교생활을 할 수 있도록 교내 · 외 안전망 구축을 위해 최대한 협력 등 5개 협력분야를 담고 있다(조선일보, 2012년 3월 7일자).

5. 맺으며

현대사회에서 학교폭력은 저연령화, 집단화, 광역화되어가고 있으며, 그 양상도 성인범죄를 모방하고 있어 시간이 지날수록 흉포화, 교묘화, 지속화되어 가고 있는 추세에 있다. 나날이 심각해지고 있는 학교폭력 문제를 어떤 한 가지 정책만을 가지고 단기간에 해결하는 것은 매우 어려운 일이다. 이러한 이유 때문에 지금까지 학교, 경찰 및 각 사회단체 등의 노력이 학교폭력에 대한 실질적이고 가시적인 성과를 내지 못하고 있는 실정이다.

학교는 교육의 현장이고 가해학생 역시 연령이 어리고 미성숙한 존재이고, 현재 가해학생과 피해학생의 중복 문제 등으로 인해 일방적인 가해자 처벌위주의 정책을 실시하는 데에도 한계가 따른다. 학교폭력 피해경험은 학교적응에 부적으로 영향을 미치는 것으로 나타났으나, 이러한 학교폭력 피해경험이 청소년의 학교적응에 미치는 부적 영향을 부모와 자녀의 의사소통이 정적으로 조절하는 것으로 나타났다(김재엽 외, 2011). 이것은 부모와 자녀의 의사소통 및 유대감의 강화가 피해학생의 부적응 문제를 해결할 수 있는 주요 해결책이 될 수 있음을 알 수 있다. 학교·지역사회 차원에서 학교폭력 관련 대책을 세울 때 학생 개인수준의 개입 프로그램뿐만 아니라 그의 가족을 적극적으로 치료하고 상담하는 가족치료 및 가족 상담을 적극 도입 및 확대하는 접근 역시 필요할 것이다.

마지막으로 학교폭력을 해결하기 위해서는 먼저 사회분위기를 바꿀 필요가 있다고 본다. 그 동안 관용적으로 대처해 왔던 학교폭력을 심각한 사회문제로 인식해야 한다. 학교폭력 피해학생 보호에도 관심을 기울일 필요가 있으며, 장기적으로는 학교폭력 문제를 해결하기 위해서는 시간을 두고 다각적 차원에서의 접근해야 할 필요가 있다. 이를 위해 이 연구에서는 다양하고 내실 있는 학교폭력 방지 프로그램의 개발·실시, 집단상담 프로그램의 실시, 교사의 역할 강화, 그리고 중대 학교폭력 사건에 대한 경찰의 개입 및 가정의 역할강화 등의 학교폭력 대응방안을 제시하였다.

참고문헌

‖ 국내문헌 ‖

김재엽 · 이근영. (2010). “학교폭력 피해청소년의 자살생각에 대한 연구”. 「청소년학연구」 17(5): 121-149.

김재엽 · 이순호. (2011). “청소년의 부모간 폭력 목격경험이 학교폭력 가해에 미치는 영향과 공격성의 매개효과: 군산지역 청소년을 대상으로”. 「한국사회복지조사연구」 26: 109-137.

김재엽 · 이진석 · 이선우. (2010). “인터넷 게임의 폭력성이 청소년의 학교폭력 가해행동에 미치는 영향과 폭력생각의 매개효과”. 「청소년학연구」 17(1): 249-278.

김재엽 · 장용언 · 민지아. (2011). “학교폭력 피해경험이 청소년의 학교적응에 미치는 영향: 부모-자녀 의사소통의 조절효과”. 「청소년학연구」 18(7): 209-234.

김재철 · 최지영. (2011). “부모학대가 공격성에 미치는 영향: 자존감, 학교폭력 피해경험의 매개효과”. 「아동교육」 20(1): 19-32.

김지영 · 정정숙. (2011). “중학생들의 학교폭력 가해행동 재발방지를 위한 집단상담 프로그램의 효과”. 「청소년학연구」 18(8): 141-159.

김창군 · 임계령. (2010). “학교폭력의 발생원인과 대처방안”. 「법학연구」 38: 173-198.

김현철. (2010). “학교폭력 예방 및 대책에 관한 법률의 개선방안 -시론적 고찰-”. 「법교육연구」 5(1): 69-83.

남석인 · 최권호 · 민지아. (2011). “일반긴장이론에 근거한 청소년의 자살성 남녀 비교: 서대

문구 중학생을 중심으로". 「사회복지연구」42(2): 467-491.
도기봉 · 오주. (2010). "학교폭력 중복경험자의 자아존중감과 문제대처행동 향상을 위한 현실요법 집단프로그램의 효과". 「한국심리학회지: 학교」7(1): 37-53.
박재연. (2010). "학교폭력이 청소년 우울 및 자살에 미치는 영향에서 탄력성의 매개효과: 성별차이를 중심으로". 「사회복지연구」41(1): 345-375.
손능수 · 권상조. (2010). "학교폭력에 대한 학력 단계별 대응방안에 관한 연구". 「한국정부학회 2010년도 추계학술대회」: 427-456.
양미진 · 김은영 · 이상희. (2009). "초등학생의 학교폭력예방을 위한 배려증진 프로그램 효과 검증 연구". 「초등교육연구」22(2): 205-232.
윤소영 · 유미숙. (2011). "일반긴장이론에 근거한 학교폭력 피해경험이 청소년의 정서 행동문제에 미치는 영향: 중학생을 대상으로". 「한국놀이치료학회지」14(4): 59-75.
이미형 · 임지영 · 이순득 · 오승은. (2009). "학교폭력에 관한 교사의 인식". 「한국보건간호학회지」23(2): 174-185.
이윤호. (2012). "학교폭력, 제도적 폭력의 문제". 파이낸셜뉴스 3월 22일자.
이은희 · 손정민. (2011). "학교폭력 피해 청소년의 정신건강 영향 요인 연구 -탄력성 모델을 이용하여-". 「청소년복지연구」13(2): 149-171.
정지선 · 안현의. (2008). "청소년 학교폭력의 복합 외상(Complex Trauma)적 접근". 「한국심리학회지: 상담 및 심리치료」20(1): 145-160.
조춘범 · 조남홍. (2011). "청소년의 가정폭력 노출경험이 학교폭력 가해행동에 미치는 영향 연구". 「청소년학연구」18(4): 75-102.
「청소년백서」. (2011). 여성가족부.
「학교폭력과 사회복지의 과제」. (1997). 학교사회사업학회.
「학교폭력 예방 프로그램 개발연구」. (2007). 한국교육개발원.
허미경. (2008). "역할극을 활용한 중학생 학교폭력 예방프로그램 개발 연구". 「한국사이코드라마학회지」11(2): 37-52.
「2010년도 학교폭력 실태조사」. (2011). 청소년폭력예방재단.

‖ 외국문헌 ‖

Arora C. M. J. and Thompson D. A. (1987). Defining bullying for a secondary school, *Education and children psychology*, 4(4): 110-120.

Fulong, M. J. (2000). The school in school-related violence; Definitions and facts, *Journal of Emotional and behavioral Disorders*, Summer, Retrieved May 15. 2001 from Findarticles.com database on the Web site: http://www.findarticles.com

Gilmartin, B. G. (1987). Peer group antecedents of severe love-shyness in males, *Journal of Personality*, 55: 467-489.

Hoover, J. H., Oliver, R., and Hazler, R. J. (1992). Bullying: Perceptions of adolescent victims in the midwestern USA, *School Psychology International*, 13(1): 5-16.

Ireland, J. L., and Archer, J. (2004). Association between measures of aggression and bullying among juvenile and young offenders, *Aggressive Behavior*, 30(1): 29-42.

Kim, S. W. (1999). The roles of teachers and school of school violence. The social and academic alternatives of school violence, *Symposium conducted at the meeting of the annual conference of Korea Psychological Association*, Seoul, Korea.

Olweus, D. (1993). *Bullying at school: What we know and what we can do*, Cambridge: Blackwell.

_________. (1994). Bullying at school: Long-term outcomes for the victims and an effective school-based intervention program, In L. R. Huesmann, *Aggressive behavior: Current perspectives*(pp. 97-130), New York: Plenum.

Salmivalli, C., and Nieminen, E. (2002). Proactive and reactive aggression among school bullies, victims, and bully-victims, *Aggressive Behavior*, 28(1): 30-44.

Smith, P. K. (1991). The Silent nightmare: bullying and victimization in school peer groups, *Psychologist*, 4(6): 243-248.

|| 기타자료 ||

조선일보. 2012년 3월 7일

http://www.kivakoulu.fi/there-is-no-bullying-in-kiva-school

http://100.naver.com/100.nhn?docid=25697

찾아보기